北京大学"双一流"建设成果
方李邦琴北京大学人文学科文库出版基金资助

北 京 大 学 ｜ 北大中国史
人文学科文库 ｜ 研 究 丛 书

江督易主与晚清政治

Power Transition and Late Qing Politics: A Study of the
Rise and Fall of Hunan-Native Governor-Generalship in
Liang Jiang and the Changing North-South Relations

韩策 著

北京大学出版社
PEKING UNIVERSITY PRESS

图书在版编目(CIP)数据

江督易主与晚清政治/韩策著.—北京:北京大学出版社,2023.8
(北京大学人文学科文库.北大中国史研究丛书)
ISBN 978-7-301-34130-8

Ⅰ.①江…　Ⅱ.①韩…　Ⅲ.①总督—行政权力—影响—政治形势—研究—中国—清后期　Ⅳ.①K252.07

中国国家版本馆 CIP 数据核字(2023)第 124788 号

书　　　　名	江督易主与晚清政治
	JIANGDU YIZHU YU WANQING ZHENGZHI
著作责任者	韩　策　著
责 任 编 辑	刘书广
标 准 书 号	ISBN 978-7-301-34130-8
出 版 发 行	北京大学出版社
地　　　　址	北京市海淀区成府路 205 号　100871
网　　　　址	http://www.pup.cn　新浪微博:@ 北京大学出版社
电 子 邮 箱	编辑部 wsz@pup.cn　总编室 zpup@pup.cn
电　　　　话	邮购部 010-62752015　发行部 010-62750672
	编辑部 010-62755217
印　刷　者	北京中科印刷有限公司
经　销　者	新华书店
	650 毫米×980 毫米　16 开本　20.5 印张　344 千字
	2023 年 8 月第 1 版　2024 年 8 月第 3 次印刷
定　　　　价	88.00 元

总　序

袁行霈

　　人文学科是北京大学的传统优势学科。早在京师大学堂建立之初，就设立了经学科、文学科，预科学生必须在五种外语中选修一种。京师大学堂于1912年改为现名，1917年，蔡元培先生出任北京大学校长，他"循思想自由原则，取兼容并包主义"，促进了思想解放和学术繁荣。1921年北大成立了四个全校性的研究所，下设自然科学、社会科学、国学和外国文学四门，人文学科仍然居于重要地位，广受社会的关注。这个传统一直沿袭下来，中华人民共和国成立后，1952年北京大学与清华大学、燕京大学三校的文、理科合并为现在的北京大学，大师云集，人文荟萃，成果斐然。改革开放后，北京大学的历史翻开了新的一页。

　　近十几年来，人文学科在学科建设、人才培养、师资队伍建设、教学科研等各方面改善了条件，取得了显著成绩。北大的人文学科门类齐全，在国内整体上居于优势地位，在世界上也占有引人瞩目的地位，相继出版了《中华文明史》《世界文明史》《世界现代化历程》《中国儒学史》《中国美学通史》《欧洲文学史》等高水平的著作，并主持了许多重大的考古项目，这些成果发挥着引领学术前进的作用。目前北大还承担着《儒藏》《中华文明探源》《北京大学藏西汉竹书》的整理与研究工作，以及《新编新注十三经》等重要项目。

与此同时，我们也清醒地看到：北大人文学科整体的绝对优势正在减弱，有的学科只具备相对优势了；有的成果规模优势明显，高度优势还有待提升。北大出了许多成果，但还要出思想，要产生影响人类命运和前途的思想理论。我们距离理想的目标还有相当长的距离，需要人文学科的老师和同学们加倍努力。

我曾经说过：与自然科学或社会科学相比，人文学科的成果，难以直接转化为生产力，给社会带来财富，人们或以为无用。其实，人文学科力求揭示人生的意义和价值，塑造理想的人格，指点人生趋向完美的境地。它能丰富人的精神，美化人的心灵，提升人的品德，协调人和自然的关系以及人和人的关系，促使人把自己掌握的知识和技术用到造福于人类的正道上来，这是人文无用之大用！试想，如果我们的心灵中没有诗意，我们的记忆中没有历史，我们的思考中没有哲理，我们的生活将成为什么样子？国家的强盛与否，将来不仅要看经济实力、国防实力，也要看国民的精神世界是否丰富，活得充实不充实，愉快不愉快，自在不自在，美不美。

一个民族，如果从根本上丧失了对人文学科的热情，丧失了对人文精神的追求和坚守，这个民族就丧失了进步的精神源泉。文化是一个民族的标志，是一个民族的根，在经济全球化的大趋势中，拥有几千年文化传统的中华民族，必须自觉维护自己的根，并以开放的态度吸取世界上其他民族的优秀文化，以跟上世界的潮流。站在这样的高度看待人文学科，我们深感责任之重大与紧迫。

北大人文学科的老师们蕴藏着巨大的潜力和创造性。我相信，只要使老师们的潜力充分发挥出来，北大人文学科便能克服种种障碍，在国内外开辟出一片新天地。

人文学科的研究主要是著书立说，以个体撰写著作为一大特点。除了需要协同研究的集体大项目外，我们还希望为教师独立探索，撰写、出版专著搭建平台，形成既具个体思想，又汇聚集体智慧的系列研究成果。为此，北京大学人文学部决定编辑出版"北京大学人文学科文库"，旨在汇集新时代北大人文学科的优秀成果，弘扬北大人文学科的学术传统，展示北大人文学科的整体实力和研究特色，为推动北大世界一流大学建设、促进人文学术发展做出贡献。

我们需要努力营造宽松的学术环境、浓厚的研究气氛。既要提倡教师根据国家的需要选择研究课题，集中人力物力进行研究，也鼓励教师按照自己的兴趣自由地选择课题。鼓励自由选题是"北京大学人文学科文库"的一个特点。

我们不可满足于泛泛的议论，也不可追求热闹，而应沉潜下来，认真钻研，将切实的成果贡献给社会。学术质量是"北京大学人文学科文库"的一大追求。文库的撰稿者会力求通过自己潜心研究、多年积累而成的优秀成果，来展示自己的学术水平。

我们要保持优良的学风，进一步突出北大的个性与特色。北大人要有大志气、大眼光、大手笔、大格局、大气象，做一些符合北大地位的事，做一些开风气之先的事。北大不能随波逐流，不能甘于平庸，不能跟在别人后面小打小闹。北大的学者要有与北大相称的气质、气节、气派、气势、气宇、气度、气韵和气象。北大的学者要致力于弘扬民族精神和时代精神，以提升国民的人文素质为己任。而承担这样的使命，首先要有谦逊的态度，向人民群众学习，向兄弟院校学习。切不可妄自尊大，目空一切。这也是"北京大学人文学科文库"力求展现的北大的人文素质。

这个文库目前有以下 17 套丛书：

"北大中国文学研究丛书"（陈平原 主编）

"北大中国语言学研究丛书"（王洪君 郭锐 主编）

"北大比较文学与世界文学研究丛书"（张辉 主编）

"北大中国史研究丛书"（荣新江 张帆 主编）

"北大世界史研究丛书"（高毅 主编）

"北大考古学研究丛书"（沈睿文 主编）

"北大马克思主义哲学研究丛书"（丰子义 主编）

"北大中国哲学研究丛书"（王博 主编）

"北大外国哲学研究丛书"（韩水法 主编）

"北大东方文学研究丛书"（王邦维 主编）

"北大欧美文学研究丛书"（申丹 主编）

"北大外国语言学研究丛书"（宁琦 高一虹 主编）

"北大艺术学研究丛书"（彭锋 主编）

"北大对外汉语研究丛书"（赵杨 主编）

"北大古典学研究丛书"（李四龙 彭小瑜 廖可斌 主编）

"北大人文学古今融通研究丛书"（陈晓明 彭锋 主编）

"北大人文跨学科研究丛书"（申丹　李四龙　王奇生　廖可斌主编）①

这 17 套丛书仅收入学术新作，涵盖了北大人文学科的多个领域，它们的推出有利于读者整体了解当下北大人文学者的科研动态、学术实力和研究特色。这一文库将持续编辑出版，我们相信通过老中青学者的不断努力，其影响会越来越大，并将对北大人文学科的建设和北大创建世界一流大学起到积极作用，进而引起国际学术界的瞩目。

2020 年 3 月修订

---

①　本文库中获得国家社科基金后期资助或入选国家哲学社会科学成果文库的专著，因出版设计另有要求，我们会在丛书其他专著后勒口列出的该书书名上加星号注标，在文库中存目。

"北大中国史研究丛书" 序

　　近年来，北大的人文研究开始活跃起来。国际汉学家研修基地、人文社会科学研究院、区域与国别研究院纷纷成立，举办各种各样的学术活动，会议、工作坊、讲座纷至沓来。一时间，学术气氛浓郁，不同学科也进一步加强了交流。与此同时，新的人文学部也在沉闷的评审、提职、定级、评奖的会议之外，开始组织讲座、论坛和工作坊，建设跨学科研究平台；构筑"北京大学人文学科文库"，希望整体展示人文学科的学术成果。我等受命编辑"文库"中的"北大中国史研究丛书"，得到同行的踊跃支持。

　　北大的中国史研究，可以追溯到 1899 年京师大学堂初设时的史学堂，作为新式教育的一科，包含中国历史研究。1903 年，史学堂改为中国史学门和万国史学门，相当于今天的中国历史和世界历史两个专业。1912 年京师大学堂改称国立北京大学，1919 年设立史学系。1952 年院系调整，新的北大历史系又接纳了清华大学历史系和燕京大学历史系的许多著名学者，使北大历史系成为研究中国历史的重镇。在北大史学系到历史系的发展历程中，中国史学研究的队伍不断壮大，名家辈出，也产生了许多传世名著。

但是，由于在 20 世纪经历了多次国难、内战、政治运动，特别是"文革"的迫害，在处于政治旋涡中的北大，史学研究者也不免受到冲击甚至没顶之灾。而且，最近几十年来社会观念巨变，大学里政经法等社会科学越来越受到重视，文史哲则日渐萎缩，历史学科的规模更是受到较大的限制。

然而，历史学作为一个综合性大学的基础人文学科，是不可或缺的。而中国历史，更是居于中国大学首位的北京大学所不可或缺的。北大的中国史研究者，也有着比其他人更加厚重的义务，需要更加努力地做好自己的研究。中国近代学术起步要晚于西方和日本，所以在相当长的一段时间里，即便是中国历史研究领域，也有不少优秀的学者是西方或日本培养起来的，陈寅恪先生因而有"群趋东邻受国史，神州士夫羞欲死"的感叹。历次政治运动，也使国人的许多研究领域拉开了与国外优秀学者的距离。但改革开放以来，包括北大学人在内的中国学者奋起直追，在中国史的许多方面，我们已经走在了学科发展前列，产生出一批优秀的学术著作，为东西洋学者同行刮目相看。

过去，北大历史系学人的特点之一，就是单打独斗。一些优秀学者在各个出版社出版的著作，为弘扬北大学术，做出了极大的贡献。但这样的做法，也使得不少学术研究成果，变成各种丛刊的组成部分，显现不出北大的学术积淀。"北京大学人文学科文库"的想法之一，就是把北大学人的成果凝聚在一起，形成一个比较宏大的气势，推进北大的人文研究。这一做法，对于北大中国史研究，无疑有助于提振士气，凝聚力量，可以集中展现北大中国史学科的研究成果。相信北大历史系暨中国古代史研究中心的学者，有义务，有承担，把自己最满意的研究成果，在"北大中国史研究丛书"中陆续推出。

荣新江　张　帆

2018 年北大校庆前两日

目　录

解释晚清政治的另一密钥

　　清朝不仅是中国历史上最后一个帝制王朝，同时亦是一个由少数民族入主中原、统治中国的王朝，并在嘉道之际遭遇三千年未有之大变局，政治和社会都处于剧变之中，出现许多前朝历史不曾有的现象，由此吸引了众多学人致力于晚清政治史的研究和阐释。韩策的这部新著别开生面，聚焦两江总督易主和东南权势的转移，为我们透视晚清政治提供了另一密钥，读来令人耳目一新，富有开创性。

　　督抚作为清朝地方最高军政长官，既是清朝一个重要政治制度，也是清朝统治的基石。清朝入关统治中原之后，就沿袭明制，仿行督抚制度，至乾隆朝大致臻于完善，共设置总督八员，他们分别为：直隶总督、两江总督、闽浙总督、湖广总督、陕甘总督、四川总督、两广总督、云贵总督。除直隶、四川之外，每省又各设巡抚一员。由于其地位的重要性，督抚研究历来受到学界的关注，但迄今未有专门就某一地方督抚人事的任免与晚清政治结合起来加以研究的。韩策的这部著作可以说在这方面开了一个好头。并且，他选取两江总督作为研究对象，亦具有典型性。如所周知，两江总督管辖的江苏、安徽、江西三省，既是清王朝的财赋重地，也是人文荟萃之区，故有"理东南得人，则天下治"之说，地位仅次于直隶总督，并与直隶总督有着不同定位、功能和特点。因此，两江总督的任免历来都是政坛大事，受到各方的重视。尤其是自同治五年（1866）起两江总督兼管五口通商事务，授为南洋通商大臣，成为东南办理洋务交涉的首领，以及1860 年代湘淮军镇压太平天国，驻兵东南之后，更是如此。就此来说，韩策这部著作的选题学术价值自不待言。

具体到两江总督，自顺治四年（1647）任命汉军正白旗马国柱为江督，至宣统朝最后一位护理江督张勋，有清一代出任（包括署理）江督的官员多达 95 人次。其中道光朝之前 54 人次，道光朝开始之后 41 人次。要对两江总督官员的每次任免都做考察，这将是一个十分浩大的工程，即使就晚清江督而言也是如此，并且可能亦无此必要。韩策这部著作的主旨不是考察每一江督的任免，而是要藉此揭示江督易主和东南权势的转移。从这部书的内容来看，这一目的无疑是实现了。根据他的研究，晚清江督易主和东南权势的转移大致经历了三个阶段：一是道咸之际从八旗到湘楚的转移，其标志是总督人选在这一时期开始发生从旗人总督向汉人总督倾斜的转换，且尤以湘楚官员为多。二是同光年间"湘人江督格局"的形成，其标志是咸丰十年（1860）湘军统帅曾国藩出任江督，改变了清朝汉人督师（钦差）与督抚分开的惯例，开始可以文武合一。三是 1900 年庚子事变之后，在袁世凯北洋势力强势南下的冲击下，湘人江督走向终结，东南湘系势力被北洋所取代，其标志是光绪三十年（1904）两江总督由北洋系的山东巡抚周馥南下署理，后由闽浙总督端方和两广总督张人骏继任。对于这一历史现象，前人虽零星有所论及，但始终语焉不详。韩策的新著首次在学界对这一现象做系统的考察和论述，这不能不说是这部著作的一个贡献。

历史研究除了向后人讲述历史曾发生的事情或现象之外，更要揭示这些历史现象是如何发生或形成的。韩策的这部著作对晚清江督易主和东南权势转移的历史背景也做了自己的探索，并纠正了以往一些似是而非的认识。根据他的研究，道咸之际出现的从八旗到湘楚转移的现象，既与清朝总督人事嬗变的总体趋势有关——嘉庆以降清朝总督人选就开始发生了从旗人总督向汉人总督倾斜的转换，也与湘人在道咸之际讲究经世致用思想大有关系，迎合了鸦片战争之后时代的需要。至于同光年间出现的"湘人江督格局"，主要肇因于朝廷有依靠曾国藩湘军镇压太平天国的需要和形势而促成之。对于这段历史，凡是从事晚清史研究的学者大概都耳熟能详，韩策这部著作的贡献在于通过他的研究，告诉我们晚清"湘人江督格局"的形成远非以往学者想象的那样一帆风顺和简单，一蹴而就，并非在镇压太平天国之后的数十年中东南财赋之区"始终主由湘军屯驻"，而是有着一段曲折的历史。真实情况是：自咸丰十年曾国藩出任两江总督，直到光绪五年（1879）沈葆桢在两江总督任上病逝的二十年里，由于清廷的防范和疑忌，至少有十年时间两江总督并非由湘人担任，并且以出任两江总督的人数来说，湘籍江督仅有曾国藩和刘坤一两人，而非湘籍的江督却多达六人；只是在光绪七年（1881）之后左宗棠和曾国荃相继出任两江总督、光绪十六年（1890）刘坤一再任江督，才最终奠定"湘人江督格局"的形成，并经受住了甲午战争、戊戌政变、庚子事变的考验。而之所以在光绪七年（1881）前后发生这一转折，是因为前一阶段清廷为控制东南财赋之区和防止曾国藩湘系势力坐大，在江督用人上采取了非湘非淮、先内治后洋务以及进士出身而非军功起家的"原则"；后一阶段一方面因为受中俄危机和中法战争形势的影响，同时也是清廷出于扶植东南湘系势力以制衡北洋的目的。至于庚子事变之后"湘人江督格局"走向终结，韩策的著作认为，主要肇因于甲午战后李鸿章北洋淮系失势，以及南洋湘系势力坐大，朝廷在庚子事变之后有意裁抑东南势力，扶植袁世凯北洋势力，改变"北轻南重"的局面，重新调和帝后、满汉和南北新旧关系，以加强中央对东南财赋地区的控制。要之，晚清江督易主的历史，始终交织着满与汉、中央与地方、南方与北方、湘淮之间和湘系内部各方的权力斗争，以及清廷对洋务新政与内治、科举与军功轻重的不同考量。通过以上的研究，就把晚清江督易主的复杂历史基本讲清楚了。

作为东南第一要缺，江督易主必然会对晚清政局产生影响，这亦是韩策这部著作所要探讨的内容。根据其研究，1907 年的丁未政潮也是受到了江督易主的影响。瞿鸿禨、岑春煊之所以在丁未年发起政潮，反对奕劻和袁世凯，表面批评他们引用私人，排拒异己，政以贿成，实则为岑春煊争取江督一职，抵制袁世凯北洋下南洋目的的实现。而这与当时清朝最高统治者慈禧太后的施政不相吻合，结果瞿鸿禨、岑春煊终被抛弃。韩策认为，清末湘人江督走向终结、北洋下南洋局面的形成，其后果和影响是恶化了南北关系，削弱了清朝的统治基础，导致南方再无善于用兵、声威素著的实力总督，最终影响了清朝对南方的有效控制。此外，韩策在书中还认为，甲午战后南北洋的人事变动亦对甲午至庚子年间的政局产生了深刻影响：在北方，甲午之后北洋李鸿章淮系势力衰落后，北洋重心重建的失败，"终至酿成庚子事变的悲剧"，甚至谓"倘若李鸿章早回北洋，义和团运动可能难以兴起，历史就很可能改写"；在东南，幸有刘坤一的湘人江督局面，从而保持了东南的稳定，庚子年的东南互保局面与此"密不可分"，甚至谓"缺乏刘坤一背后湘系军政势力及江南绅商的鼎力支持，东南互保就未必能够做成"。但这些观点惜其未做深论。

　　每部学术著作的诞生都有其历史。韩策这部新著系在他的博士后报告《江督易主与晚清政局》基础上发展而来，迄今已过去整整八年。八年前，当他与我商谈博后报告选题时，我即认为这是一个好题目，建议他不要仅仅局限于庚子年之后"北洋下南洋"的江督易主，也要考察前两次的江督易主，从中透视晚清政治变迁，并建议他先做一份完整的清朝入关之后两江总督人物年表。现在韩策的这部新著显然很好地完成了这一目标，体现了他宏观驾驭和综合分析问题的能力，以及对晚清历史人物和资料的熟稔。从选题到内容和资料，这部著作都是一部成功之作。因此，衷心祝贺韩策这部新著付梓！

　　但另一方面，江督易主与晚清政治毕竟是一个大题目，事涉晚清五朝 70 多年历史，探讨的问题繁杂，作为开山之作，韩策的这部新著仍有待完善之处。讲晚清江督易主和东南权势的转移，显然不能仅仅聚焦于江督一人，而应对其辖境内的其他重要官员，诸如辖境内的巡抚、布政使、按察使、学政、驻防将军、提督、河道总督、漕运总督、上海道等重要官员及其相互关系一并进行考察，才能更加完整全面的反映江督易主背后各派政治势力的角逐及东南权势的转移。再则，关于江督易主和东南权势转移对晚清政局的影响，以及江督易主和东南权势转移的历史背景和意义等问题，也有进一步研究和推敲的余地。最后，就韩策这部新著涉及的晚清满汉关系、央地关系和南北洋关系问题，结合我个人的学习和研究，略谈浅见。

满汉关系始终是清朝入关之后一个绕不开、躲不过的问题。透过晚清江督易主和权势的转移，首先不难看到晚清满汉关系不可逆转地发生了深刻的变化。自道咸之际发生江督由八旗到湘楚的转换之后，作为江南第一要缺的两江总督便始终由汉族官员出任，其中又以湘淮官员为多，从 1851 年咸丰元年至 1911 年清亡的 60 年里，出任两江总督的满族官员仅有两人：福建将军怡良（1853—1857）、闽浙总督端方（1906—1909），以致形成江督非湘人不可的局面。这深刻反映出汉族官员在晚清的强势崛起，以及晚清社会政治军事所发生的巨大变革不得不把汉族官员推向历史前台，并且极大影响了清朝的国运。

就晚清央地关系来说，以往学界有"督抚专政""内轻外重"或"内外皆轻"等种种说法。从晚清江督易主和权势的转移来看，一方面晚清地方督抚权力的确有所扩大，但并未形成"督抚专政""内轻外重"或"内外皆轻"的局面，其他地区督抚的情况更是如此。一则，汉族官员出任两江总督始终是朝廷的自主选择，是朝廷在新形势下加强对东南控制和统治的一种手段；二则，两江总督的任免始终由朝廷定夺，并以其人是否符合朝廷利益和其效忠度为标准，并未出现尾大不掉的不可控局面；三则，两江总督也是始终忠于朝廷，并无二心，庚子年两江总督发起"东南互保"，与其说是脱离清廷而独立，倒不如说是挽救清廷于狂澜之中而不倒。因此，我们最好将晚清地方督抚权力的扩大看作晚清社会、经济和政治发展的一个必然结果和时代需要，看作中央权力的一个组成部分，尽管这种地方权力的扩大有时与中央存在矛盾，遭中央疑忌，但尚不足定义为"督抚专政""内轻外重"或"内外皆轻"。

就南北洋关系来说，作为在咸同年间镇压太平天国农民起义中崛起的两股孪生军政势力和集团，一方面他们之间有着互相配合和提携的关系，但另一方面两者之间的关系绝非李鸿章所说"南北两洋，提衡相倚""纤毫无间"。事实是，两派之间既有联合，同时又始终存在裂痕，甚至互相掣肘，因时、因地、因人、因事而异，须做具体分析，不能简单以"提衡相倚"概括之。并且，亦正是南北洋之间的这种关系，他们在晚清很长一段时期成为清朝政府制衡彼此的工具。而庚子年之后的第三次江督易主、"北洋下南洋"，导致清朝政府丧失了这个制衡工具，破坏了南北洋之间的平衡、制约关系，这实际上是不利于清朝统治的。

以上是我阅读《江督易主与晚清政治》后的一点体会，以与作者和读者做一交流。相信这部著作的出版，与韩策先前出版的另一部著作《科举改制与最后的进士》一样，一定能够引起广大读者的共鸣和讨论，由此推进晚清政治史研究进一步走向深入——其功莫大焉！

崔志海

写于 2023 年 8 月

前　言

　　唐宋以降，东南财赋之区逐渐成为历代王朝经济和文化重心所在。元明清定都北京后，对东南的倚重更是国家繁荣兴盛的重要基础。可以说，政治中心在北方，如何有效统治东南财赋、人文之区，是大一统的中国历史进入鼎盛时期后的首要任务。清朝建立后，江南的繁荣稳定和南北关系的协调，既关系王朝的财政命脉，与民生息息相关，也是其合法性的重要保证。但江南始终是远在北京的朝廷"离不开、信不过"的地区；清朝皇帝及满洲权贵对江南的经济文化"既赞叹不已又满怀妒忌"，心情矛盾复杂。[①] 于是，总制东南的两江总督被寄予厚望和重任。

　　自康熙中叶以来，两江总督兼辖江苏、安徽、江西

---

　　① 邹逸麟：《谈"江南"的政治含义》，王家范主编：《明清江南史研究三十年（1978—2008）》，上海古籍出版社 2010 年版，第 181 页。孔飞力：《叫魂：1768 年中国妖术大恐慌》，陈兼、刘昶译，上海三联书店 1999 年版，第 94—95 页。杨念群：《何处是"江南"：清朝正统观的确立与士林精神世界的变异》，生活·读书·新知三联书店 2010 年版，第 11—15 页。

三省财赋、人文之区，掌理军政、淮盐、漕运、河工诸要务，为东南第一要缺。同治以降，又例兼南洋通商大臣，成为东南办理洋务交涉的首领。因此，江督之于清朝的重要性不言而喻，故两江总督易主历来都是政坛大事。① 尤其是当湘、淮军崛起，镇压太平天国，驻兵江南之后，对清廷来说，江督人选的确定比此前更为复杂敏感。这时，南北满汉、文武兼资、湘淮分治、湘系内部平衡，甚至外人的态度，都成为遴选江督时需要审慎考量的因素。

　　晚清的江督易主有三个重要阶段。首先，道咸之际陶澍、陈銮、李星沅、陆建瀛等湘楚翰林相继出任江督，其主持的漕粮海运、票盐改革等事业获得成功，意味着东南地区在文官经世层面，发生了从八旗到湘楚的权势转移。第二，更重要的是，咸丰十年（1860）清廷授湘军首领曾国藩两江总督。随后曾氏文武合一，总制东南，措置得当，与湘、淮军的壮大和太平天国的覆亡关系密切。这不仅带来满汉关系的深刻变化，而且出现了清朝历史上前所未有的"南重北轻"局面；它将长久以来或明或暗的南北问题再次凸显了出来，揭开了清廷与东南关系的新篇章。此后，经过近二十年的试探、斗争与妥协，逐渐形成了一个"江督非湘人不可"的政治局面，可称之为"湘人江督格局"。② 第三，直至光绪二十八年（1902）江督刘坤一去世后，在清廷集权和袁

---

　　① 简称"江督易主"。晚清时期，李鸿章致沈葆桢函，称江督为"江南主人"。彭玉麟致朱学勤函，称江督为"秣陵主人"。李鸿章致乔松年函，称山东巡抚和江督为"东南两主人"。这都是本书题名"江督易主"的根据。

　　② 本书之所以称"湘人江督格局"，而非"湘人督江格局"，是因为两江总督简称江督，为人熟知。而督江之"江"则有引起歧义之虑。但为行文简洁计，偶尔也用督江的说法。

世凯"北洋下南洋"①的冲击下，湘人江督格局最终走向终结，开启了清末民初北人江督的历史，南北失衡的结局也逐渐形成。

湘人江督格局作为晚清史上的重要现象，是非常显明的，但如何严谨地考察其形成、维系和终结的过程，恰当地解释该现象对于清朝统治的意义，还有许多工作可做。迄今有关湘淮集团、政坛派系、督抚群体的成果已经不少，但尚无从江督易主角度探讨晚清政治的专题研究。此外，既往讲湘军战时"打天下"者多，言湘系战后"坐天下"者少。探讨湘人江督格局的历史，即是解释湘系"坐天下"的历史。

北洋下南洋的影响也是至为深远的。清末以来，袁世凯北洋派崛起后，跨越辛亥革命，宰制政坛数十年；此期也是近代制度转型承上启下的关键阶段。"北洋下南洋"既可说明"湘人江督格局"是怎么终结的，又可为清末民初北洋派的壮大和南北政局的走向，提供一个补充的诠释。

因此，本书旨在研讨晚清历史上"湘人江督格局"的形成、维系和终结，以及与终结相应的"北洋下南洋"进程，对于清朝统治和近代中国政治社会变迁的意义。具体言之：第一，希望通过"湘人江督格局"和"北洋下南洋"两个概念和进程的探讨，将道咸以降三次大的权势转移揭示出来，为晚清政治格局的演变提供一条解释线索。第二，在此基础上，讨论晚清的南北问题。第三，再进一步，尝试突破内外轻重、督抚专政的争议，从湘淮、南北、满汉、中外、新旧的"同治"中，去理解晚清政治的特色及出路。

---

① 何谓北洋下南洋？简言之，1900年庚子事变之后，新任直隶总督兼北洋大臣袁世凯，借清廷集权政策而强势南下，影响南洋地区的人事，控制南洋的财赋和军备，将北洋势力和北洋模式向南洋扩张。这一清末至民初持续的进程，深远影响了近代中国的南北关系和历史走向，可称之为"北洋下南洋"。

第一章

从八旗到湘楚：道咸之际东南的
权势转移

清朝入关后，以北京为政治重心，但离不开东南经济重心的鼎力支持。故东南第一要缺两江总督的选任就极为关键。道光朝两江总督陶澍的亲家胡达源有云：

> 天下之势，居西北足以控东南，而东南出贡赋，饶财货，以供天子百官及商贾负贩之所利，故理东南得人，则天下治。金陵，东南一大都会也，总制（两江总督）理之。南昌，又吴楚间一大都会也，并隶总制。地广袤，役繁赋重，有大政三，曰河、曰漕、曰盐。三者一不治，则天下受其困，故总制难于他省，非智勇深沉，能经纬天地者当之，则往往不治。①

---

① 《宫保陶云汀先生六十寿序》，胡渐逵校点：《胡达源集》，岳麓书社 2009 年版，第 206 页。

这虽有恭维陶澍的浓厚意味，但所言江督位置的重要及对人才要求之高，确是实情。①在嘉庆四年（1799）乾隆去世之前，江督几乎为旗人所垄断，而难胜其任者也比比皆是。嘉庆掌权后，汉人出任江督的情况才明显增多。迨道光中后期（1830 年以后），陶澍、陈銮、李星沅、陆建瀛等湘楚汉人相继出任江督。本章在乾嘉变革的既有学术脉络下，希望指出：道咸之际，东南地区在文官经世的层面出现了从八旗到湘楚的权势转移。迨咸同之际，两江总督曾国藩带领湘军平定东南后，从文、武、商、学多个维度推进了这一权势转移。结果，不仅满汉关系随之深刻变化，而且"南重北轻"的局面也在清朝首次出现，揭开了清朝历史上朝廷与东南关系的新篇章。

第一节　八旗为主：道光以前的江督人事结构

总督作为封疆大吏，是连接北京朝廷（内）和全国各地（外）的纽带，作用至为关键。总督人事结构中的旗、汉比例及其嬗变，反映着满汉关系、央地关系、广土众民的有效治理等清朝统治的核心问题，历来颇受重视。早在 1936 年，清末军机大臣瞿鸿禨之子瞿兑之在《总督沿革》一文中就说：

> 尝考有清历任总督者，顺治朝多辽东汉军，其人曾无一

---

① 清代两江总督的职掌和重要性，参见萧一山：《清代通史》第 8 册，商务印书馆 2019 年版，第 2723—2725 页。王尔敏：《南北洋大臣之建置及其权力之扩张》，《大陆杂志》第 20 卷第 5 期（1960 年 3 月）。王树槐：《中国现代化的区域研究：江苏省，1860—1916》，台北："中研院"近代史研究所 1984 年版，第 15—16 页。龚小峰：《两江总督的定制及职掌探述》，《史林》2007 年第 6 期。

人知名者。康熙、雍正朝则汉军旗人并多授钺，而汉人之获任者多以清节显，如于成龙、张鹏翮、李绂、李卫、史贻直等是。乾隆朝用满人最多，而汉人中之佼佼者，毕沅、孙士毅、方观承而外殊寥焉。嘉庆、道光朝汉人稍多，往往八督中汉人占其六，其末年陶澍、林则徐尤系人望。[1]

尽管细节还可更为准确，但清初至道光朝，总督人事嬗变的基本趋势——由汉军八旗到满洲八旗，再到汉人——已被瞿兑之勾勒出来。

1969 年，凯斯勒（Lawrence D. Kessler）就督、抚群体的旗、汉构成所作的统计分析，证实并发展了这一论断。他的基本观点是，1644 年清朝入关后，由于满人不通汉文，故重用汉军旗人出任督抚。但 1681 年平定三藩及 1683 年收复台湾后，督抚的旗、汉构成发生过三次大转变。首先是收复台湾后，督抚中的汉军旗人比例逐渐下降，至乾隆朝只占 10% 左右，其位置主要由满洲八旗取代。第二次转变表现为汉人督抚的明显增多，发生在 1800 年前后（嘉庆初年）。第三次则在镇压太平天国之后，湘、淮人物占据了大多数督抚高位，为人熟知。这三次转变既与白莲教起义和太平天国运动这样的特定危机有关，也与满人统治的逐渐稳固及满人统治阶级的汉化这样的整体趋势有关。[2]随后，Raymond W. Chu 在此基础上的研究，聚焦于资料更为完整的总督群体，进一

---

① 瞿兑之：《观我生室笔丛·总督沿革》，广州《新民月刊》第 2 卷第 3 期（1936年），第 197 页。

② Lawrence D. Kessler, "Ethnic Composition of Provincial Leadership during the Ch'ing Dynasty," *Journal of Asian Studies*, Vol. 28, No. 3（May 1, 1969）, pp. 489–511.

步解释了这一趋势。①

两江总督的人事结构，与清代总督的嬗变趋势大体吻合，但也有一些自身特点。一般而言，择任总督大员，需要在"忠诚"与"能力"之间审慎平衡。②江督兼辖江苏、安徽、江西三省财赋、人文之区，掌理军政、淮盐、漕运、河工诸要务，为东南第一要缺。江南又是远在北京的清廷"离不开、信不过"的地区；清帝及满人对江南的经济文化怀着既赞叹又妒忌的矛盾心态。③故遴选江督，颇能反映内外时局和高层意愿的变化。

清朝入关后，总督多用汉军旗人，江督亦然。④自顺治四年（1647）起，前三任江督马国柱、马鸣佩、郎廷佐皆是汉军。然而，从康熙七年（1668）满人麻勒吉出任江督开始，此缺就主要

① 该研究既探讨了清代总督群体的旗、汉构成及其反映的王朝控制问题，还考察了总督选任方法、任期、出身背景、任职年龄、升迁贬黜等问题。Raymond W. Chu, William G. Saywell, *Career Patterns in the Ch'ing Dynasty: the Office of Governor-general*, Ann Arbor: Center for Chinese Studies, The University of Michigan, 1984, pp. 31—38, 87—88. 此书和前引凯斯勒的文章，均注意到乾隆朝总督中汉军旗人比例锐减至大约 10%。但似乎也不能简单根据人数统计而过度强调这一点，毕竟像郝玉麟、张广泗、张允随、白钟山、黄廷桂、杨应琚、李侍尧、杨廷璋、李宏、李奉翰等汉军旗人，均在乾隆朝任总督多年。

② Raymond W. Chu, William G. Saywell, *Career Patterns in the Ch'ing Dynasty: the Office of Governor-general*, p. 27.

③ 邹逸麟：《谈"江南"的政治含义》，王家范主编：《明清江南史研究三十年（1978—2008）》，第 181 页。孔飞力：《叫魂：1768 年中国妖术大恐慌》，陈兼、刘昶译，第 94—95 页。

④ 魏斐德：《洪业：清朝开国史》，陈苏镇、薄小莹等译，新星出版社 2017 年版，第 664—666 页。又，顺治朝总督、巡抚、提督以下各级文武官员，多用汉军（辽人），参见渡边修：《顺治年间（1644—1660）的汉军（辽人）及其任用》，石桥秀雄编：《清代中国的若干问题》，杨宁一、陈涛译，张永江审校，山东画报出版社 2011 年版，第 146—167 页。

由满人担任。①据刘凤云的统计分析，康熙朝汉军旗人在总督任用上仍占优势，湖广、闽浙、两广、云贵各总督皆以汉军为主，唯有两江总督和山陕（川陕）总督多用满人，而山陕总督本限定为"满缺"。②看来从康熙初年开始，清朝最高层就尽量将东南第一要缺抓在满人手中，江督的特殊性于此可见。雍正朝十三年间，江督用汉军旗人和汉人较多，算是对康熙朝的一个反动，但为时不久。迨乾隆朝，江督用满人的比例较康熙朝更大。此外，康熙平定三藩及收复台湾以前，江督多由现任督抚调任。随着南方战事结束，朝官外放江督成为"新常态"，大体延续至乾隆初年，具体时段是1687—1741年。此后，江督基本都由督抚调任，且以曾在两江地区任职的官员为主，所谓用熟手。③

乾隆朝的江督选任亦颇有特点可寻，其一是相对久任，其二是重用满人亲信。④乾隆朝六十年，尹继善、高晋、萨载、书麟四人担任江督的时间就长达四十五年。其他人任职均不超过三年，基本都是暂时和过渡性的。⑤上述四人均是乾隆信任的满人。尹继

---

①　龚小峰：《清代两江总督群体结构考察——以任职背景和行政经历为视角》，《江苏社会科学》2009年第2期，第183页。

②　刘凤云：《清康熙朝汉军旗人督抚简论》，《满学研究》第7辑，民族出版社2002年版，第354—357页。

③　详参附录《清代两江总督年表》。龚小峰（《清代两江总督群体结构考察——以任职背景和行政经历为视角》，《江苏社会科学》2009年第2期，第185—186页）统计指出，顺治至嘉庆朝，由部院大臣外放江督的情况高达20次，而道光朝以降只有3次。其实，仅1687—1741年间就有15次，故在这一指标上，不宜以嘉庆、道光为界划分为清前、后期。

④　Raymond W. Chu分析了乾隆朝多用满人出任总督的原因：萧一山等人所谓的乾隆压制汉人；乾隆朝军事活动频繁，而满人领兵，故升迁机会多；清朝入关一百年后，通汉语且具备统治汉人地区知识经验的满人越来越多。Raymond W. Chu, William G. Saywell, *Career Patterns in the Ch'ing Dynasty: the Office of Governor-general*, pp. 36—38.

⑤　详参附录《清代两江总督年表》。

善是大学士尹泰之子、大学士鄂尔泰之侄婿，高晋是大学士高斌之侄，书麟是高晋之子。尹继善、高晋均在江督任上升授大学士留任，备受宠任。萨载本来也有机会获此殊荣，但终因误事而未得。①

　　其三，乾隆六次南巡，故江督人选与此颇有关系。②嘉道以降再无南巡，则无此考量。乾隆于十六年（1751）正月初次南巡，五月北还。闰五月就发生了由黄廷桂（汉军旗人）到尹继善的江督易主，可以作为江督人选和南巡相关的有力证据。乾隆解释说：黄廷桂"在两江总督之任两载有余，朕详加体察，伊于江省不甚相宜，盖南人风气柔弱，而黄廷桂性情刚躁，几于水火之不相入。此番办差诸事，该省吏民畏惧之心胜而悦服之意少。黄廷桂喜怒之间，亦不得领要，受其呵斥者固不能无怨，即为奖许者亦不以为感，久之将何以行其威令，必令久于江省，未免用违其长。"③其实，江督黄廷桂本是首请乾隆南巡之人。④从乾隆的不满

---

　　① 乾隆曾说："朕以萨载历任封疆，办事尚属安详谙练，且在各省总督中，年分最久。现在三宝病故员缺，朕意原欲将伊补授大学士，照尹继善、高晋之例，仍留两江总督之任，今萨载于郝硕如此黩货营私，久而不奏，岂尚堪胜纶扉之任。"《高宗实录》，乾隆四十九年六月二十五日戊申，《清实录》第 24 册，中华书局 1986 年影印本，第 206 页。

　　② 每次南巡都意味着非常庞大复杂的"接待工程"。关于康熙、乾隆南巡的新近研究，参见张勉治：《马背上的朝廷：巡幸与清朝统治的建构（1680—1785）》，董建中译，江苏人民出版社 2019 年版。

　　③ 《高宗实录》，乾隆十六年闰五月十三日戊寅，《清实录》第 14 册，第 128 页。

　　④ 瞿兑之：《人物风俗制度丛谈》，张继红点校，山西古籍出版社 1997 年版，第 120 页。乾隆十四年（1749）九月初一日，黄廷桂等奏请南巡，九月十二日奉旨六部九卿议奏。黄廷桂等人奏请南巡，或与次年是乾隆四旬万寿有关。十月初五日的上谕解释说，乾隆十五年（1750）有西巡山西之事，来不及南下，十六年（1751）太后六旬，故该年春正南巡合适。《两江总督黄廷桂等奏恳俞允南巡江省事》（乾隆十四年九月初一日），台北故宫博物院藏，军机处档折件，档号：004860。中国第一历史档案馆编：《乾隆朝上谕档》第 2 册，档案出版社 1991 年影印本，第 371—372 页。

之词似可看出，黄氏为南巡办差不力，实为江督易主的要因。而接替黄廷桂的尹继善之所以后来久任江督，固由能力出众，官声不俗，亦与迎合乾隆南巡、善于"保驾护航"，很有关系。与尹继善一家极为熟悉的袁枚就说：尹氏"不爱钱而善用人，实是好官。惟于上之南巡，有意迎合，伤耗三吴元气。此通人之一蔽。然非此，尹不得四督江南"。①直到乾隆五十二年（1787），两江总督李世杰和南河总督李奉翰"创议于湖中添筑长堤"。在乾隆看来，也是"欲藉此为名，以便将来恳请南巡亲临阅视"。②可见南巡是乾隆朝江督选任以及江督为政的重要因素。

其四，乾隆以降，与漕运和民生直接相关的河工愈益难办。两江总督被赋予河务职责，江督人选必系熟悉河工者，那苏图、尹继善、高晋、书麟皆其代表。刘凤云因此称，18世纪江督用人发生了从行政官僚到技术官僚的转变。③确实，18世纪50年代以降，尹继善、高晋、萨载均由南河总督升任江督。乾隆五十一年（1786）萨载去世后，乾隆令四川总督李世杰调补江督，但因李氏不熟悉河工，故令安徽巡抚书麟协助。据乾隆之意，书麟从前随侍乃父高晋办理河工，"自应有所见闻，若令赴江省帮同经理，更为易于学习"，"亦正可藉此习谙河务"。④这一方面说明河工重

---

① 邓之诚：《中华二千年史》卷5，中华书局2019年版，第196页；高翔：《尹继善述论》，《清史研究》1995年第1期，第31—32、34—35页。夏维中等编著：《南京通史》（清代卷），南京出版社2014年版，第115页。关于袁枚和尹继善一家的亲密关系，参见吴伯娅：《尹继善与袁枚》，《清史论丛》1996年。

② 《高宗实录》，乾隆五十二年十一月二十七日庚寅，《清实录》第25册，第360—361页。

③ 刘凤云：《两江总督与江南河务——兼论18世纪行政官僚向技术官僚的转变》，《清史研究》2010年第4期。

④ 《高宗实录》，乾隆五十一年三月十四日戊午，《清实录》第24册，第806页。

要，江督需要兼通治河，另一方面也显示乾隆有意培养书麟。果然，翌年（1787）乾隆就以李世杰不胜江督之任，超擢书麟为江督。为了回应质疑，乾隆解释道："书麟在巡抚中资格本浅，因两江总督一时不得其人，其叔祖（高斌）、伊父（高晋）俱久任江南，书麟自简任安徽巡抚以来，办理地方灾赈，帮办河务，俱极奋勉，是以将伊擢用。"①此谕虽有为其任用满人亲信辩护之嫌，但所谓江督一时不得其人，亦是实情。

这时两江总督尽管为人觊觎，但实不易为。尝过其中滋味的李世杰就感慨道："两江地大事剧，主持者非一人，三巡抚，一漕督，一河督，两织造，一鹾使，巡漕、榷关复在外，动皆可具折上达。以一人居十数大吏中，迁就不可，径情直行又不可，余故不能为也。"②乾隆五十五年（1790），两江总督书麟和江苏巡抚闵鹗元因江苏漕务弊案获罪离职。但乾隆一时选不出更为认可的江督，次年又让书麟入主两江。为此，他还不惜强词夺理，为书麟辩护。③但乾隆五十九年（1794），书麟仍以不胜其任而被罢官。④此后几年，在乾隆昏耄、和珅专权及白莲教起义的背景下，富纲、福宁这两位实授江督均未到任，由和珅的亲家、大学士苏

---

① 《高宗实录》，乾隆五十二年十二月初五日戊戌，《清实录》第25册，第366页。

② 《书李恭勤遗事》，刘德权点校：《洪亮吉集》第3册，中华书局2001年版，第1033页。

③ 谕曰："两江总督之缺，地方、河务较繁，一时不得其人。因思书麟久任江南，于该省地方、河工，尚称谙练，前以句容县吏侵蚀一案获咎，因其曾饬所属查办，尚非如闵鹗元之有心徇庇属员者可比，是以复弃瑕录用。自任山西巡抚以来，尚知改过奋勉，书麟着补授两江总督。"《高宗实录》，乾隆五十六年四月二十七日辛未，《清实录》第26册，第491页。

④ 据说因为得罪了和珅。昭梿：《啸亭杂录》，何英芳点校，中华书局1980年版，第347页。

凌阿署理江督达三年之久。

总体来看，据龚小峰的统计分析，"自顺治至嘉庆 176 年间，两江总督凡 49 人，其中旗人 38 人，占 78%；汉人 11 人，占 22%"，直到道光朝，汉人江督始居多数。故"从道光朝开始，两江总督的群体结构渐渐发生了变化"。[①]龚氏的统计系据江督人数，如就任期观察，则顺治至乾隆（1644—1795）150 多年中，汉人江督的总时长不足 10 年，且任职最长的于成龙也仅有两年多。而嘉庆一朝（1796—1820）25 年中（实际掌权 22 年），汉人江督已超过 10 年；不仅前所未有地出现汉人连续出任江督的情况，而且迎来了汉人长期坐镇两江的新局面。具体言之，嘉庆四年（1799）正月乾隆驾崩，和珅跌倒，嘉庆开始真正掌权，汉人费淳（1799—1803）和陈大文（1803—1805）随即接连主政两江，共达六年之久。此后铁保、阿林保、松筠、勒保、百龄等旗人相继出任江督，其中铁保（1805—1809）被革职下台，阿林保和勒保均任职甚暂；松筠和百龄分别是蒙古八旗和汉军八旗，却更为出名。嘉庆二十一年（1816）百龄去世，山东济宁人孙玉庭由湖广总督调任江督。道光即位后，孙玉庭留任，至道光四年（1824）因河工而罢。[②]故从任期来看，乾隆去世以前，江督的旗、汉比例极为悬殊；嘉庆以降则变化明显，值得特别注意。

嘉庆以降为何有此重大变化？一般而言，清代一朝天子一朝臣，新皇帝即位，即使标榜"绍述先志"，"萧规曹随"，也都会在政策和人事等方面有所调整。[③]而就嘉庆初政来说，乾隆后期和

---

① 龚小峰：《清代两江总督群体结构考察——以任职背景和行政经历为视角》，《江苏社会科学》2009 年第 2 期，第 182—183 页。

② 详参附录《清代两江总督年表》。

③ 参见韩策：《内争助成"内患"：咸丰初政与太平天国的兴起》，《社会科学研究》2023 年第 5 期。

珅弄权导致的吏治腐败，白莲教起义的严重危机，嘉庆皇帝的性格及帝师朱珪等人的影响，都是"嘉庆维新"的直接动力。[1]随后，嘉庆十八年（1813）攻入紫禁城的天理教起义，其影响不可低估。[2]此前15个巡抚，大体旗、汉平分。但该年之后旗人明显减少。至于总督方面，汉人居多数始于嘉庆二十一年（1816）年。[3]嘉庆十九年（1814）冬，工部侍郎鲍桂星宣称"近日有旨：旗人多靠不住，此时督抚多用汉人"。此说虽被嘉庆严词否定，鲍氏也因此获罪，但却与督抚用人的新动向适相吻合。[4]

进言之，以前研究较少的嘉道时期，近年受到更多关注，乾嘉变革的意义被不断阐述。[5]清史学者进一步认为，这一时期至少

---

[1]　昭梿：《啸亭杂录》，第347—352页。罗威廉：《言利：包世臣与19世纪的改革》，许存健译，倪玉平审校，社会科学文献出版社2019年版，第1—12页。R. Kent Guy（盖博坚），*Qing Governors and Their Provinces*, Seattle: University of Washington Press, 2010, pp. 137-143.

[2]　波拉切克：《清朝内争与鸦片战争》，李雯译，中国人民大学出版社2020年版，第30—33页。关于天理教事件广泛影响的新近研究，可参见张瑞龙：《天理教事件与清中叶的政治、学术与社会》，中华书局2014年版。

[3]　钱实甫：《清代职官年表》中嘉庆、道光时期督抚年表。孔飞力援引波拉切克的研究认为，汉人督抚逐渐超过旗人的转折期发生在嘉庆后期，亦即1814—1820年之间。费正清编：《剑桥中国晚清史》（上卷），此章由孔飞力、曼素恩执笔，张书生译，中国社会科学出版社1985年版，第124—125页。

[4]　《仁宗实录》，嘉庆十九年十二月初七日癸亥，《清实录》第31册，中华书局1986年影印本，第1125—1126页。

[5]　参见罗威廉：《乾嘉变革在清史上的重要性》，师江然译，《清史研究》2012年第3期，第150—156页。许明德：《梅尔清（Tobie Meyer-Fong）教授演讲"乾嘉变革的再思考"纪要》，《明清研究通讯》第75期（2019年10月）。Seunghyun Han（韩承贤），"Changing Roles of Local Elites from The 1720s to the 1830," in Willard J. Peterson, ed., *The Cambridge History of China*, vol. 9, *The Ch'ing Dynasty to 1800*, part 2. Cambridge: Cambridge University Press, 2016, pp. 649-701. 南开大学历史学院编：《冯尔康文集·清史专题研究》，天津人民出版社2019年版，第17—27页，杜家骥"解题"第2—3页。王汎森：《权力的毛细管作用：清代的思想、学术与心态》（修订版），北京大学出版社2015年版，序论第11—18页，第11—12章。

在三个方向上存在"权威和主动权的整体转移"：（1）从满人朝廷到汉人官僚，（2）从中央到区域和地方行政，以及（3）从地方官僚到政府外的精英。①可以说，江督的旗、汉比例变化，汉人久任等新动向，也是这一广泛变革的一个表征。嘉庆朝开启的这种变革在道光朝进一步发展，不仅汉人江督人数超过旗人，任期也超过旗人。更值得指出的是，其中汉人主要是翰林出身的南方人，尤其是湘楚之人，显示出"湘楚渐盛"的显著趋势。

第二节　湘楚渐盛：鸦片战争前后的江督选任

上节已述，道光朝（1821—1850）汉人江督已占多数。更值得注意的是，在鸦片战争前后的二十多年中（1830—1853），陶澍、陈銮、李星沅、陆建瀛等来自湘楚地区的著名江督相继涌现，加以贺长龄、唐鉴、李象鹍、魏源、黄冕等湘籍要人在江南各界的影响，东南地区呈现了"湘楚渐盛"的特殊新局面。这与湘人在道咸之际经世致用浪潮中的大放异彩，无疑是相辅相成的。

正如孟森所云："嘉道以后，留心时政之士大夫，以湖南为最盛，政治学说亦倡导于湖南。所谓首倡《经世文编》之贺长龄，亦善化人，而（陶）澍以学问为实行，尤为当时湖南政治家之巨擘。"②从道光初年起，陶澍、贺长龄崛起于东南，创行漕粮海运。尤其是陶澍自道光十年至十九年（1830—1839）坐镇两江近乎十年，以学问优长、为人爽直而任事勇敢，受道光"特别信

---

① 对此，罗威廉倾向于赞同。罗威廉：《乾嘉变革在清史上的重要性》，师江然译，《清史研究》2012 年第 3 期，第 154 页。

② 孟森：《清史讲义》，中华书局 2016 年版，第 305 页。

用";加以曹振镛等大吏支持,又有幕僚(魏源等)及能吏(俞德渊等)辅助,故淮北票盐改革等事业获得巨大成功,既往研究较多。①

需要指出的是,当时除了大名鼎鼎的陶澍和贺长龄之外,其他湘人的科名和宦途也大有起色,东南地区汇聚了一批湘楚精英。道光十二年(1832),后来出任江督的李星沅考中进士,点了翰林。其幕主陶澍在贺函中说:"今岁会榜,我省六人皆用,而馆选三人,尤为各处所未有。"②两年后,李星沅简放四川乡试主考官。翌年春(1835)会试,工部尚书、湘人何凌汉(何绍基之父)为会试副总裁之一,李星沅与同乡京官汤鹏、丁善庆为同考官,陶澍不禁感叹,此"亦湘江一时之盛也"。③道光十四年(1834),陶澍奏请唐鉴调任江苏江安粮道,奉旨允准。④两年后,唐鉴升贵州按察使,而李象鹍则简放江苏按察使,极湖南同乡一时之盛。⑤道光十八年(1838),唐鉴在"同乡诸大老"的助力下,升授浙江布政使,旋调江苏布政使,而以李象鹍任贵州按察使。据湘籍军机章京陈本钦透露的内情,此中一大原因是"江南督、

---

① 魏秀梅:《陶澍在江南》,"中研院"近代史研究所 1985 年版,第 265—274 页。喻松青、张小林主编:《清代全史》第 6 卷,方志出版社 2007 年版,第 60—66 页。李少军:《陶澍在两江地区取得政绩的原因》,何鹄志主编:《论陶澍》,岳麓书社 1992 年版,第 47—59 页。

② 《陶澍致李星沅》(道光十二年五月二十日),湖南图书馆编:《湖南图书馆藏近现代名人手札》第 1 册,岳麓书社 2010 年影印版,第 60—61 页。

③ 《陶澍致李星沅》(道光十五年四月初八日),《湖南图书馆藏近现代名人手札》第 1 册,第 65—67 页。

④ 《安徽道唐鉴调江安督粮道折子》(道光十四年二月二十四日),陈蒲清主编:《陶澍全集》第 3 册,岳麓书社 2017 年版,第 380—381 页。

⑤ 《陈岱霖致贺熙龄》(道光十六年九月二十四日),《湖南图书馆藏近现代名人手札》第 1 册,第 250—251 页。

抚皆湖广人"，故朝廷有意将李象鹍调开。①这时陶澍和湖北人陈銮分任东南最重要的两江总督和江苏巡抚，唐鉴又新调江苏布政使，可见湘楚势力在东南的兴盛。

道光十八年（1838）以后，陶澍经常生病，故该年五月，清廷调唐鉴为江宁布政使，为陶澍分劳。据陶澍女婿胡林翼得自军机大臣潘世恩的消息，道光"时刻眷念"陶澍，"每一询及，辄叹人才难得"。但道光和清朝高层也不得不物色两江替手，感到非常为难。是年冬，陶澍病假折到京，道光为此"焦急，日筹替手，未得其人。逢仙（林则徐）差强人意"，但道光"意谓其精细有余，犹恐不能如（陶澍）近年政绩之茂"，故欲待林则徐赴广州查办鸦片事竣，再看情况。②不料翌年（1839）春，陶澍就病重开缺，不久溘逝，朝廷遂以林则徐为江督。但林氏正在广州查办鸦片案，故由江苏巡抚陈銮署理江督。不幸的是，该年冬陈銮也因病逝世。在此背景下，道光二十年（1840）春，江宁布政使唐鉴被人参劾，随后调任闲散京职太仆寺卿。③鸦片战争后，熟悉盐务、赈务，在江苏任职多年的能员干吏黄冕被遣戍新疆，魏源不禁为之叹惜。④东南地区的湘楚势力遭受重创。

---

① 另一原因是为丁忧服阕的前任江苏按察使裕谦腾缺。《陈本钦致贺熙龄》（道光十八年二月十三日），《湖南图书馆藏近现代名人手札》第 1 册，第 237 页。

② 《胡林翼致陶澍》（道光十八年十二月二十九日），《湖南图书馆藏近现代名人手札》第 2 册，1085—1086 页。

③ 《唐确慎公墓志铭》，《曾国藩全集》第 14 册，岳麓书社 2012 年第 2 版，第 349 页。

④ 黄冕的经历，参见《呈请捐复知县之六品顶带黄冕履历清单》（道光二十七年八月十六日），台北故宫博物院藏，军机处档折件，档号：078715。魏源见到新任陕西巡抚李星沅，称湖南同乡谢兴峣（果堂）、黄冕（南坡）、严正基（仙舫）"皆极一时之选"，而今成都知府谢氏被革职，黄冕被遣戍，"殊为人才惜之"。袁英光、童浩整理：《李星沅日记》上册，道光二十二年十一月初五日，中华书局 1987 年版，第 448 页。

在陶澍、陈銮病逝之初，林则徐和邓廷桢分别补授两江总督，可见道光还是倾向用出身翰林的南人接任江督。但随着鸦片战争的爆发，情况陡然起了变化。一则林则徐、邓廷桢并未赴江督之任，随后获罪遣戍新疆，再则江督调动频仍，再度以旗人及北人为主，比如伊里布、裕谦、牛鉴、耆英、璧昌相继担任江督。不过，迨《南京条约》《望厦条约》《黄埔条约》陆续签订后，道光任用耆英等人在广州办理对外事务的同时，在东南地区再次重用湘楚汉人。道光二十五年（1845）以后，湖南人李星沅和湖北人陆建瀛相继出任江苏巡抚、两江总督，湘楚势力在东南再度回归，就是一个明显标志。

之所以有此变化，一则翰林出身的李星沅和陆建瀛颇著能名，深受重科名的道光及高层信任；①再则，或许也与当时漕运愈益难办，道光决心再行海运不无关系。②无论如何，到道光末期，十年之前江南督、抚皆是湖广（湘楚）同乡的局面再度出现，湖湘干吏也纷纷来江苏发展。

道光二十七年（1847），赏给六品顶带、从新疆释回的黄冕故地重来。八月，江督李星沅和苏抚陆建瀛联衔奏称：黄冕遵照海运捐米之例，加倍缴银，希望捐复知县。③不久，外间就传言李

---

① 李星沅和陆建瀛均提拔甚速。道光称江督李星沅和苏抚陆建瀛"皆能办事"。《李星沅日记》下册，道光二十九年二月初四日，第775页。

② 倪玉平：《清代漕粮海运与社会变迁》，上海书店出版社2005年版，第84页。周健：《维正之供：清代田赋与国家财政（1730—1911）》，北京师范大学出版社2020年版，第145—150页。

③ 九月初二日奉旨不准。《李星沅、陆建瀛奏为准留甘肃差遣赏给顶带人员前江苏候补知府黄冕呈请加倍捐复知县援例具奏》（道光二十七年八月十六日），台北故宫博物院藏，军机处档折件，档号：078714。

星沅对湖南同乡魏源、黄冕"言听计从"。①而御史曹楙坚奏参黄
冕一折中有云：黄冕口称江苏"督、抚皆是同乡"，故来江苏各
处招摇；"近又夤缘欲在海运局中充当幕友，以图把持一切"。②尽
管外间传闻或许不无夸大，而李星沅和陆建瀛亦有分歧，黄冕随
后也被驱逐回籍，但湘楚同乡在江南的声势，确实令人印象深
刻。湘籍名宦严如熤之子严正基就是另一明证。道光二十八年
（1848）七月，严正基"因江苏捐输米石案内议叙"，免补奉天复
州知州原缺，以同知分发江苏补用。次年（1849）正月简放江苏
苏州遗缺知府，旋补常州知府。③三十年（1850）二月，江督陆建
瀛破格奏请严正基升署淮扬道。他称严氏"才优守洁，不避嫌
怨，熟悉河务机宜，而无河员习气"，"虽历俸未满五年"，而
"为缺择人"，洵堪胜任。④仅仅一年之后，陆建瀛又奏请严正基署
理江苏按察使。⑤可见升除极速，备见重用。

值得指出的是，道光六年（1826）的漕粮海运由陶澍、贺长
龄、陈銮、魏源等人办理。二十多年后，道光二十八年（1848）
李星沅、陆建瀛再行海运。虽因青浦教案等因素刺激，海运旋又
中止，但道光三十年（1850）陆建瀛又旧议重提，奏请来年苏南

---

① 《李星沅日记》下册，道光二十七年十月十一至十四日，第721页。

② 《曹楙坚奏报已革江苏候补知府黄冕因定海失事案内问拟遣戍奉旨释回却逗留在
江苏情形片》（道光二十七年十二月初十日），台北故宫博物院藏，军机处档折件，档号：
080181。

③ 秦国经主编：《清代官员履历档案全编》第3册，华东师范大学出版社1997年
版，第447页。

④ 《陆建瀛等奏请严正基升署淮扬道事》（道光三十年二月二十九日），中国第一历
史档案馆藏，录副奏折，档号：03-2789-035。

⑤ 《陆建瀛奏为委令严正基署理臬司篆务事》（咸丰元年二月二十五日），中国第一
历史档案馆藏，录副奏折，档号：03-4083-074。

四属"白粮海运",随后获得成功。此后"漕粮海运开始取代河运,海漕成为清代后期漕运的主导方式"。①淮北行票盐法始于陶澍,后来陆建瀛采纳魏源等人的建议,又仿行票盐法于淮南。这均可见鸦片战争前后,东南地区湘楚势力人脉和政策的延续。②

此外,江督由耆英、璧昌过渡到李星沅、陆建瀛的过程,也体现了从八旗到湘楚的转移,其间既有旗汉之别和位置之争,也有政见分歧,尚可稍作疏论。

自从陶澍久任两江总督之后,对湘楚士商而言,江督就有了别样的意味。李星沅早年曾任陶澍幕僚,他于道光十八年(1838)刚卸任广东学政,就为广东巡抚祁𡎴保举"才堪外任"③,遂由翰林院编修外放陕西汉中知府,随后迎来了火箭式提拔。四年之中,历任河南粮道,陕西、四川、江苏按察使,江苏布政使,于道光二十二年(1842)九月三十日,亦即《南京条约》签订后不久,升任陕西巡抚,成为湘人中的政坛新星。④在此背景下,李星沅自然很关注江督的变化,平日和僚友也多有论及。他们一则称赞陶澍"遇事果敢",知人善任,能推诚置腹,"以是文武乐为之

---

① 倪玉平:《清代漕粮海运与社会变迁》,第 100—103 页。周健:《维正之供》,第 153—157 页。

② 咸丰三年(1853),太平军攻破江宁,陆建瀛战死。后来,江督曾国藩为陆建瀛奏请昭雪,称"公是公非,不可不持"。樊昕整理:《赵烈文日记》第 3 册,同治三年十一月二十七日、同治六年五月初十日,中华书局 2020 年版,第 1216—1217、1459 页。

③ 《陈本钦致贺熙龄》(道光十八年二月十三日),《湖南图书馆藏近现代名人手札》第 1 册,第 238 页。

④ 关于李星沅及其日记,参见何汉威:《读〈李星沅日记〉——兼论李星沅其人》,《严耕望先生纪念论文集》,台北:稻乡出版社 1998 年版,第 305—352 页。韩策:《〈李星沅日记〉和〈张集馨年谱〉是怎样传钞流转的——瞿兑之传承近世文献的重要一页》,《华南师范大学学报》2022 年第 6 期。

用，大小事无不举"，感慨"今之封圻无足肩随者"；再则感叹江督难为，有谓："江南河帅催漕帅，漕帅催总督，惟总督则既顾河、漕，又顾地方，几乎四面受敌，鲜有堪此席者。"①道光二十二年（1842）十二月初三日，李星沅入京觐见，新任军机大臣祁寯藻就声泪俱下地说："他日要害（江南）必属"李星沅，故"不可不早为计"。因领班军机大臣穆彰阿凤重李星沅，遂劝李氏"以密函陈时事，深言练兵选将，明赏罚。及今为之，正所以保和局，非挠和局而争战也"。此外，李星沅乡试座师石纶亦谓其"必至两江"。②道光二十三年（1843）九月初一日，李星沅听说道光很是嘉奖他和署理江督璧昌、山东巡抚梁宝常，而江苏巡抚孙善宝精力不济，故"将来更调（江苏）在意中"。③

　　果然，次年（1844）二月，江督耆英调任两广总督，而擅长武备的福州将军璧昌再次署理江督。但李星沅认为耆英仍"眷眷于三江"，将来或将回任。他不甚看好璧昌，起初谓其似难实授，中间又称"璧昌耳聋，亦非堪两江者"，后来又听闻道光对人说："我但有人能作江督，何致用璧某（璧昌）。"④道光二十五年（1845）李星沅调补江苏巡抚，善看面相的官员就"以其面上多三江气"，预测"此行当晋两江（总督）"。⑤饶有意味的是，江督璧昌在苏州会见李星沅时，亦谓李氏"相貌有福气，可为文毅

---

① 袁英光、童浩整理：《李星沅日记》上册，道光二十二年正月初二日，第343—344页。

② 《李星沅日记》上册，道光二十二年十二月初三日，第458页。

③ 《李星沅日记》下册，道光二十三年九月初一日，第528页。

④ 《李星沅日记》下册，道光二十四年二月十二日、三月十三日、九月初七日，道光二十六年七月二十六日，第550、554、576、665页。

⑤ 《李星沅日记》下册，道光二十五年四月二十六、三十日，第606、607页。

（陶澍）替人"。但璧昌对李星沅表面恭维，私下却多防范和诋毁，似颇存旗汉、文武之见。①李星沅将这些传闻和品藻——写进日记，或即反映了他的所思所想和关切所在。

道光二十六年（1846）正月，直隶布政使陆建瀛升任云南巡抚，云贵总督贺长龄私下称赞其"豁达渊亮，遇事有识"②。八月二十三日，江苏巡抚李星沅升云贵总督，陆建瀛调江苏巡抚。次年（1847）三月十六日，李星沅调两江总督，六月二十九日在江宁接印。于是，再次出现江南督、抚皆是湖广（湘楚）同乡的局面。③

但李星沅就任江督后不久，两广总督耆英就奉旨北上觐见。李星沅与耆英在鸦片战争时就有"旧隙"。④而今耆英以擅长夷务著称，李星沅却与其见解颇有不合。⑤耆英则对江宁将军裕瑞说："汉人眼孔多"，不无满汉之见横亘胸中。⑥故道光二十八年（1848），李星沅几乎每日都在担心耆英来夺江督。⑦青浦教案发生后，两江对外交涉需人。耆英奉旨来江苏查看，李星沅即推测"或即留作

---

① 《李星沅日记》下册，道光二十六年八月二十七日、十二月十五日，道光二十七年八月三十日，第668、687、716页。

② 《贺长龄致曾国藩》（道光二十六年八月初十日），《湖南图书馆藏近现代名人手札》第1册，第153页。

③ 陆建瀛科名在李星沅之前，李称陆"前辈"，"北省同乡"。《李星沅日记》上册，道光二十年三月十二日，第39页。

④ 《李星沅日记》下册，道光二十七年四月十六日，第703页。

⑤ 《李星沅日记》下册，道光二十七年八月十二、二十四日，第713、715页。

⑥ 《李星沅日记》下册，道光二十八年四月十八日，第745页。

⑦ 道光二十八年正月十八日有云：耆英奉旨入都述职，"真是好好脱身，意或先离两广，再到两江。私心希冀，亦愿早来，卸重肩也"。两日后又云："某老垂涎金陵不已，此次回京，必图如愿。止可静以俟之，果能速为脱手，亦幸事也。"《李星沅日记》下册，第732页。据王建朗、马忠文主编《近代史研究所藏稿钞本日记丛刊》（国家图书馆出版社2020年版）所收《李星沅日记》之稿本，"某老"系由"介老"改，指耆英（介春）。

此间替人"。此后，李星沅及江宁布政使傅绳勋均担心朝廷将李星沅和耆英互调，李星沅亦"附陈不谙夷务，隐存避位之意"。而与耆英接近的上海道咸龄则称"夷情骄恣日甚，道县殊不可为"，意在调耆英任江督，当可为力。①无论如何，耆英仍未接任江督。但道光二十九年（1849）春，李星沅因反对江苏折漕和清查积欠，影响了他与穆彰阿的师生关系，遂决意病辞。他预测的替手一直是耆英，而朝廷最终却选择了"驾轻就熟"的江苏巡抚陆建瀛。这让李星沅感到"当不至分外腾掀，或较他者（耆英）为妥"。②

云贵总督程矞采在致军机章京王发桂的密函中评价此事称："东南近事，患不在粤，而在江浙。李（星沅）、陆（建瀛）相继，自是一时人望，而用兵似非其所长。"③作为翰林出身的汉人文官，李星沅和陆建瀛确实在武备方面有所欠缺。与旗人不同，当时汉人文武分途，作为文官的汉人督抚名义上节制提督、总兵，但实际上并不容易办到。李星沅曾向邓廷桢抱怨"督抚有节制之责，无节制之权，徒以文臣未谙武备，为论者所姗笑"。④他也曾致函穆彰阿，论及总督"有节制提镇之名而无节制之实，似宜明降谕旨，再申定例，责成查察，庶总督有所凭藉，而令在必

---

① 《李星沅日记》下册，道光二十八年三月十三、二十七日，四月初五日，第740、742、743页。

② 《李星沅日记》下册，道光二十九年三月二十八日、四月十四日，第780、781页。文字已据稿本校订。

③ 《咫闻斋来函》（道光二十九年），《王发桂所存书札》，北京大学图书馆古籍部藏。

④ 《李星沅日记》下册，道光二十四年四月初九日，第558页。

行，提镇有所顾忌而志不敢肆，似于营务有裨"。[①]在授李星沅江督之前，道光、赛尚阿对李星沅的担心，亦在"未谙武备"和"不甚谈武"。[②]

道光三十年（1850）太平天国运动爆发后，李星沅继林则徐出任钦差大臣，赴广西督师，次年亡于军中。咸丰三年（1853），太平天国占领武昌后，顺江而下，江督陆建瀛兵溃身亡，饱受抨击。"李、陆相继……用兵似非其所长"似乎一语成谶。不过，这不仅是文官不善用兵之过，也是兵制到了亟需改革的时候，曾国藩的湘军在此背景下应运而生。

第三节　1860 年曾国藩出任江督的曲折及转折意义

曾国藩自组建湘军后，屡建功勋。但因咸丰皇帝及高层担心其尾大不掉，故有意压制，以致曾国藩多年未得督抚大权。所谓"七年作客，艰难险阻备尝"，湘军的发展也大受限制。[③]直到咸丰十年（1860）夏，在江南大营崩溃的背景下，曾国藩临危受命，出任两江总督和东南统帅，兼握督符与钦符，军权、人事权和财权统于一身，湘军于是迎来大举发展之机，崛起之势终至不可遏制。故有必要着重考察这一曲折过程及其转折意义。

朱东安曾正确地指出：在是否重用汉臣、放权督抚将帅问题上，清政府内部发生过数年的矛盾斗争。斗争主要在文庆、肃顺

---

① 《李星沅日记》下册，道光二十三年三月十五日，第 492 页。

② 《李星沅日记》下册，道光二十六年七月二十六日，第 665 页。

③ 《致王少鹤》（咸丰九年八月二十四日），胡渐逵、胡遂、邓立勋校点：《胡林翼集》第 2 册，岳麓书社 2008 年版，第 329 页。

和祁寯藻、彭蕴章之间进行，焦点往往集中在湘军首领曾国藩身上。咸丰则摇摆于祁寯藻、彭蕴章与文庆、肃顺之间。①咸丰十年闰三月以后，随着江南大营的坏消息不断传至京城，这种矛盾斗争达到了激烈顶点。

这时，曾国藩出任江督的阻力主要有四。其一，彭蕴章等枢臣一向压制曾国藩，咸丰更不放心曾氏；其二，京内外不少满汉高官认为非僧格林沁带兵南下不可，任用曾国藩也无济于事。②其三，许多朝臣主张通过大举团练以应对江南危局，朝廷也在四月十六日号召江苏、安徽、浙江、河南等省迅速办团，随后委任九名高官为督办团练大臣。③其四，主持皖南军务的张芾奏请自往苏浙，而令曾国藩督办皖南军务，看似推重，实则排挤，故曾氏兄弟对张芾极为不满。④

支持曾国藩出任江督的高层代表是肃顺。这经薛福成等人的笔记和高心夔的诗歌《中兴篇》之播扬，为人熟知，但也难免几分传奇色彩。最近，张剑教授利用《高心夔日记》完全证实了高心夔和肃顺发挥的关键作用，同时也让我们了解到，即使在江南

---

①　朱东安：《曾国藩集团与晚清政局》，辽宁人民出版社2017年版，第35、37页。

②　比如山东巡抚文煜、两淮盐运使姚仰云、江宁将军魁玉、署侍郎袁希祖、上书房行走之詹事殷兆镛。《文煜致秋墅（姚仰云）》（咸丰十年四月二十五日、六月初二日、七月十二日），《秋墅档·三》，虞和平主编：《近代史所藏清代名人稿本抄本丛刊》第1辑第34册，大象出版社2011年版，第376、387、595页。李国荣主编：《清代军机处随手登记档》第93册，国家图书馆出版社2013年版，第145—146、150、239页。

③　吕坚主编：《清政府镇压太平天国档案史料》第22册，社会科学文献出版社1996年版，第257页。详参崔岷：《咸同之际"督办团练大臣"与地方官员的"事权"之争》，《历史研究》2018年第2期。

④　《致彭玉麟》（咸丰十年四月十六日），《曾国藩全集》第23册，第533页。《曾国荃致曾国藩》（咸丰十年五月初一日），王庆成编著：《稀见清世史料并考释》，武汉出版社1998年版，第392页。

大营崩溃的情况下，仍需要肃顺反复向咸丰和朝臣解释疏通，所谓"开张宸虑，畅导群言"。①这都说明其中阻力之大。

阻力既如此大，肃顺的权势也不宜夸大。在北狩热河前，咸丰尽管信任肃顺，但也不致言听计从；加以其他王公大臣制衡，肃顺自难一言九鼎。②咸丰十年四月，肃顺请陆姓医生给咸丰看病，就遭到极大怀疑，迨咸丰召见惇、恭、醇三位近支王爷后，谣言方息。此外，六七月间高层筹议和战，肃顺因主张被阻，"哽咽太息，辄唤奈何"。③因此，肃顺虽较他人更倾向重用曾国藩，但要说服咸丰和王公大臣，却都是艰巨任务，也非肃顺一人就能完成。这既需要形势的"有利发展"，也需要盟友的巧妙配合，离不开幕僚的暗中参谋。④下文综合档案、日记、书信、诗文等新旧材料，对胡林翼、曾国藩的京城盟友发挥的作用做进一步探讨，希望略窥当时高层运筹帷幄的情形。⑤

早在咸丰六年（1856）文庆当政之时，鉴于江南大营不稳且向荣老病，军机章京钱宝青就曾上奏举荐曾国藩或胜保接替向

---

① 张剑：《〈佩韦室日记〉中的肃顺及晚清社会》，《北京大学学报》2019 年第 2 期。

② 北狩热河之后颇有变化。梁瀚致胡林翼函谓："前所恃以无恐者，天子圣明，乾纲独断"，"今则情形大非昔比，为左右数人所蒙蔽，权渐下移，即枢密（军机处）亦成赘瘤矣"。户部由"行在一人（肃顺）作主"。黄濬：《花随人圣庵摭忆》下册，李吉奎整理，中华书局 2013 年版，第 832—833 页。

③ 张剑：《〈佩韦室日记〉中的肃顺及晚清社会》，《北京大学学报》2019 年第 2 期。

④ 赵烈文更强调形势，认为清廷对曾国藩是"不得已而用之，非负扆真能简畀，当轴真能推举也"（樊昕整理：《赵烈文日记》第 3 册，同治三年四月初八日，第 1132 页）。现代学者赞同形势的作用，但也强调肃顺推举之力（朱东安：《曾国藩传》，四川人民出版社 1985 年版，第 134—135 页）。

⑤ 关于胡林翼的京城联络网，详参韩策：《疆吏与军机如何互动：胡林翼的京城联络及其意义》，《近代史研究》2023 年第 4 期。

荣，督办江南军务。①或许这也是文庆在幕后操盘，但咸丰未予采纳。咸丰八年（1858）曾国藩重新出山后，胡林翼一有机会就替他向军机章京及其他高官抱屈，称其七年作客，仰食于人，艰险备尝；"有诸葛之勋名而无其位，有丙吉之大德而无其报"。②但更多时候也很无奈，称湘军领袖不假兵符，不求专对，且不贪金陵之功，只求平定安徽，驻兵二百里外，为江南大营助势，则金陵不攻自破。③确实，咸丰九年冬至十年春（1859—1860），江南大营不断接近"成功"。这正是曾、胡不受信任的军事背景。然而，随着二月二十七日杭州陷落，江南大营旋亦崩溃，朝中重用湘军的声音终又发了出来。

闰三月十三日，胡林翼频繁联络的京城密友宋晋上折，请于楚北诸帅中简放一员统率江北官兵，又请择杨载福、彭玉麟中一人带水师驰援江北。最高层在讨论之后未予采纳。④殆因何桂清奏报金坛解围，并克复广德州，故翁心存也判断江苏似可保全。⑤直到闰三月二十六日，和春退守镇江的消息到京，当日才寄谕官文和曾、胡，令都兴阿带兵救援江北，并令杨载福会同清朝水师沿江巡梭，防止太平军北渡。⑥接着，丹阳失陷和英法兵船已抵大沽

---

① 《钱宝青列传》，清国史馆传稿，台北故宫博物院图书文献数位典藏资料库，编号：701000151。

② 《致王少鹤》（咸丰九年八月二十四日）、《致袁甲三》（咸丰九年八月二十七日）、《复曹琢如王少和蒋叔起》（咸丰十年二月二十一日），《胡林翼集》第2册，第329、334、459页。

③ 《致钱萍矼》（咸丰九年八月初一日），《胡林翼集》第2册，第320页。

④ 《清代军机处随手登记档》第91册，第598页。

⑤ 张剑整理：《翁心存日记》第4册，咸丰十年闰三月十五日，中华书局2011年版，第1510页。

⑥ 《清代军机处随手登记档》第92册，第657、664页。

的消息让咸丰备感压力。四月初六日咸丰行常雩礼，"伏地痛哭"，还宫后竟至咳血。①

在此背景下，几项紧密关联的高层运作集中展开。一个以往未受注意的重要史实是，彭蕴章于四月初五日奉命出京督办陵工，四月二十一日方才回京。②尽管尚无证据表明，如此关键时刻令彭蕴章出京系肃顺"排挤"，但趁亲王重臣出京之际发布重大决策甚至发动政变，也是晚清的常规操作和政治文化。对于京城刀光剑影的运作，身在湖北大营的胡林翼颇有掌握。四月十七日，他对彭玉麟说："近十日都中必有十余人奏请涤帅往援"江南，"林翼之意，必得地方之符（即江督）乃可去"。③果然，趁彭蕴章出京之机，胡林翼和曾国藩的京城盟友在四月中旬密集上奏。高心夔《中兴篇》有云："翰林潘卿谏台赵，荐疏但入皆锁颐。侍臣故有造膝请，首赞大计承畴谘。口衔两江授楚帅，所为社稷它何知。"历来对该诗均正确解读为肃顺推毂曾国藩出任江督。④张剑教授更进一步证实肃顺不仅将高心夔削草再三之奏折递上，而且造膝密陈，最终于四月十九日促成曾国藩署理江督之命。⑤

惟"翰林潘卿谏台赵"一句，似尚未见合理解释。而这恰是

---

① 梁小进主编：《郭嵩焘全集·日记》第 8 册，咸丰十年四月十一日，岳麓书社 2012 年版，第 315—316 页。

② 《翁心存日记》第 4 册，咸丰十年四月初五、二十一日，第 1515、1518 页。

③ 《致彭玉麟》（咸丰十年四月十七日），《胡林翼集》第 2 册，第 517 页。

④ 杨锺羲：《雪桥诗话全编》第 2 册，雷恩海、姜朝晖校点，人民文学出版社 2011 年版，第 1340—1341 页；郭则沄：《十朝诗乘》，《民国诗话丛编》第 4 册，林建福等校点，上海书店 2002 年版，第 655 页；黄濬：《花随人圣庵摭忆》下册，第 830—832 页。

⑤ 张剑：《〈佩韦室日记〉中的肃顺及晚清社会》，《北京大学学报》2019 年第 2 期。

配合肃顺的直接行动。翰林潘卿就是大理寺少卿潘祖荫，谏台赵就是御史赵树吉。四月十三和十六日，潘、赵先后奏请罢斥和春、何桂清而重用曾国藩、胡林翼。潘祖荫称：

> 金陵大营失陷以来，苏、常两郡刻刻可虞，官兵见贼即逃，统帅节节退守。若再不予罢斥，更易大帅，在兵威已挫，士气愈衰，断难望其失东隅而收桑榆矣。惟有仰恳天恩，简任附近邻省威望素著大员，如曾国藩、都兴阿、胡林翼等，统领得力将弁，星夜前往江苏，即使事机无及，犹望规复将来，庶可收亡羊补牢之效。[①]

赵树吉云：

> 至附近各营，惟曾国藩、胡林翼两军向称得力，并请于二人中迅简一员，即以和春、何桂清之任任之。令其统领全军，星夜驰往督办。近日外廷建议者，每及将帅必曰曾、胡。臣非敢随声附和。惟念和春、何桂清既难冀以桑榆晚盖之功，而代此任者非统重兵，不足补创残之缺，非地居较近，不足践星火之期（暗指天津的僧王距江南太远，来不及救援）。[②]

潘、赵两折在《清代军机处随手登记档》的记载都是"带上带下，归籖"，说明咸丰和枢臣有过面议，但未下定决心。[③]薛福成

---

① 《沥陈东南军务疏》（咸丰十年四月十三日），潘祖荫：《潘文勤公（伯寅）奏疏》，沈云龙主编：《近代中国史料丛刊》（354），台北：文海出版社1969年版，第33页。

② 《劾江督苏抚罪并请简员督办疏》（咸丰十年四月十六日），祁青贵：《赵树吉集校注》，巴蜀书社2019年版，第423页。

③ 《清代军机处随手登记档》第93册，第54、64—65页。

曾说，咸丰起先欲用胡林翼总督两江，肃顺称胡林翼在湖北措置裕如，建议用曾国藩，则上下江皆得人。咸丰从之。[①]据上文看，殆因潘祖荫、赵树吉及其他建议者本系曾、胡并举；也因为推荐不便只举一人，既避朋党之嫌，也把最后的抉择权留给皇帝。但肃顺如将胡林翼的病情稍微透露，想必咸丰也只好用曾国藩。

进言之，从胡林翼所谓曾国藩必得江督乃可去，以及四月下旬李鸿章仍推胡林翼任江督，曾国藩做统帅，[②]可知胡林翼、李鸿章鉴于最高层历来不授曾国藩督抚大权，故即使如此形势下，他们对曾国藩获任江督也无足够信心。迨四月十九日，何桂清、徐有壬、瑞昌、王有龄奏报苏州失陷的折子到京，[③]派曾国藩救援苏、常已不可免，但以什么名义去，才是最关键问题。用胡林翼的话说，至少要有督符乃可去，如能督符（两江总督）、钦符（钦差统帅）均授曾国藩，则有否极泰来之望。[④]以后见之明看，手握督符、钦符，事权归一，方可成功。但当时许多人却不这样看，即使胡林翼的湖北朋僚也是如此。[⑤]

---

① 《肃顺推服楚贤》，丁凤麟、王欣之编：《薛福成选集》，上海人民出版社 1987 年版，第 561 页。

② "天如佑我大清，当以公督两江，此至艰难困苦之任，非开创圣手，孰能胜之？帅符则必推涤帅（曾国藩），庶相得益彰，可挽全局于十之二三。顾上游已成之局，难得替手，庙堂即有此议，东南朝士即有此识，必不敢放胆做一篇奇警文字。不如是，以一人单行，即江右、浙东暂延残喘，终必鲜济。不如是，督与帅皆假他人，江浙固无生理，上游亦日蹙危。"《李鸿章致胡林翼》（四月下旬），梅英杰：《胡林翼年谱》，《湘军人物年谱（一）》，李润英标点，岳麓书社 1987 年版，第 290 页。

③ 《清代军机处随手登记档》第 93 册，第 73—78 页。

④ 《复吴桐云》（咸丰十年四月二十八日），《胡林翼集》第 2 册，第 521 页。

⑤ "至言涤（曾国藩）不握督符而仅握兵符，万余人已足，此却不然。弟欲涤帅一人任天下之危，总三江之兵事，弟意督符更重于兵符也。"《致书局牙厘局文案》（四月前后），《胡林翼集》第 2 册，第 553 页。

当然，四月十九日命曾国藩署理江督而非实授，同时仍由徐有壬、薛焕先后暂署江督，说明咸丰并不放心。胡林翼气愤地说："涤帅得督，而又派一人署督，朝政之是非可知矣。何根云（何桂清）至今不杀，亦无人一言，天下之黑白可知矣。"[①]此外，淮扬盐利一开始也不让曾国藩染指。[②]五月二十五日，王有龄请为张国樑赐恤。咸丰仍令"访查实在下落"，"如尚未亡或遇救得生，犹堪备干城之选"。[③]直到六月，江南局势日益恶化，张国樑仍无下落，英法联军对京津的威胁越来越大。在六月初十日彭蕴章退出军机处后，二十四日终于实授曾国藩江督并任钦差大臣。这就是胡林翼所谓的兼握督符和钦符。要之，形势之外，曾国藩的江督之命，也应归功于京城盟友的积极运作和肃顺的解释疏通。

进言之，赵树吉的折子亦收入尹耕云文集，似由尹氏所草。[④]从《高心夔日记》可知，咸丰十年（1860）五六月，高心夔、尹耕云、赵树吉、李鸿裔、范泰亨、莫友芝几乎日日聚集。[⑤]他们都与胡林翼、曾国藩渊源颇深。咸丰十年五月初三日胡林翼保举十六人，尹耕云和范泰亨赫然在列。[⑥]潘世恩是胡林翼座师，也叙陶

---

① 《致阎敬铭》（咸丰十年四月二十八日），《胡林翼集》第 2 册，第 522 页。

② 樊百川：《淮军史》，四川人民出版社 1994 年版，第 20、35 页。

③ 《清代军机处随手登记档》第 93 册，第 227 页。八月中旬为张国樑赐恤的上谕仍说："尚翼该提督不死，出为国家宣劳……若使张国樑尚在，苏常一带，何至糜烂若此。"《文宗实录》，咸丰十年八月十七日戊寅，《清实录》第 44 册，中华书局 1987 年影印本，第 887—888 页。

④ 尹耕云：《心白日斋集》，沈云龙主编：《近代中国史料丛刊》（411），台北：文海出版社 1969 年版，第 151—156 页。

⑤ 张剑整理：《高心夔日记》，咸丰十年五月初五至七月初一日，凤凰出版社 2019 年版，第 1—16 页。

⑥ 《敬举贤才力图补救疏》（咸丰十年五月初三日），《胡林翼集》第 1 册，第 650 页。

澍的渊源，故潘祖荫称胡林翼为世伯。①赵树吉称曾国藩为师，曾
国藩奉命督师江南后，他"喜极欲沾巾"。高心夔则"喜颂竟
夕"。②李鸿裔、莫友芝随后均入曾国藩幕府。尽管现存《高心夔
日记》从咸丰十年五月初五日开始，故诸人在四月配合肃顺的筹
谋运作尚看不到，但裁撤南河总督、添设淮扬镇总兵，请曾国
藩、袁甲三保举人员一事可以参照。六月初九日，尹耕云先建此
议，高心夔"深服其略，因谋所以建白之道"。随后，尹耕云草
折，赵树吉、高心夔、李鸿裔、莫友芝、尹耕云共读定议，李鸿
裔手录一通。十二日，高心夔以所录奏疏送给肃顺。③六月十八日
上谕随之而下，与尹耕云建议若合符节。④

　　咸丰十年（1860）曾国藩出任江督，无疑促成了湘军的迅速
壮大。此外，至少有以下几层转折意义。其一，以往清朝督师
（钦差大臣）和督抚分开，镇压广西起义之初大抵如此，江南大
营时期尤其如此。⑤而自曾国藩开始，汉人领兵督师（钦差大臣）

---

① 《呈岳父陶澍》（道光十九年），《胡林翼集》第 2 册，1027 页。《潘祖荫来函》
（咸丰十一年二月十五日），杜春和、耿来金编：《胡林翼未刊往来函稿》，岳麓书社 1989
年版，第 424 页。

② 《曾涤生师奉命督师江南三首》，祁青贵：《赵树吉集校注》，第 88 页。《高心夔
日记》，咸丰十年六月二十五日，第 15 页。

③ 《高心夔日记》，咸丰十年六月初九日至十二日，咸丰十一年五月初二日，第
12—13、57 页。

④ 《清代军机处随手登记档》第 93 册，第 227 页。

⑤ 广西起义之初，林则徐、李星沅、赛尚阿先后任钦差大臣督师，郑祖琛、周天
爵、邹鸣鹤先后为广西巡抚。咸丰二年（1852），两广总督徐广缙、两江总督陆建瀛先后
授为钦差大臣督师，但为时甚短，且其直接指挥的兵力有限。此后，怡良、何桂清先后任
江督，而向荣、和春先后任钦差大臣督师。曾国藩所谓"前此江南军务，督符、使符各归
一人"。《复周辑瑞》（同治元年十一月初九日），《曾国藩全集》第 26 册，第 197 页。

和总督合为一人。以往旗人文武不分，汉人则不同。①自太平天国之后，儒将辈出，汉人也开始文武兼资，曾国藩尤其代表。其二，曾国藩出任江督后，湘人在付出大量牺牲的同时，也通过军功保举和据有战利品，征收厘金和经营淮盐等事业，获得了数不清的功名富贵。②同时，随着湘军崛起，也带动了湘学的广泛传播；湘学逐渐从边缘走向中央。③这可视为经济、文化层面的权势转移。其三，嘉庆以前，江督用汉人最少，而自曾国藩之后，江督用汉人最多。旗、汉比例彻底逆转。④这既显示江督之于清廷的重要性，也反映了曾国藩以后江督的特殊性。江督易主与晚清政治的讨论，就是在这一背景下展开。同治三年（1864）湘军攻破天京之后，清朝与曾国藩湘系的关系也到了最微妙的时候。随后，清廷希望尽量控制东南财赋之区，防止曾国藩系统尾大不掉，但也必须保持东南大局稳定。"湘人江督格局"的形成问题就此产生。这是下章讨论的主题。

---

①　嘉道时期汉人杨遇春立功后，由武转文为总督，比较罕见。孟森：《清史讲义》，第 292 页。

②　1866 年，湖南长宝道翁同爵有些不满地说："此十余年来，天下人民尽遭涂炭，而惟湖南人士，则功名富贵归之，子女玉帛归之。"《致翁曾翰》（同治五年五月二十七日），李红英辑考：《翁同爵家书系年考》，凤凰出版社 2015 年版，第 292 页。

③　湘学前重理学及经世之学，后来重新学。罗志田：《近代湖南区域文化与戊戌新旧之争》，《近代史研究》1998 年第 5 期；《能动与受动：道咸新学表现的转折与"冲击/反应"模式》，《近代史研究》2022 年第 1 期，尤其第 11—12 页。

④　此后惟一的旗人江督是端方，已在清亡前五年的 1906 年。

第二章

从纷更到稳定："湘人江督格局"的形成

中国政治史上常有一些重要现象，类似不成文的体制，产生着深远影响。晚清史上的"湘人江督格局"就是如此。清末常有两江总督非湘人不可的说法。光绪二十八年（1902）张之洞署理江督仅两月，湘人魏光焘即补授江督，张之洞颇觉扫兴，"恒语人曰：朝廷此缺不啻为湖南人买去矣"。[①]光绪三十年，沪上报刊就江督与湘人的特殊关系多有讨论，虽意见不一，却说明该现象引人注目，影响广泛。[②]宣统二年（1910），汤殿三也论

---

① 刘声木著、刘笃龄点校：《苌楚斋随笔续笔三笔四笔五笔》下册，中华书局1998年版，第592页。

② 比如《申报》评论称："粤逆平后，曾文正以湘乡硕望总制两江。继其任者为左文襄、曾忠襄、刘忠诚诸公，亦皆籍隶湖南。虽中间亦参以他省之人，然不久旋即去位。良由发逆之平，湘人之力居多。且长江一带游勇会匪又多系三湘之子弟，非以湘人震慑之，不免有蠢然思动之虑。故两江总督一缺，几视为湘人之世职。"（《论山东巡抚周玉山中丞调署两江总督事》，《申报》，光绪三十年九月二十七日，第1版）；又如夏曾佑在 （转下页）

道：金陵光复后，“战兵虽遣撤，留防湘军常万数，故同、光朝江督一缺必于湘军宿将中选之。……金陵遂俨为湘人汤沐邑矣”。[1] 后来研究者亦常引汤氏之说。[2] 前辈学者在分析晚清军政派系平衡时，也早已指出此现象。瞿兑之有云：自曾国藩任江督后，“左宗棠、曾国荃、刘坤一、魏光焘、李兴锐更迭居之，遂有非湘人不能任两江之谚”。[3] 罗尔纲提出：“自从曾国藩做两江总督以后，曾国荃、刘坤一相继任职，差不多直到清末，南京就成为曾国藩一系湘军反动派统治的地区。”[4] 石泉有言：李鸿章淮系“驻兵近畿，捍卫北洋”，历时二十余年，“而东南财赋之区与西北要冲之陕甘则始终主由湘军屯驻，由湘帅或与湘军有密切关系之人任总督”。又说：“两江总督自咸丰十年，直至光绪甲午，如曾国藩、左宗棠、曾国荃、刘坤一，皆湘帅，此外惟马新贻、李宗羲、沈葆桢三人，然亦皆久与湘军共事者。”[5] 刘广京有云：光

（接上页）《中外日报》发文称：“金陵虽光复于湘军之手”，然在曾国藩之时，“并无非湖南人不可督两江之说”，马新贻和沈葆桢就是明证。此说大约起于曾国荃光绪十三年（1887）再任两江之时。及曾国荃薨逝，刘坤一继之，“非湖南人不可为江督之说渐成定论”。《论江督与湖南人之关系》，杨琥编：《夏曾佑集》上册，上海古籍出版社 2011 年版，第 237—238 页。此外，《时报》《新闻报》《警钟日报》《大陆报》等均有论列。

　① 汤殿三：《国朝遗事纪闻》，天津民兴报馆 1910 年铅印本，第 9—10 页。

　② 朱东安：《曾国藩传》，第 350 页；龚小峰：《地域、权力与关系：对清代江苏督抚的考察》，《安徽史学》2012 年第 4 期。

　③ 瞿兑之：《观我生室笔丛·总督沿革》，广州《新民月刊》1936 年第 2 卷第 3 期，第 197 页。张朋园也称：咸同时期更有“江（南总）督非湖南人不可”之言。张朋园：《中国现代化的区域研究：湖南省，1860—1916》，“中研院”近代史研究所专刊 1983 年版，第 350 页。

　④ 罗尔纲为太平天国历史博物馆编《太平天国史料丛编简辑》（中华书局 1961 年版第 1 册）所作的前言，第 8 页。

　⑤ 石泉：《甲午战争前后之晚清政局》，生活·读书·新知三联书店 1997 年版，第 29、34 页。此书底本是作者在燕京大学的硕士毕业论文，完成于 1948 年夏。

绪五年（1879）沈葆桢去世后，"两江总督皆以湘系人物充任"，
"曾国荃、刘坤一任两江总督较久，皆以其治军理财之能力与声
名为基础，且与当时督抚间派系之平均分配有关"。① 樊百川强调
曾国荃在江督任上最大"功业"，"是把江南弄成湘军部属的安乐
窝"。"清政府为了与李鸿章的淮系搞平衡，兼以安抚湘系，两江
总督和南洋大臣自此必用湘军将帅，形成一个湘系军阀盘踞江南
20 多年的局面。"②

　　当然，指出有趣的历史现象固善，但还不能让人满足，追索
其背后波澜壮阔的历史进程和丰富多彩的历史内涵，更为激动人
心。如果细究起来，既往概括或较为笼统，或互有出入，值得认
真检讨。首先，自咸丰十年（1860）曾国藩出任江督，到光绪五
年（1879）沈葆桢任上逝世，其中至少有十年时间，江督并非由
湘人担任；非湘籍的江督多达七人，湘籍江督仅有曾国藩和刘坤
一（短暂署理）。而从光绪六年（1880）刘坤一接任江督，直至
光绪三十年（1904）李兴锐薨于任上，实任江督均系湘人；仅有
四位非湘籍大员曾署理江督，总时长仅两年多而已。③ 那么，为
何湘军在东南建功以后，湘人江督格局实际并未形成；迨湘军攻
破南京二十年后，反而形成稳固的湘人江督格局？

---

　　① 刘广京：《晚清督抚权力问题商榷》，《经世思想与新兴企业》，台北：联经出版
有限公司 1990 年版，第 273 页。

　　② 樊百川：《清季的洋务新政》第 1 卷，上海书店出版社 2003 年版，第 307—
308 页。

　　③ 1860 年至 1880 年，非湘籍的江督有：李鸿章（署理，1865—1866）、马新贻
（1868—1870）、何璟（署理，1872）、张树声（署理，1872）、李宗羲（1873—1874）、沈
葆桢（1875—1879）、吴元炳（署理，1879—1880）。1880 至 1904 年，非湘籍的江督（均
为署理）是：裕禄（1887，甚短）、沈秉成（1890—1891）、张之洞（1894—1896）、鹿传
霖（1900）、张之洞（1902—1903）。

其次，既往多将马新贻、何璟、李宗羲、沈葆桢归入"久与湘军共事者"之列，意谓诸人与湘军关系密切，区别不大。[1] 但一方面，彼时东南大员几乎都与湘军共事过。另一方面，以上几位均由进士出身而非军功起家，毕竟与湘帅颇有不同。况且沈葆桢还与曾国藩大为龃龉，彭玉麟也嫌李宗羲太不知兵，马新贻被刺是否和湘军有关也尚存疑。再次，在镇压太平天国运动后的数十年中，东南财赋之区并非如石泉所言——"始终主由湘军屯驻"，而是以 1880 年代的中法危机为界，发生了从"淮主湘辅"到"湘主淮辅"的重要变化，涉及湘、淮势力在东南地区的消长和晚清政治格局的演变。

最后，更重要的是，我们应如何解释湘人江督格局的形成及其意义。众所周知，两江总督统辖苏、皖、赣三省财赋人文之区，军务、吏治、淮盐、漕运、河工无所不管；同治以降又例兼南洋通商大臣，主持洋务交涉，为东南第一要缺。故江督易主历来都是政坛大事。而当湘、淮军镇压太平天国，驻兵江南后，江督位置更为重要敏感。这时，南北满汉、文武兼资、洋务与吏治、科名与军功、湘淮分制、湘系内部平衡，甚至外人的态度，都成为清廷遴选江督时需要审慎考量的因素。饶有意味的是，与晚清直隶总督前有李鸿章，后有袁世凯，相对稳定不同，自咸丰十年（1860）曾国藩出任江督后，直至清朝覆亡前的半个世纪，围绕两江总督兼南洋大臣的位置和人选，经历了漫长而复杂的多方互动。其中既有权力斗争，也交织着中央与地方关系、湘淮南北的平衡、洋务新政与国防建设等国家治理的核心内容。光绪三

---

① 石泉：《甲午战争前后之晚清政局》，第 29、34 页。

十年（1904），最后一位湘籍江督李兴锐溘然长逝，有北洋淮系深厚背景的山东巡抚周馥出人意料地南下接任，于是舆论纷纷将此看作央地关系和南北权力变动的重大标志。[①] 确实，随后两年，周馥的一系列举措加速了"湘人江督格局"的终结和袁世凯北洋势力的南下，其深远影响一直持续到民国北洋时期。[②] 这都说明"湘人江督格局"的形成和终结对于晚清民初的政局演变和南北关系意义不凡。

因此，本章在既有研究基础上，利用档案、书信、日记、文集等大量新旧资料，一方面解释晚清湘人江督格局是怎样形成的，另一方面讨论其中反映的清廷统治方策以及南北关系的平衡和演变。

第一节   七年三往返：曾国藩难以稳坐江督

咸丰十年（1860），清军江南大营彻底崩溃。朝廷举目四望，不得不依靠湘军来镇压太平天国。于是，清廷一改"靳而不与"曾国藩督抚实权的政策，授曾氏两江总督，随后又令其统辖东南四省军务。久苦于不得督抚实权的曾国藩，终于集兵权、财权和人事权于一身。湘军借此迅速发展，终在次年取得安庆之役的重大胜利。加以李鸿章率淮军从上海逐渐克复苏南地区；左宗棠带兵入浙，收复杭州等地。至同治三年（1864）六月十六日，久围

---

① 《论周馥调任两江为南北争权而起》，《警钟日报》，光绪三十年九月二十五日，第1版；《论周玉山之任两江》，上海《大陆报》第2年第9号，光绪三十年九月。

② 参见韩策：《清季"湘人江督格局"的终结与"北洋下南洋"的形成》，《史学月刊》2021年第8期。

天京(江宁/南京)的湘军曾国荃部一举攻破城池,持续十数年的太平天国运动随之被清朝压平。与此同时,两江总督终于在多年之后可以赴其驻地江宁就任。六月二十四日,曾国藩从安庆登上轮船,次日抵达金陵。

可以说,曾国藩出任两江总督后,权责统一,措置得当,与湘、淮军的壮大和太平天国的覆亡关系密切。而曾氏削平太平天国的身份,既是湘军领袖,更是两江总督。故手握重兵、广揽利权的曾国藩进入南京坐镇后,江督自然成为彼时政局的一大重心,清廷和曾国藩系统的关系也就到了最微妙的时刻。如果说朝廷对曾国藩早有防范之心,那么他此时遭到疑忌就是势所必至了。加以湘军攻入天京后烧杀抢掠,也让清廷和江苏京官及绅民非常不满。以故,自恃首功的曾国荃不仅赏赉甚薄,还颇受裁抑。为了持盈保泰,也因为湘军暮气已深,而由湘军脱胎而来的淮军已成劲旅,可以"有恃无恐",故曾国藩决定"裁湘留淮"。[①]

问题是,已经主动大幅裁军的曾国藩,可否稳坐江督?答案是否定的。同治三年十月,曾国藩入驻金陵还不到四个月,朝廷就命他带兵到皖豫鄂交界地区剿捻,令江苏巡抚李鸿章署理江督。此事让曾氏的核心幕僚赵烈文感到"咄咄可怪";南京同僚的反应则是:"江督天下大缺,枢廷、部臣衣食所系,安肯令湘乡公(曾国藩)久居。"[②] 事实上,这道上谕同时令漕运总督吴棠

① 《罗尔纲全集·湘军兵志》,社会科学文献出版社 2011 年版,第 158—166 页。朱东安:《曾国藩传》,第 213—220、224—226 页。樊百川:《淮军史》,第 188—200 页。

② 樊昕整理:《赵烈文日记》第 3 册,同治三年十月十八、十九日,第 1206、1207 页。

署理江苏巡抚，而以满人富明阿署理漕督，"皆无明发"，相当秘密。[①] 曾国藩自然不满，"意殊寥落"。[②] 结果，他以种种理由拒绝亲赴前线，并以请辞试探。[③] 十一月初三日，曾国藩已与李鸿章完成交接。两日后，终又奉到后命，曾、李分别还任江督和苏抚。[④] 于是，此番调动风波暂告平息。

然而，仅仅半载，剿捻的科尔沁亲王僧格林沁在山东曹州阵亡。清廷大为震动，急召曾国藩督师北讨，复令李鸿章署理江督。按理说，曾氏兄弟的湘军已大部裁撤，而江苏巡抚李鸿章的淮军正兵强马壮，故直接调李鸿章率部剿捻，岂不更善？清廷计不出此，必欲将曾国藩调离两江，其意何居？原来，尚有后手。同治四年（1865）九月，曾国藩北上仅仅三个多月，朝廷就命李鸿章带兵剿灭豫西捻军，兼顾山、陕门户。重要的是，以漕运总督吴棠署理江督。显然，清廷有意将平定东南的湘、淮军领袖曾国藩和李鸿章一齐调离东南。此时淮军军饷主要依靠苏、沪厘金。[⑤] 此前李鸿章坐镇南京，筹饷尚不致掣肘；然一旦江督易主，身在前敌的曾、李必大感不便。所以，曾国藩坚决反对，李鸿章则巧妙抵制。清廷正依靠曾、李剿捻，权衡之后，终于取消吴棠

---

① 翁万戈编、翁以钧校订：《翁同龢日记》第 1 卷，同治三年十月十一日，中西书局 2012 年版，第 382 页。

② 《赵烈文日记》第 3 册，同治三年十月十九日，第 1207 页。

③ 《遵旨复奏驰赴皖鄂交界督兵剿贼缘由并陈下悃折》《密陈蒲柳早衰难胜重任拟皖鄂肃清即请开缺并了结经手事件片》（均同治三年十月二十二日），《曾国藩全集》第 8 册，第 64—66 页。

④ 《赵烈文日记》第 3 册，同治三年十一月初三、初五日，第 1211、1212 页。

⑤ 何烈：《厘金制度新探》，台北："中国学术著作奖助委员会" 1972 年版，第 76 页。

署理江督的任命。① 此后由于曾国藩剿捻无功，同治六年（1867）正月李鸿章接任剿捻钦差大臣，曾国藩回任江督。然而不久之后，袁世凯的叔父袁保恒就奏请召曾国藩"入赞讲帷"。② 军机大臣李鸿藻透露，这是在保举曾国藩入军机。③ 只是清廷并未采纳。

不过，随着高层对同治七年（1868）中外修约的焦虑有所缓解，④ 加之捻军渐灭，曾国藩再度不能安于江督之位。同治七年七月二十日，捻军甫平，清廷就调曾国藩为直隶总督，以闽浙总督马新贻补授江督。不久前，负责长江水师的湘军元老彭玉麟也开缺回籍。⑤ 赵烈文不禁感慨：长江下游"同时去楚军中两尊宿，朝廷虑患，可谓疏矣"。他对曾国藩说："朝廷用人，自有深意，以疮痍未复之两江，加之反侧不安之民气，遽移人心胶固之重臣于闲地，诚非草茅所能窥度其权衡之道。"⑥ 与此同时，江苏绅士呈请曾国藩留任，由江苏巡抚丁日昌入奏。结果，不仅无济于事，丁日昌还受到申饬。⑦

---

① 参见翁飞：《曾李交替与湘消淮长》，《军事历史研究》2001 年第 3 期；顾建娣：《同治四年两江总督易人风波》，《江苏社会科学》2013 年第 4 期。

② 《端本至计折》（同治六月二月十五日），袁保恒：《文诚公集》，载《清代诗文集汇编》第 701 册，上海古籍出版社 2010 年版，第 171—172 页。

③ 《李鸿藻致袁镜堂》（同治六年三月底），转引自陆德富：《同治年李鸿藻丁忧诸事补证：一通李鸿藻未刊书札考释》），《中国国家博物馆馆刊》2016 年第 5 期。

④ 参见徐中约：《中国进入国际大家庭：1858—1880 年间的外交》，屈文生译，商务印书馆 2018 年版，第 246—257 页。

⑤ 中国第一历史档案馆编：《咸丰同治两朝上谕档》第 18 册，广西师范大学出版社 1998 年版，第 275、284 页。

⑥ 《赵烈文日记》第 3 册，同治七年七月二十七、二十八日，第 1629 页。

⑦ 夏颖整理：《朱学勤致应宝时》（同治七年八月二十四日、九月初三日），《历史文献》第 12 辑，上海古籍出版社 2008 年版，第 147—148、151 页。

了解内情的领班军机章京朱学勤在密信中透露，此次调动由军机大臣沈桂芬和文祥联手促成。他说："南丰（曾国藩）之调任三辅，出自休文（沈桂芬）之意。潞公（文祥）于夏初曾与弟商之，极力阻止。而扶风（马新贻）与休文同年至好，此番扶风来，想嫌八闽瘠苦而大绅之难处，故休文极力推毂，而潞公为所愚耳。"① 原来，早在当年夏初，文祥已有调动曾国藩之意，但为朱学勤劝阻，此番终由沈桂芬怂恿而成。由此可见文祥、沈桂芬不欲曾国藩久居江督的心思甚明。据曾国藩亲身观察，当日"时局尽在军机"，恭王等几位军机大臣"权过人主"。② 所以他们能够做出调离曾国藩的决策。

那么，文祥、沈桂芬为何毅然决然调曾国藩督直？从表面看，这固然因为畿辅久不得人，有"借重其勋望，坐镇畿辅"，并"借重其经验，整顿练军"的考虑。③ 确实，时任直隶总督官文不甚得力，"官民俱有烦言"，军机处"亦嫌其怯"，换人实为必然。但这并不意味着必须调动曾国藩。不久前，朱学勤预测此席非"临淮（李鸿章），其东壁图书（文煜）乎？"④ 可见直隶总督也并非曾国藩不可，至少李鸿章就未尝不可。

---

① 梁颖整理：《朱学勤致应宝时》（同治七年八月十六日），《历史文献》第 14 辑，上海古籍出版社 2010 年版，第 72 页。

② 樊昕整理：《赵烈文日记》第 4 册，同治八年五月二十八日，第 1701 页。

③ 王尔敏：《淮军志》，广西师范大学出版社 2008 年版，第 330 页。

④ 《朱学勤致曾国藩》（同治七年三月二十日），太平天国历史博物馆编：《太平天国史料丛编简辑》第 6 册，中华书局 1963 年版，第 272 页。江世荣编：《捻军史料丛刊》（第 3 集）（商务印书馆 1958 年版，第 132、171 页）注释"东壁图书"为张之万，但张为直隶人，不太可能做直隶总督。此处似指"文煜"，因东壁星主管文籍，且文煜曾任直隶总督，有再任机会。

所以，朝廷欲改变内轻外重局面，故不愿曾国藩久任江督的意图亦不可忽略。① 早在同治四年，李鸿章就批评都中"但以内轻外重为患，日鳃鳃然欲收将帅疆吏之权"。② 从同治七年的局势看，修约问题既经就绪，捻军亦平，中原已治已安，故"都中无事，宴会颇多，有升平气象"。③ 在清廷看来，此时正是"削藩"收权的良机。朝廷或许并不担心曾国藩有意"造反"，但实忧虑他久任坐大，不易控制。况且曾国藩对朝廷的供应颇不积极。当清廷避开他，私下专向江苏巡抚丁日昌索取神机营饷银时，曾国藩向丁日昌传授应付朝廷之法。当道员孙士达向中枢报告江苏财政宽裕时，曾国藩斥其"妄有所陈"，非常不满。④ 因此，为加强东南财赋之区的掌控，也有必要调开曾国藩。

进言之，调动曾国藩也是清廷处理湘、淮勇营整体部署的一个重要步骤。就在曾国藩调动的同时，朝廷也令李鸿章"尽撤淮军"。⑤ 朱学勤就说："临淮（李鸿章）之军悉行裁撤，可以优游鄂渚，西事已有咏史（左宗棠）任之。从此休息，谅不至再有勾当公事矣。"⑥ 随后，沈桂芬等还推动李鸿章督办云贵军务。曾纪

---

① 朱东安：《曾国藩传》，第 278 页；樊百川：《清季的洋务新政》第 1 卷，第 370 页。

② 《致郭筠仙》（同治四年正月十八日），顾廷龙、戴逸主编：《李鸿章全集》第 29 册，安徽教育出版社 2008 年版，第 360 页。

③ 夏颖整理：《朱学勤致应宝时》（同治七年八月二十四日），《历史文献》第 12 辑，第 148 页。

④ 《复丁日昌》（同治七年三月十五日）《复朱学勤》（同治七年五月初二日），《曾国藩全集》第 30 册，第 367、401 页。

⑤ 樊百川：《淮军史》，第 301 页。

⑥ 梁颖整理：《朱学勤致应宝时》（同治七年八月十六日），《历史文献》第 14 辑，第 73 页。

泽私下评论此事谓："朝廷之使李相，缓缓迁移，步步追紧。从旁观之，甚有趣也"。①只是因同治九年（1870）初，湘军大将刘松山于西北前线阵亡，在李鸿藻、朱学勤极力斡旋下，才令李鸿章改援陕西。沈桂芬对此极为不满。②因此，曾国藩调任直隶总督，李鸿章回任湖广总督，马新贻补授江督，也是朝廷裁撤湘、淮勇营，努力将东南财赋之区控制在手的一盘大棋。可以说，这是镇压太平天国以来朝廷一直想要达到的目的。

至于为何选择马新贻，主要是沈桂芬等军机大臣的主张，而非如一般所言，由李鸿章举荐。③马新贻固然与李鸿章是进士同年，但他与沈桂芬也是同年至好。更重要的是，这是当时清廷用人倾向的反映。李鸿章就说：马新贻"调两江尤出意外。军事稍定，喜用圆软之人"。④在陈兰彬看来，"中外既和，且大盗甫平，人心不遽思乱，断可无事"。故"封疆大吏能专拔用安静恬愉之吏，与民休息"，则治象可以渐成。⑤马新贻"宽深静细，为政从容"⑥，正是这种类型的疆吏。

不过，相较于曾国藩和李鸿章，马新贻的弱点也甚明显。不

---

① 《曾纪泽致赵烈文》（同治八年十二月十二日），黄曙辉编：《赵烈文师友翰札》第 1 册，复旦大学出版社 2023 年版，第 74 页。

② 梁颖整理：《朱学勤致应宝时》（同治九年三月廿七日），《历史文献》第 14 辑，第 86 页。夏颖整理：《朱学勤致应宝时》（同治九年六月十八日），《历史文献》第 12 辑，第 143 页。

③ 高阳：《同光大老》，河南文艺出版社 2020 年版，第 36 页。此外，樊百川（《淮军史》，第 285—287 页）似亦高估了李鸿章在江督任用上的影响力。

④ 《致潘鼎新》（同治七年七月二十八日），《李鸿章全集》第 29 册，第 699 页。

⑤ 《陈兰彬致朱学勤》（同治八年十月十七日），王杰、宾睦新编：《陈兰彬集》第 3 册，广东人民出版社 2018 年版，第 20 页。

⑥ 《复丁雨生中丞》（同治七年八月初七日），《李鸿章全集》第 29 册，第 701 页。

仅朱学勤担心他"资望稍轻，不能指挥如意"①，李鸿章也认为其"虚名威望，似未足制中外奸人"，担心"长江从此多故"。② 在此背景下，马新贻表面谨守曾国藩旧章，"无少更动"③，实则担心"楚军不可独用"，故"奏调淮北旧部将，召标兵三千"，在金陵置营教练，以临淮军领袖袁甲三之侄袁保庆领之。④ 可见，马新贻并非简单的萧规曹随。同时，他筹措协饷，兼顾湘、淮，两不得罪。曾国藩对左宗棠西征军饷"每多介介"，马新贻却"不待催请而自筹"，令左宗棠很是赞赏。⑤ 淮军更仰仗江南军饷，从李鸿章与马新贻的信函往来看，也大体合作无间。看来清廷用非湘非淮的马新贻出任江督，倘若没有剧烈的局势变动，已经悄然解决了曾国藩系统盘踞江南的"大患"。⑥

　　然而，同治九年（1870）震惊中外的天津教案和刺马案，令局势陡然而变。清廷意识到畿辅防卫和对外交涉的严峻形势，于是急调手握重兵、擅长外交的李鸿章兼程赴直。极为离奇的是，马新贻在七月二十六日竟被刺身亡。在此情况下，以李鸿章调补

---

① 夏颖整理：《朱学勤致应宝时》（同治七年十月十六日），《历史文献》第 12 辑，第 153 页。

② 《致曾中堂》（同治七年七月二十七日）《复丁雨生中丞》（同治七年八月初七日），《李鸿章全集》第 29 册，第 699、701 页。

③ 陈大康整理：《张文虎日记》，同治九年七月二十七日，上海书店出版社 2001 年版，第 228 页。

④ 刘雪平点校：《孙衣言集》中册，浙江古籍出版社 2017 年版，第 422 页。

⑤ 《答杨石泉（昌濬）》（同治十一年末），刘泱泱等校点：《左宗棠全集》第 11 册，岳麓书社 2009 年版，第 323 页。

⑥ 马新贻非湘非淮的背景以及他是"清廷在两江牵制、挤压湘淮势力的重要人选"。参见邱涛：《咸同之际清廷与湘淮集团的江浙控制力之争》，《清史研究》2020 年第 4 期，第 63—64 页。

直隶总督，令曾国藩南下坐镇，就是最稳妥的安排。[①] 于是短短七年中，曾国藩第三度以江督身份入主金陵。

综上，从同治三年（1864）以来曾国藩不得久任江督的情形看，这一时期督抚虽然权力增大，但朝廷实际握有调遣督抚的大权。不过，朝廷的大权也颇有限度，至少受制于两大条件，一是中外平和无事，二是隐伏在江南的骚动尚未爆发。可以说，正是由于朝廷需要在稳定东南半壁和防止曾国藩系统尾大不掉之间进行微妙平衡，结果曾国藩被频繁调动，不能稳坐江督。湘人江督格局自然难以形成。

但曾国藩未能久任江督的影响不可轻忽。首先，这无疑延缓了东南的洋务新政。就在调任直隶总督前夕，曾国藩刚刚视察了江南制造局。更重要的是，他与丁日昌、彭玉麟等东南要员正在雄心勃勃地筹划建设南洋、北洋、闽粤三支海军。[②] 马新贻继任后，长于综核吏治，而洋务新政推进不足。从同治七年（1868）初马新贻反对公使入觐和遣派驻外使节以及反对电报、铁路的保守论调看，或许他也并无意愿推进洋务。[③] 后来，身在直隶的曾国藩有些无奈地说："东南新造之区，事事别开生面，百战将士尚不乏有用之才，饷项足以济之，制器、造船各事皆已办有端

---

① 刺马案疑窦颇多，迄无定论。但当时中外人士就颇传言，此事与南京的湘军不满其领袖曾国藩被调离江督不无关系。马士：《中华帝国对外关系史》第 2 卷，张汇文等译，上海世纪出版集团、上海书店出版社 2006 年版，第 263 页。

② 《复丁日昌》（同治七年四月二十二日），《曾国藩全集》第 30 册，第 387—388 页；《致曾国藩》（同治七年四月二十七日），梁绍辉等校点：《彭玉麟集》第 2 册，岳麓书社 2008 年版，第 310—311 页。

③ 李书源整理：《筹办夷务始末》（同治朝）第 6 册，中华书局 2008 年版，第 2270—2272 页。

绪，自强之策，应以东南为主。"因此，曾国藩叮嘱湖广总督李鸿章对于东南洋务新政，不妨"引为己任，不必以越俎为嫌"。① 迨同治九年（1870）曾国藩回任江督后，幼童留美等新事业才终于实现。此外，频繁调动无疑影响了曾国藩的健康状况。曾氏治兵十余载，备极劳苦；"其莅两江，七年之间凡三往返，心力俱困"。② 加以天津教案为国受谤，外惭清议，内疚神明，精神大损。所以，曾国藩再任江督仅一年多，就于同治十一年（1872）二月初四日溘然长逝。于是，由谁继任江督成为朝野关注的头等大事。

第二节　非湘非淮：曾国藩去世后的江督纷更

曾国藩在世之日的关键是能否坐稳江督；迨曾国藩逝世后，难题则是用谁继任江督。这不仅涉及各方的权力之争，也反映着内治与洋务、科举与军功的不同政治路线和治国理念。同治十一年二月十二日，清廷循例命江苏巡抚何璟署理江督。③ 何璟，广东香山人，与李鸿章、马新贻、沈桂芬均是进士同年。何氏非湘非淮，但历任安徽按察使，湖北、山西布政使，山西、江苏巡抚，与湘、淮将帅联系不少；其进士出身，也符合朝廷彼时重科名而轻军功的策略。④ 此外，军机大臣沈桂芬意欲何璟实授江督。⑤

---

① 《复李鸿章》（同治八年五月十五日），《曾国藩全集》第30册，第550页。

② 陈大康整理：《张文虎日记》，同治十一年二月初五日，第270页。

③ 中国第一历史档案馆编：《咸丰同治两朝上谕档》第22册，第32页。

④ 刘广京：《晚清督抚权力问题商榷》，载《经世思想与新兴企业》，第260、264页。

⑤ 《复丁雨生中丞》（同治十一年七月初二日夜），《李鸿章全集》第30册，第462页。

依赖江苏饷源，明言"南洋为北洋根本"的李鸿章，自然格外关心江督人选。何璟刚刚履新，李鸿章就说："内意颇以两江难得替人，惟赖筱翁（何璟）努力耳"。① 山东巡抚丁宝桢也是候选人之一，李鸿章就曾半真半假地怂恿过丁氏。② 郭嵩焘也听闻丁宝桢将升授江督，急忙向湖南巡抚王文韶求证。③ 王闿运则听说总理衙门大臣毛昶熙外放两江，言下颇不乐观。④ 此外，新任闽浙总督李鹤年亦有"量移之谣"。⑤ 这些所谓的"候选人"均未成事实，但饶有意味的是，他们均系进士出身，也都非湘非淮。

不久，李鸿章说当轴之所以用何璟，是因为其"与湘、淮将帅气谊素投，缓急可恃"，"似是常局，非暂摄也"。⑥ 随后，李鸿章在私下透露更多内情。原来，军机大臣沈桂芬意欲以"江督畀水部（何璟）"。同时，前山西巡抚李宗羲即将丁忧期满，也有希望。⑦ 不料人算不如天算，当年十月何璟丁忧去位。十月二十五

---

① 《复三品衔江苏候补府方德骥》（同治十一年二月十四日）《致钱子密吏部、薛叔耘副贡》（同治十一年二月二十五日夜），《李鸿章全集》第 30 册，第 421、428 页。

② 《复丁稚璜宫保》（同治十一年三月十六日夜），《李鸿章全集》第 30 册，第 431 页。

③ 《致王文韶》（同治十一年三月十九日），梁小进主编：《郭嵩焘全集》第 13 卷，岳麓书社 2012 年版，第 235 页。此函整理者系于二月十九日，然据郭氏日记，似为三月十九日。

④ 吴容甫点校，中华书局编辑部修订：《王闿运日记》第 1 册，同治十一年三月十二日，中华书局 2022 年版，第 254 页。

⑤ 《复何筱宋制军》（同治十一年七月十九日），《李鸿章全集》第 30 册，第 463 页。

⑥ 《复何筱宋制军》（同治十一年三月二十八日），《李鸿章全集》第 30 册，第 434 页。

⑦ 《复丁雨生中丞》（同治十一年七月初二日夜），《李鸿章全集》第 30 册，第 462 页。

日，朝廷循例命署理江苏巡抚的淮军大将张树声署理江督。同日令李宗羲即行来京陛见。① 皖人因回避原则难以久任江督，且淮系同时坐拥直督和江督，也绝非朝廷所愿。故张树声必为暂局。朝旨如此，明显是准备用李宗羲。李鸿章就称："内意盼雨亭（李宗羲）甚切，或为江左真除。"② 其实，老于宦术、消息灵通的李鸿章早在七月间，就曾请四川总督吴棠向李宗羲致意，敦促早日出山。当年冬季又曾溉函劝说。③ 果然，同治十二年（1873）正月初六日，李宗羲还在沿江东下途中，清廷就令其补授两江总督兼南洋大臣，径赴新任，不必来京请训。④ 可知朝廷急于让李宗羲坐镇江南的迫切之情。

无独有偶，前任江南盐道、新任安徽按察使孙衣言，也认为江督一席无出李宗羲右者。他一则称李氏"天怀恬淡"，"惟此天怀恬淡之人乃始可用"，再则极力反对用洋务人才。他说："窃谓目前东南大局尤以内治为先……其谈洋务者，往往挟外人以自重，则贻误疆事更不可测，尤宜慎之。"⑤ 其实，李鸿章在私下对何璟、李宗羲均有保留，主要因为二人"均于洋务隔膜"，担心久之诸政俱废。在李鸿章眼中，与他气味相投、熟谙洋务的丁日昌实为合适人选。只是丁氏杂途出身，深受科甲中人訾议，与当

---

① 中国第一历史档案馆编：《咸丰同治两朝上谕档》第 22 册，第 222、223 页。

② 《复署两江张振轩制军》（同治十一年十一月十一日），《李鸿章全集》第 30 册，第 481 页。

③ 《复吴制军》（同治十一年七月十三日）《复李制军》（同治十二年正月二十二日），《李鸿章全集》第 30 册，第 462、498 页。

④ 中国第一历史档案馆编：《咸丰同治两朝上谕档》第 23 册，第 7 页。

⑤ 邹晓燕整理：《孙衣言致朱学勤》（同治十一年冬），《历史文献》第 18 辑，上海古籍出版社 2014 年版，第 124 页。

日用人风气尚多不合。① 因此，当时江督的选任，也反映了内治与洋务的先后、轻重问题。

李宗羲，四川开县人，与沈桂芬、李鸿章、马新贻、何璟、沈葆桢均是道光丁未科进士。李氏随曾国藩日久，长期在两江地区任职，平定太平天国后，获得火速提拔，跻身封疆大吏。他由科第起家，虽与湘、淮军将帅比较熟悉，但并非军功一流，且籍贯非湘非淮，与马新贻、何璟的情形相类。② 尽管朱学勤觉得李宗羲不过平稳一流，"岂能理繁治剧"，但沈桂芬对他"称之不容口"。③ 看来，沈桂芬先后支持马新贻、何璟和李宗羲出任江督，得到最高层首肯，颇能代表当日选用江督非湘非淮、进士出身的倾向。④

与李鸿章相似，正在西征的左宗棠同样非常在意江督人选，也感到"替人殊非易易"。⑤ 迨何璟丁忧去职，朝命张树声署理，而迟迟不简放实缺江督，令左宗棠意识到朝廷"似留以有待"。同时，他屡接京信，均谓西事报捷后，朝廷将令其"调两江（总督）、补协办（大学士）"。当时西宁已大致肃清，肃州也即将克复，再有数月，甘肃可一律澄清。故左宗棠并不愿意在即将大功

---

① 《复丁雨生中丞》（同治十一年七月初二日夜），《李鸿章全集》第 30 册，第 462 页。

② 朱学勤称李宗羲与马新贻相似，不及马氏精细。梁颖整理：《朱学勤致应宝时》（同治十二年正月十四日），《历史文献》第 14 辑，第 78 页。

③ 夏颖整理：《朱学勤致应宝时》（同治八年四月十七日、五月二十日），《历史文献》第 12 辑，第 138、139 页。

④ 此外，据说李宗羲"相貌魁梧，长髯满面"，与两广总督瑞麟、湖广总督李瀚章略同，深受太后欣赏。前湖北巡抚严树森说："近来简用大僚，多取材于此，此所谓天也"。看来相貌气质也不可轻忽。《郭嵩焘日记》第 2 卷，同治十二年二月初二日，湖南人民出版社 1981 年版，第 752—753 页。

⑤ 《与孝威》（同治十一年三月初十日），《左宗棠全集》第 13 册，第 145 页。

告成之时离开西北。他在家书中说："吾意使相、两江，非我所堪，临时辞逊，未能如愿，不若先时自陈为得也"。所以，同治十一年（1872）腊月，他上疏乞休，又请仍留西部，以备咨访。至于何以李宗羲简放江督，左宗棠认为是朝廷知其"不能去江南"的缘故。① 事实或许比左宗棠所言更为复杂。但无论如何，左氏确是江督重要人选。相比于左宗棠，李鸿章显然更愿意李宗羲出任江督。

李鸿章虽不满于李宗羲洋务隔膜，但当后者简放江督后，自然要极力联络。他称"洋务近颇平静，悉有条约章程可循。军务则水陆留防各营随时联络整饬，可备缓急"。总之，必可胜任愉快。此外，他特意强调直隶"专恃江南为辅车之助"，与李宗羲"本是一家，遇事更易商办"。② 措词极为动人，足见李鸿章超强的沟通能力。不过，在四川同乡严树森看来，李宗羲未必胜任。因为"江督须兼用权术"，李氏虽"忠信明决"，却"少倜傥权奇之概"。郭嵩焘则认为，李宗羲"终系善人君子"，由其出任江督，究远胜于"旗员不晓事者"，只是"忠信明决四字"未必担得起。严树森沉吟良久道："明字尚能勉企，决恐不足。"③ 这些品藻颇得几分真相，故不无先见之明。

李宗羲就任江督一年后，发生了日本侵台事件。朝廷钦派船政大臣沈葆桢带兵援台，东南沿海形势骤然紧张。科举起家的李

---

① 《与威宽勋同》（同治十一年十一月二十三日）《与威宽勋同》（同治十一年小除前夕）《与孝威》（同治十二年二月初一日），《左宗棠全集》第 13 册，第 158、159、163 页。

② 《复李制军》（同治十二年正月二十二日），《李鸿章全集》第 30 册，第 498 页。

③ 《郭嵩焘日记》第 2 卷，同治十二年二月初二日，第 753 页。

宗羲于是弱点暴露。同治十三年（1874）六月二十六日，李宗羲的同乡密友李鸿裔就听人议论李宗羲"布置不能镇静"。十月二十四日，李宗羲就托李鸿裔为其拟"乞病疏稿"。① 在此背景下，海防需要大为增强，故军功起家者声价骤涨。

其时，奉命巡阅长江水师的彭玉麟私下强烈批评李宗羲，向领班军机章京朱学勤推荐左宗棠继任江督，显示科举与军功（文与武）的分歧。他一则谓："秣陵主人（李宗羲）是承平好封疆……无如太不知兵，而身家性命太看得重，稍闻警则形神改易，举动荒谬不可言状。"再则称："当此时世，此席最关东南大局，实非甘肃公（左宗棠）来不可。"这时，朝廷召曾国荃、杨岳斌、蒋益澧等湘系将帅入都陛见。彭玉麟认为杨岳斌、曾国荃均可大用，但"实宜偏安之地（西北为宜，原注）"，不宜两江；或以杨、曾替换左宗棠南来亦可。总之，如左宗棠坐镇两江，与长江水师提督李成谋"亦是一气"，加以福建有船政大臣沈葆桢，"则江南、直隶、苏、浙联成一片，东南不致决裂，事大可为"。②

可见，彭玉麟的提议，不仅是为江督择人，实为东南海防选帅。如果调左宗棠入主两江，便可能形成以南洋为核心的海防体系。正是在此背景下，李鸿章迫不及待地向军机大臣文祥推举沈葆桢，并直言左宗棠"坐镇西陲，似难兼营海澨"。③ 而闽浙总督李鹤年则认为"南洋大臣与北洋同一重任"，需要威望素著的

---

① 李鸿裔：《苏邻日记》，同治十三年六月二十六日、十月二十四日，《上海图书馆未刊古籍稿本》第 18 册，复旦大学出版社 2008 年影印本，第 48、102 页。

② 沈丽全整理：《彭玉麟致朱学勤》（同治十三年八月后），《历史文献》第 8 辑，上海古籍出版社 2004 年版，第 119—121 页。

③ 《复文中堂》（同治十三年十一月初四日），《李鸿章全集》第 31 册，第 141 页。

"知兵大员"出任江督。① 言下似对李宗羲和沈葆桢均表不满。迨十二月初五日同治皇帝不幸驾崩，光绪皇帝即位，两宫再度垂帘，亟需稳定局势。同日，李宗羲开缺调理，江西巡抚、湘军大将刘坤一署理江督。② 刘坤一是湘军中江忠源、刘长佑一系的代表，相对弱势。当时湘系大佬左宗棠、曾国荃、彭玉麟等人资历声望固在刘氏之上，即湘人之外的沈葆桢、何璟也非刘氏所及。况且刘坤一缺乏沿海经验，与海防要务不无隔膜。所以，李鸿章估计此为"暂署之局"，认为清廷悬之以待沈葆桢和何璟，而李鸿章更倾向于沈氏。③ 此外，驻扎江苏的淮军大将吴长庆透露，垂涎江督者颇多，若论资望勋名，则曾国荃"当居八九"，不久就会揭晓。④

这时，海防、塞防争论甚烈，李鸿章和左宗棠互不相让。江督人选实与海防、塞防之争交织在一起。对清廷来说，只有等海防、塞防之争尘埃落定，江督人选才能随之敲定。由于文祥"以西域停兵为非计"⑤，沈桂芬亦主用兵收复新疆⑥，最终朝廷决定西北用兵和东南海防并举。故三月二十八日以左宗棠为钦差大臣

---

①　《闽浙总督李鹤年奏议覆总理各国事务衙门详议海防折》（同治十三年十一月十四日），李书源整理：《筹办夷务始末》（同治朝）第10册，第4041页。

②　李国祁分析刘坤一能够署理江督的原因有三：一是在巡抚中资深，二是身为重要的湘军领袖，三是在中央（比如朱学勤）和地方均有奥援。李国祁：《由刘坤一初任总督的表现看晚清的政治风尚》，《台湾师范大学历史学报》第3期（1975）。

③　《致李瀚章》（光绪元年正月初六日），《李鸿章全集》第31册，第173页。

④　刘园生点注：《吴长庆致刘秉璋》（光绪元年正月二十一日），《历史文献》第22辑，上海古籍出版社2021年版，第215页。整理者系于同治九年闰十月二十一日，小误。

⑤　《致李瀚章》（光绪元年正月初六日），《李鸿章全集》第31册，第172页；罗正钧著，朱悦、朱子南校点：《左宗棠年谱》，岳麓书社1983年版，第297—298页。

⑥　汪叔子编：《文廷式集》第3册，中华书局2018年版，第1169页。

督办新疆军务，四月二十六日任命沈葆桢为两江总督。显然，清廷排除了军功起家的湘人曾国荃和刘坤一，而选择了进士出身且谙练洋务的沈葆桢。

无疑，李鸿章不乐见刘坤一出任江督，而沈葆桢补授江督，李氏的推荐是起了作用的。[①] 但朝廷之所以选择沈葆桢，却绝非仅因李氏支持。[②] 以下几点更值得注意：一是沈葆桢的才能声望，深受高层欣赏，文祥就曾保举过沈氏；[③] 二是沈氏非湘非淮的出身，且与沈桂芬同年交好；[④] 三是沈氏此前与李鸿章、左宗棠关系均好，有望兼顾海防和塞防。此外，沈葆桢同治初年在江西巡抚任上与曾国藩公开争饷，龃龉特甚，为人熟知。他的入主两江，或许也可抑制曾国藩、国荃兄弟在两江的势力。这些因素正与朝廷彼时政策相吻合。因此，即便闽浙总督李鹤年上折参劾沈葆桢不胜南洋大臣之任，朝廷也毫不为动。[⑤]

耐人寻味的是，左宗棠一开始对沈葆桢出任江督非常高兴，许为时局之幸。[⑥] 让左宗棠始料不及的是，与其向来融洽的沈葆桢一上任就奏驳左氏息借洋债的主张，令他愤不可言，以致屡次

---

① 樊百川：《淮军史》，第 287—288 页；姜鸣：《龙旗飘扬的舰队：中国近代海军兴衰史》，生活·读书·新知三联书店 2002 年版，第 89 页。

② 庞百腾：《李鸿章与沈葆桢：近代化的政治》，刘广京、朱昌峻编：《李鸿章评传：中国近代化的起始》，陈绛译校，上海古籍出版社 1995 年版，第 113—115 页。

③ 王锺翰点校：《清史列传》第 13 册，中华书局 1987 年版，第 4074 页。

④ 目前能看到沈葆桢和沈桂芬书信频通，互相推重。1877 年，沈葆桢在给京城家人信中说："经老（沈桂芬）信最要，别处稍缓亦可。"林庆元、王道成：《沈葆桢信札考注》，巴蜀书社 2014 年版，第 115 页。

⑤ 《李鹤年奏为直陈沈葆桢难胜南洋重任事》（光绪元年七月二十七日），中国第一历史档案馆藏：录副奏折，档号：03-5099-162。

⑥ 《答两广总督刘岘庄制军》（光绪元年），《左宗棠全集》第 11 册，第 502 页。

抱怨沈葆桢与李鸿章联络一气。① 其实，沈葆桢与李鸿章也并非像一般所讲的那样合作无间。至迟到光绪三年（1877），李鸿章已对沈葆桢在江南"鸥张纷更"极为不满，以至于在给李瀚章的家信中诋斥沈氏为"任性偏执之刚愎之人"，后悔此前推荐他，认为还不如何璟出任江督。②

　　沈葆桢自光绪元年（1875）十月到任，至光绪五年（1879）十一月去世。在此期间，入觐一次，请病假多次。为此，江苏巡抚吴元炳两次署理江督。当时及后人震于沈氏大名，谓其坐镇东南措置裕如，甚至比之于曾国藩。③ 但揆诸史实，沈葆桢的确在湘、淮之外保有相当的独立性，但这也使他左右为难，动辄得咎。从沈葆桢家书看，他多次乞退，奈何朝廷始终不允，最终忧劳以殁。

　　综上，曾国藩去世后，江督替人颇为难得。以李鸿章为首的淮系和以左宗棠、彭玉麟为首的湘系都希望影响江督的任用。而沈桂芬等清廷高层则大体有两个用人倾向：一是进士出身而非军功起家，二是非湘非淮；希望既能听命朝廷，又可兼顾湘、淮。何璟、李宗羲、沈葆桢、吴元炳都可作如是观，此前的马新贻亦然。湘人江督格局自然难以形成。

---

　　① 《答谭文卿》《答刘克庵》《与胡雪岩》（均光绪二年），《左宗棠全集·书信三》第 12 册，第 9、71、131 页。

　　② 《致李瀚章》（光绪三年六月十四日，整理者置于同治十三年，小误），《李鸿章全集》第 31 册，第 73 页。按，此信又见第 32 册第 338—339 页，整理者置于光绪四年，亦小误。

　　③ 《辞署两江总督并请开巡江差使折》（光绪七年闰七月二十日），《彭玉麟集》第 1 册，第 273 页。

第三节　闻鼙鼓而思将帅：刘坤一短暂督江的台前幕后

光绪五年（1879）十一月初六日，沈葆桢在南京薨逝。一时间，江督继任人选又成为朝野关注的焦点。很快，郭嵩焘就听说接任者当是江苏巡抚吴元炳，何璟大概无望。① 岂料九天之后，清廷令两广总督刘坤一补授江督，未到任前，由吴元炳署理。② 刘坤一何能升授江督？郭嵩焘得到的消息是借助军机大臣沈桂芬之力。他听说刘坤一与沈桂芬为师生，"情谊甚厚"。③ 后来的研究者亦多据此立论。④

沈桂芬支持刘坤一应无疑义。但沈氏与何璟素来相善，此前多次希望何璟出任江督，这时李鸿章仍透露"吴江（沈桂芬）为水部（何璟）预留地步"。⑤ 可见，如将刘坤一补授江督仅归因于沈桂芬的援引之力，或尚有未足。当日因伊犁、琉球问题，正是中俄、中日关系极为吃紧之时，尤其中俄战争颇有一触即发的危险。故为稳定局势，加强海防，急需文武兼资的大员坐镇东南。所谓"两江职守，就现在论，以防务为重"，"次为洋务"。⑥ 何

---

① 《致子寿》（光绪五年十一月），《郭嵩焘全集》第 13 卷，第 373 页。

② 中国第一历史档案馆编：《光绪宣统两朝上谕档》第 5 册，广西师范大学出版社 1996 年版，第 384 页。

③ 《郭嵩焘日记》第 3 卷，光绪五年十二月初八日，湖南人民出版社 1982 年版，975 页。

④ 崔运武：《中国早期现代化中的地方督抚——刘坤一个案研究》，云南大学出版社 2011 年版，第 112 页；易惠莉：《光绪六七年的晚清中国政坛：以刘坤一与李鸿章之争为中心的考察》，《近代中国》第 18 辑，上海社会科学院出版社 2008 年版，第 46 页。

⑤ 《复丁雨生中丞》（光绪五年十二月初一日），《李鸿章全集》第 32 册，第 505 页。

⑥ 《复周鉴湖》（光绪七年七月初一日），中国科学院历史研究所第三所工具书组校点：《刘坤一遗集》第 4 册，中华书局 1959 年版，第 1947 页。

璟、吴元炳都在军事方面有所欠缺，故不尽合乎当日情势。此外，熟谙洋务的丁日昌在光绪五年闰三月曾"加总督衔会办南洋通商"，筹办海防，东南官员就称"此为两江（总督）预兆"。[1] 丁日昌得到李鸿章支持，也确在希冀江督。[2] 但他不仅军事方面亦有欠缺，而且科甲清流极力反对其人。[3] 在此背景下，江督替人十分为难。光绪五年十二月初十日，恭亲王就向慈禧面陈："南洋沈某死后竟无人可代"。[4] 这样，非湘非淮、进士出身而非军功起家的"用人倾向"，也不得不适度调整。因淮系已盘踞北洋，且因皖人需要回避两江，故湘系大员成为首选。即便如此，朝廷也未任用湘系内部强势的曾国荃，而是选择相对弱势的刘坤一。刘氏廪生出身，军功起家，经过江西巡抚和两广总督多年历练，吏治、洋务已颇在行，上缴税赋也令朝廷满意;[5] 四年前又曾署理江督，实为合适人选。

当时朝内因对俄关系和崇厚案，形成水火之势。先是沈桂芬保荐崇厚使俄，而后者与俄国所签条约有辱使命，结果举朝哗然，清廷遂将崇厚下狱，甚至要治以死罪。但这引起俄国极大不满，认为是侮辱其国，遂以开战相威胁，中俄关系有决裂之势。英、法等国也认为中朝做法有违万国公法，希望释放崇厚。不巧

---

① 《杜文澜致吴云》（光绪五年闰三月），李隽、吴刚编：《枫下清芬：笃斋藏两罍轩往来尺牍》，国家图书馆出版社 2019 年影印本，第 69 页。

② 黄飞：《从清廷政争看光绪五六年中日琉球交涉》，《学术月刊》2020 年第 8 期。

③ 《徐桐奏为时事需才孔亟披沥直陈忠奸事》（光绪六年六月初五日），中国第一历史档案馆藏：录副奏折，档号：03-9378-024。

④ 《翁同龢日记》第 4 卷，光绪五年十二月初十日，第 1501 页。

⑤ 李国祁：《同治中兴时期刘坤一在江西巡抚任内的表现》；《台湾师范大学历史学报》第 1 期（1973）。

的是，慈禧太后久病未愈，慈安太后"不甚作主"，沈桂芬因保荐崇厚陷入丛疑众谤之中，懊恼成疾。而与沈桂芬有竞争关系的军机大臣李鸿藻开始权势增长，但洋务甚为隔膜。为了缓和局势，李鸿章和刘坤一均建议减轻崇厚之罪，但李鸿藻"独不谓然"，"朝局水火已成。"① 随后，朝廷在宝廷等清流势力的鼓动下，召对俄强硬的左宗棠从西北入朝。李鸿章估计，一旦左宗棠到京，主政的沈桂芬、王文韶师徒就当引退。② 不幸的是，未等左宗棠到京，沈桂芬就在忧愤中病逝了。光绪七年（1881）初左宗棠一入京，即兼任军机大臣和总理衙门大臣。朝局变动自然影响到新任江督刘坤一的处境。

刘坤一于光绪六年（1880）六月初七日到任后，措置十分不易。他在购买铁甲舰、轮船招商局等事上竟与李鸿章颇生争执，南洋、北洋不能和衷。③ 迨沈桂芬去世后，缺少了内援的刘坤一遭到张之洞、陈宝琛等清流干将轮番参劾，奉旨交彭玉麟查复。彭氏复奏虽然"多方剖辨"，实则"未免迁就人言，件件为之坐实"。刘坤一甚至听王之春说，参案实由彭玉麟提供材料鼓动而成。④ 光绪七年（1881）七月二十八日，朝旨令刘坤一进京陛见，彭玉麟署理江督。如此处理，算是给刘坤一留足了面子。但清廷高层了解彭玉麟素来屡辞任命，在张之洞的呼吁下，七天之后又下旨催其到任。而彭玉麟果然连续两次力辞任命。延至九月初六

---

① 《复曾劼刚星使》（光绪六年四月初五日）《复丁雨生中丞》（光绪六年五月十三日），《李鸿章全集》第 32 册，第 544、556 页。

② 《复丁雨生中丞》（光绪六年十月初一日），《李鸿章全集》第 32 册，第 629 页。

③ 崔运武：《中国早期现代化中的地方督抚——刘坤一个案研究》，第 93—105 页。

④ 《复高杏邨》（光绪七年闰七月二十日），《刘坤一遗集》第 4 册，第 1950 页。

日，清廷终于外放左宗棠坐镇两江。①

刘坤一何以被罢免？崔运武和易惠莉的研究最值得注意。崔运武的结论是："以私论，主要是李鸿藻的挟嫌报复；以公论，是清廷分治湘、淮以及意在统一东南事权，加强洋务自强求富活动的需求所促成的。"② 易惠莉更着重南洋、北洋对抗，认为刘坤一最终被李鸿章携手清流势力推倒，凸显了李鸿章的"倒刘"作用。③ 二者的结论相互补充，基本可以解释这一问题。但关于湘、淮分治，还可再做讨论。崔运武说：刘坤一在诸多大事上和李鸿章"频起冲突"，"这是符合清廷分治湘、淮之意的。但问题又不尽然"。因为"在更为直接的南、北洋的冲突中"，均以刘坤一失败告终。换言之，刘坤一的"资历、权势、魄力等等，不能与李鸿章抗衡，已在客观上形成某种南洋被北洋消融的趋势"，使得清廷已难收湘、淮"两难竞爽之功"，很可能导致北洋"居奇之弊丛生"。"正因为此，清廷才会让左宗棠取刘而代之出任两江，因为左不仅是李的政敌，而且资历也超过李，更容易形成相互牵制的局面"。④

不过，所谓湘、淮分治，殆指朝廷乐见两系势力相当，形成制衡，而不希望某系独大居奇，似乎并非乐见两系势如水火。通常情况下，朝廷自然更期盼双方和衷共事，支持大局。因此，南洋大臣刘坤一与北洋大臣李鸿章在诸多大事上势如水火，就绝非清廷所愿。况且以刘坤一当日的资历声望，确实无法在南洋指挥

---

① 中国第一历史档案馆编：《光绪宣统两朝上谕档》第 7 册，第 159、165—166、238—239 页。

② 崔运武：《中国早期现代化中的地方督抚——刘坤一个案研究》，第 115 页。

③ 易惠莉：《光绪六、七年的晚清中国政坛：以刘坤一与李鸿章之争为中心的考察》，《近代中国》第 18 辑，第 68—77 页。

④ 崔运武：《中国早期现代化中的地方督抚——刘坤一个案研究》，第 113 页。

如意。而且言者所参各节，也经彭玉麟的复奏大致坐实。所以，刘坤一被罢免也是势所必至。至于外调左宗棠为江督，与北洋李鸿章形成制衡态势，或许也是题中之义，但左氏由军机大臣外放江督的内情，实际上要复杂得多。左宗棠从西北奉诏入京，本是李鸿藻领导的清流所主张。然而，左宗棠入军机后，反而与李鸿藻、宝鋆、景廉等军机大臣大生矛盾。恭亲王也对左宗棠颇有意见。从七月初开始，左氏已经连续奏请赏假、开缺四次。① 以故，在刘坤一江督不保的同时，如何"安置"左宗棠，是清廷高层急需处理的要事。

其实，从光绪七年（1881）春开始，刘坤一的地位已经动摇，故觊觎江督者大有其人。三月，李鸿章以"江左不甚得人"，曾密陈恭亲王奕䜣起用盟友丁日昌。不过，恭王直言丁氏受举朝谤议，礼部尚书徐桐竟斥其为"奸邪"，"如何敢撄其锋"。② 故李鸿章"倒刘举丁"未获成功。同时，四川总督丁宝桢也"思移一镇"。③ 而李鸿章颇加怂恿。④ 迨刘坤一下台已定，据说"内中集议"，曾有意调丁宝桢为江督，只因东南大局所关，"未便遽易生手"。⑤ 当时"防患之道，其大者无如西北之边防、东南之海防"。⑥ 但两江总督兼辖安徽，故淮系大员因回避原则不宜实授江督，且

---

① 姜鸣：《左宗棠入军机的台前幕后》，《近代史研究》2013 年第 4 期。

② 《复丁雨生中丞》（光绪七年五月二十七日），《李鸿章全集》第 33 册，第 41 页。

③ 《王闿运日记》第 2 册，光绪七年二月二十九日，第 829 页。

④ 《致丁稚璜宫保》（光绪七年六月初四日、二十三日），《李鸿章全集》第 33 册，第 44、45、52 页。

⑤ 《周瑞清致丁宝桢》（约光绪七年六月），泽霆释，垂健注：《丁文诚公家信》，山东画报出版社 2012 年版，第 232—233 页。周瑞清时为军机章京。注释者将此信系于光绪八年，似误。

⑥ 《疆寄虚悬请早处置折》（光绪七年闰七月初五日），赵德馨主编：《张之洞全集》第 1 册，武汉出版社 2008 年版，第 47 页。

朝廷亦不愿北洋和南洋为淮系所包举。所以，文武兼资、威望卓著、熟悉东南情形的湘系大员越来越成为江督的有力人选。

当时另一热门人选正是力辞陕甘总督的曾国荃，惟最高层实不愿曾氏在其东南立功之地"盘踞"。闰七月二十日，彭玉麟在疏辞江督的同时，就曾密保曾国荃。① 八月初八日，李鸿章在致曾纪泽的信中说："或谓两江需人，岘帅（刘坤一）内召，雪翁（彭玉麟）坚辞"，曾国荃"可冀量移，亦未卜廷推及之否。"② 语意之间透露出曾国荃似不受高层许可。有意思的是，左宗棠在致护理陕甘总督杨昌濬的信中，也分析了曾国荃出任江督的可能性。他说："沅浦（曾国荃）书来，陕甘一席决不能赴，而图报之念则未敢恝然。适刘岘庄（坤一）开两江之缺，或者移节东南乎？金陵本其立功之地，水土复又相宜。……近时彭雪琴（玉麟）、张香涛（之洞）诸君子亦以为言。"③ 迨左宗棠补授江督后，他又对杨昌濬说："弟此次南行，亦颇不免意外之感"。④

杨昌濬是左宗棠一系湘军的得力大将，但左氏的话仍令人疑信参半。因为在彭玉麟不愿担任江督，左宗棠在京又进退维谷的情况下，左氏外放江督，坐镇东南，明显是一项两全其美的安排。当局者对此应是心知肚明的。早在闰七月二十三日，刘坤一就说：以左宗棠的性情及当今时势，并不适合军机处，"唯有移之南洋"，方"于名位相称，而于事体亦合"。⑤ 迨左宗棠补授江

---

① 《密保大员片》（光绪七年闰七月二十日），《彭玉麟集》第 1 册，第 275—276 页。

② 《复曾劼刚星使》（光绪七年八月初八日），《李鸿章全集》第 33 册，第 72 页。

③ 《答杨石泉》（约光绪七年闰七月），《左宗棠全集》第 12 册，第 667 页。

④ 《答杨石泉》（约光绪七年九月），《左宗棠全集》第 12 册，第 671 页。

⑤ 《复谭文卿》（光绪七年闰七月二十三日），《刘坤一遗集》第 4 册，第 1951—1952 页。

督后，刘坤一又说："朝廷此次于弟，可谓处分尽善。前以篯铿（彭玉麟）署理，虚写固妙；今以太冲（左宗棠）补授，实写尤妙。况此老（左宗棠）进退两难之际，恰有此席以位置之。弟早与此间僚友论及，既无损于使相重望，并可以维系西陲军情耳。"① 可见，此时以左宗棠调任江督，在湘人高层中实有共识。

如此，左宗棠固然调处善地，曾国荃却不无遗憾。这也显示最高层对曾国荃的有意压制。所以，郭嵩焘归咎当国诸臣，颇为曾氏抱屈。他说：朝廷于江督一席"独吝之曾沅浦（国荃），曾不计曾沅浦有恢复东南之功，彭雪芹（玉麟）保折固不足以动听也。"其实，此事关系至大，高层酝酿多日，当时也颇有闽浙总督何璟调任江督的消息。② 光绪七年九月初六日调动当日，慈禧太后特意召见醇亲王奕譞，可知最终定策是慈禧与醇王做出的。③ 从后来历史看，湘系领袖左宗棠外放江督，确实产生了深远影响。

第四节　从左宗棠到曾国荃：湘人江督格局的形成

光绪七年（1881）十二月二十四日，左宗棠在南京与刘坤一交接。不久，年迈的左宗棠就感到江南"棼丝难理"，颇有悔意。④ 至光绪八年（1882）十月，左宗棠就以患病为由奏请开缺，

---

① 《复张延秋太史》（光绪七年十一月十七日），《刘坤一遗集》第 4 册，第 1961 页。

② 《郭嵩焘日记》第 4 卷，光绪七年八月二十九日，湖南人民出版社 1983 年版，第 215 页。

③ 《翁同龢日记》第 4 卷，光绪七年九月初六日，第 1651 页。孙之梅整理：《袁昶日记》中册，光绪七年九月，凤凰出版社 2018 年版，第 489 页。1880 年之后醇王颇参大政。李鸿章就说："枢廷甚不得劲，固不能不决议于兴献（醇王）也。"《致潘鼎新》（光绪六年九月二十五日），《李鸿章全集》第 32 册，第 624 页。

④ 《与陕甘总督谭文卿制军》（约光绪八年初），《左宗棠全集》第 12 册，第 674 页。

奉旨赏假三个月。① 这时，随着中法因越南问题而关系紧张，不仅西南边疆已经开战，东南沿海也风声鹤唳。左宗棠一向主张对外强硬，筹饷募兵，不遗余力，在当日洵属不可或缺。在此背景下，左宗棠虽然任江督仅仅两年多，但他的诸多举措对两江地区产生重要影响。其中，大量增募湘军驻扎两江，引用湘系文武旧部，加强湘系军政实力，就值得特加申论。

原来，平定太平天国运动后，江南裁湘留淮，故多年以来，淮军实为主力。光绪六年（1880）夏，刘坤一到任江督后，查明江南水陆兵勇共计三万一千余名，内中驻扎江宁省城及沿江两岸者，不满二万人，其中"淮勇居十之七……湘勇居十之三"。② 是年冬，刘坤一"思用楚人"，趁淮军吴长庆部六营调赴山东之机，令湘军将领何明亮增募"新湘勇"五营填扎。③ 但直到光绪九年朝廷命李鸿章督办越南军务，令两江筹拨军队时，驻扎江南的淮军尚有一万数千人。这时，左宗棠听李鸿章挑带，趁机就投效之湘楚旧部添立九营。他在给杨昌濬的信中直言："借此可补收旧部，放胆作事。"随后，李鸿章前命取消，左宗棠所立湘军却暂缓裁撤。④ 加以左宗棠陆续增募的新湘、恪靖等营，共计水陆二

---

① 《病势增剧恳恩开缺回籍折》（光绪八年十月初五日），《左宗棠全集》第 8 册，第 139—140 页。

② 《查覆江南兵饷及上下江防敬抒管见折》（光绪六年六月二十九日），《刘坤一遗集》第 2 册，第 563 页。

③ 《李鸿章致周恒祺》（光绪六年十月二十六日），刘兴亮整理：《光绪初年李鸿章致周恒祺书札 42 通》，《历史档案》2023 年第 1 期，第 37 页。《察看江防增筹军饷折》（光绪六年十月初七日），《刘坤一集》第 2 册，第 64 页。

④ 《答杨石泉漕督》（约光绪九年六月），《左宗棠全集》第 12 册，第 725 页；《筹拨江南防军变通办理折》（光绪九年六月初二日），《左宗棠全集》第 8 册，第 261—263 页。

十一营、五哨。左宗棠的行动，固然是"对外绸缪之计"，然"安顿旧部之用心"亦甚显明。① 这一举改变了两江驻军淮主湘辅的局面。此外，因左宗棠督江，湘籍文武官绅纷纷调至两江。② 后来历任东南封疆大吏的聂缉椝等人，就是这时开始受到重用的。这都明显增强了湘人在两江地区的势力，有力促进了湘人江督格局的形成。

更值得强调的是，左宗棠随后在奏请开缺的同时，竟然密保江督替人。这实属非同寻常。曾国藩虽在战时保荐过多位军政大员，但作为两江总督，还不曾敢于保举替人。此前李鸿章因回籍葬亲，曾在清廷的示意下，密保张树声或刘秉璋暂时署理直隶总督，与此情形亦自不同。光绪十年（1884）正月初四日左宗棠再次奏辞，同时保举裕禄、杨昌濬和曾国荃继任江督。他说："既避贤路，则择人自代有不容不尽心竭虑，以求上承恩眷，下释私怀者。两江地大物博，全赖得人而理。……窃见安徽抚臣裕禄操履笃诚，宽宏简重，懋著才猷，在疆臣中实罕其比。漕督臣杨昌濬守正持平，性情和易，而历任繁剧，均得民和。臣与共事多年，知之最深。前两广督臣曾国荃任事实心，才优干济，遇中外交涉事件，和而有制，去任之日，粤中士庶讴思不替，远人敬之。"③ 细味左宗棠对三人的"考语"和排序，再考虑到彼此的亲疏远近，似可知左宗棠之意实在第二位的杨昌濬。以裕禄居首，

① 秦翰才：《左宗棠全传》上册，中华书局 2016 年版，第 284 页。

② 左宗棠任江督后，"向之隶陕甘仕籍者"，多求调往两江。左宗棠说他"概予谢绝，惟假日已久，其人又为所素知者，亦间有收录"[《与陕甘总督谭文卿制军》（约光绪八年初），《左宗棠全集》第 12 册，第 675 页]，实则仅据《左宗棠全集》中的资料，即可知主动调用和来投收用者均不少。

③ 《择人自代片》（光绪十年正月初四日），《左宗棠全集》第 8 册，第 389 页。

不过是以满人应付朝廷，借以去疑止谤。将曾国荃排在最末，亦多少表明左宗棠对他实有保留。两人此前就有竞争江督的因素在，此后更是颇有后言。①

光绪十年正月十一日，左宗棠的折、片发给军机大臣阅看。因事关重大，必须当面请旨，而当日慈禧太后未召见，故军机处将折、片"暂留"。次日慈禧太后召见军机大臣，遂决定左宗棠开缺，给假四个月回籍调理，以裕禄署理江督。② 然而，仅仅八天之后，清廷又改任曾国荃署理江督。③ 此中大有文章。二月初四日，郭嵩焘一见到如此前后矛盾的两道上谕，就推测"有言官陈奏"。④ 事实比言官陈奏更为复杂。原来，令左宗棠开缺，以裕禄署理江督的上谕一经颁下，就引起朝臣激烈反应。

正月十八日，包括内阁学士周德润在内的两件封奏，均言左宗棠"不宜引退"⑤，遂使最高层不得不解释决策苦衷。⑥ 御史丁振铎的措辞更为激烈。他以中法形势严峻，两江任重敏感，裕禄军事、洋务均有不足，威望尚浅、人地不宜为由，奏请"另简晓畅军事、威望夙著之员"前往督理。⑦ 尽管该折暂未发生作用，但两日之后，御史张人骏以"慎重海疆起见"，再次上奏质疑朝

① 《翁同龢日记》第4卷，光绪十年闰五月二十九日，第1886页。

② 《翁同龢日记》第4卷，光绪十年正月十一、十二日，第1845页；中国第一历史档案馆编：《光绪宣统两朝上谕档》第10册，第15页。

③ 中国第一历史档案馆编：《光绪宣统两朝上谕档》第10册，第18页。

④ 《郭嵩焘日记》第4卷，光绪十年二月初四日，第454—455页。

⑤ 《翁同龢日记》第4卷，光绪十年正月十八日，第1847页。

⑥ 中国第一历史档案馆编：《光绪宣统两朝上谕档》第10册，第17—18页。

⑦ 《掌云南道监察御史丁振铎奏为两江责任綦重目前夷务方殷请旨另简威望素著之督臣以靖疆圻而御外侮由》（光绪十年正月十八日），台北故宫博物院藏：军机处档折件，档号：124799。

命。他直言"南洋商防兼筹，江督文武并辖，非熟悉洋情，则必为外国所轻；非熟悉军务，则必为诸将所轻；非熟悉吏事，则必为群下所轻"，故奏请特简"威望素著之大臣"。张人骏的奏折条分缕析，说理透澈，让人不得不引起高度重视。①

————————

①　"臣维两次所降谕旨，卢士杰为暂护巡抚，则裕禄之暂署江督，自在言外。左宗棠勿拘假期，则该大学士病体一痊，即仍令回江督之任，又自在言外。然则圣明重视南洋大臣两江总督之任，姑试裕禄而必不遽予以真除也，审矣。不知左宗棠假期四月，裕禄署期则必不止四月。而法越之胜负、江海之办防、苏浙之漕运，皆集于此四月中。裕禄诚能胜承平之江督，必不能胜兼南洋之江督；即能胜南洋胜江督，而必不能胜此四月中劲敌在门、防务漕务吃紧之南洋大臣、两江总督。臣尝随宦江南，深知江南吏治民情，自道光以来，惟陶澍暨林则徐才大心细，士民至今讴思。军兴以后，曾国藩之勋名、沈葆桢之魄力，后先济美。其他如马新贻、李宗羲等，在巡抚任内声名亦甚卓卓，一移江表，竭蹶不遑。盖江督统辖三省文武，益以漕、河、盐三大政，为东南第一重任。自漕改海运、河改北流，较前事减，而又兼筦南洋大臣，江浙闽粤之海防，皆预闻焉，俄美英德法之商贾，皆杂居焉。以一人之精力，而欲周遍于六七省之吏事军谋，数十国之商情敌势，虽如左宗棠之雄才伟略，在闽在陇，历著勋勤，垂耄过江，庶务已多丛脞，况如裕禄者乎！南洋商防兼筹，江督文武并辖，非熟悉洋情，则必为外国所轻，非熟悉军务，则必为诸将所轻，非熟悉吏事，则必为群下所轻。左宗棠虽病于吏治未暇整饬，而出军援越，遣将渡台，示敌有余，予人不测，此固将吏之所推服而远人之所惊疑者也。裕禄即才不过如马新贻、李宗羲止耳，夙乏清望，而又无知兵之名，湘、淮诸老将必内不服。万一法人侦知，移犯琼之师，声言入江，以为恫吓，纵上海为通商口岸，法不遽窥，而沿海沿江处处可通金陵，恐其仓皇失据，风鹤皆兵。及是时复将左宗棠召回江南，该大臣即不俟驾而行，跋涉江湖，岂不更劳病体。而东南财富之区，一经惶扰，漕务衍期，关税减色，农氓辍耕，非细故也。再四思维，南洋正在设防吃紧之际，新进学制则不足，老成坐镇则有余。如圣心察左宗棠可用，应颁赐药物，令其在江南养疴，卧护诸军，藉以慰安勋旧，镇抚士民。如察左宗棠年齿既迈，恐其老不任事，亦应特简威望素著之大臣为两江总督、南洋大臣，以重东南。方今时事孔艰，老成日形凋谢。臣愿朝廷于无事之日，储英贤以重其望，试艰巨以展其长，然后临事乃足收智能之用，而诏令不轻，群情允洽。至于南洋大臣一缺，事急而求材，则愿朝廷权衡时势，务使眷注勋庸之意与惠安江表之心，兼筹并顾，庶东南之保障日完，而强敌之诡谋自息矣。臣于慎重海疆起见，是否有当，伏祈皇太后、皇上圣鉴施行。"《掌广西道监察御史张人骏奏为两江总督请简威望大臣补署由》（光绪十年正月二十日），台北故宫博物院藏：军机处档折件，档号：124844。

当时曾国荃在京署理礼部尚书。丁振铎、张人骏接连奏请熟悉军务、洋情、吏事，威望素著之大臣，虽不能挑明曾国荃，其实所指为谁，已是不言自明。正月二十日，慈禧太后召见军机大臣二刻，终于决定曾国荃署理江督。故军机大臣翁同龢在当天日记中写道："庶几威望副此席乎。"早在正月初九日，翁同龢就发现英国公使巴夏礼对曾国荃颇敬重，显示曾氏威名早已远播内外。① 现在翁氏此言针对的正是丁振铎和张人骏的封奏。

进言之，在丁振铎和张人骏背后，或许还有李鸿藻的暗中主持。丁振铎和张人骏虽不似张佩纶、张之洞那么出名，但也是李鸿藻麾下的清流干将。尤其张人骏是张佩纶的堂侄，与李鸿藻长期亲近。张佩纶一听说裕禄署理江督，即向户部尚书阎敬铭发出"如何如何"的感叹。② 尽管张佩纶平时对曾国荃不无微词，但此次曾氏入京后，他认为"沅帅（曾国荃）自是老成宿望"，特意往见，"倍致敬慕"。③ 正月十七日，张佩纶在致李鸿藻的密信中说："闽疆自以丁（宝桢）为上选，曾（国荃）则就地取才耳"，又称曾国荃"到处皆得美誉也"。④ 此处"就地取才"，似当作"为地择人"之意。所以，有理由相信张人骏的折子是他们共谋

---

① 《翁同龢日记》第 4 卷，光绪十年正月初九、二十日，第 1844、1847 页。

② 《张佩纶致阎敬铭》（光绪十年正月十二日），《阎敬铭档》，虞和平主编：《近代史所藏清代名人稿本抄本》第 1 辑第 17 册，大象出版社 2011 年影印本，第 258 页。

③ 《张佩纶致李鸿章》（光绪九年十二月十四日），姜鸣整理：《李鸿章张佩纶往来信札》，上海人民出版社 2018 年版，第 336 页。

④ 《张佩纶致李鸿藻》（光绪十年正月十七日），上海图书馆编：《张佩纶家藏信札》第 7 册，上海人民出版社 2016 年影印本，第 3816 页。

的结果。① 就在张人骏上奏前一日，翁同龢邀请曾国荃、李鸿藻、阎敬铭、张之万、广寿在家喝酒。曾国荃赴约最早，与翁同龢长谈，翁对曾多有赞词。② 从前文看，不用曾国荃出任江督，实为最高层长期以来的秘策。故此次曾国荃终于勉强署理江督，乃系中外形势逼迫所致，大概同时也获得了李鸿藻和翁同龢的支持。

曾国荃到南京署理江督后不久，震惊朝野的甲申易枢突然爆发，恭亲王、李鸿藻、翁同龢等军机全部罢黜。虽然由于中法战云密布，清廷不得不重用曾国荃，但曾氏地位并不稳固。六月之前，据在京的刘铭传透露，"内意"欲令四川总督丁宝桢调南洋大臣，以曾国荃为闽浙总督。③ 迨七月中法宣战后，醇亲王欲派左宗棠南下福建督师，相信"楚军必为之一振，先声夺人"。然而，左宗棠却意欲驻扎江宁。所以，七月十六日，醇亲王给军机处的密信称："若按彼（左宗棠）意南下，则沅圃（曾国荃）必多掣肘，转费调停。此节拟于后日请旨。"④ 七月十八日，醇亲王和慈禧太后商议后，下令左宗棠督师闽浙，曾国荃实授江督。当时颇有传言左宗棠谋求回任江督，但据了解内情的湘人京官周寿

---

① 李鸿藻与曾国荃的勾连，虽然没有太多证据，但早在光绪六年三月，曾国荃准备辞去山西巡抚时，就曾专门写信给李鸿藻，说明患病是实，希望李氏在军机处予以支持。《致李兰荪》（光绪六年三月），梁小进整理：《曾国荃全集》第4册，岳麓书社2006年版，第130—131页。

② 《翁同龢日记》第4卷，光绪十年正月十九日，第1847页。

③ 《李鸿章致张佩纶》（光绪十年六月初三日），姜鸣整理：《李鸿章张佩纶往来信札》，第420页。

④ 《醇亲王奕譞致军机处尺牍》（光绪十年七月十六日），邵循正等编：《中国近代史资料丛刊·中法战争》第5册，上海人民出版社1957年版，第52—53页。

昌说,曾国荃实授之命,实系左宗棠"娄(屡)言之醇邸,始有此旨"。① 无论如何,曾国荃之所以能够坐稳江督,很大程度上是中法战争之结果,而醇亲王也与有力焉。

曾国荃在任几近七年,至光绪十六年(1890)十月初二日薨于位。他之所以能够久任江督,以下几点值得揣摩。首先,曾国荃借中法战争的严峻形势,延续左宗棠的举措,"大招湘军旧部,扩建新营头,三月不到,竟至20余营之多。直到战后裁留,也还有14营头。加上督标、练军、老湘营等14营,皆为湘军旧部所掌握,已超过淮军驻防存留的20营之数。"② 此外,陈湜、聂缉椝、刘麒祥、汤寿铭等湘系要员都相继得到重用。中法战争之后,江南的湘系军政势力更加膨胀,终令朝廷不得不有所顾忌。其次,曾氏政尚宽简,与民休息,"金陵官绅,交口称颂"。③ 后来,办理江南赈务,得黄彭年相助,"声名大佳"。④ 第三,与其他人相较,曾国荃同北洋大臣李鸿章更为和衷,"南北两洋,提衡相倚",支撑着大清王朝。⑤ 最后,曾国荃不仅与江宁将军、都统尽力结交,⑥ 而且经由荣禄走通了首席军机大臣礼亲王的路子,

---

① 李慈铭:《越缦堂日记》第14册,光绪十年七月二十六日,广陵书社2004年影印本,第10422页。

② 樊百川:《清季的洋务新政》第1卷,第308页。

③ 《缪祐孙函》(光绪十年五月二十日),钱伯城、郭群一整理,顾廷龙校阅:《艺风堂友朋书札》(上),上海人民出版社2018年版,第338页。

④ 《何兆瀛日记》,光绪十五年十二月初四日,周德明、黄显功主编:《上海图书馆藏稿钞本日记丛刊》第19册,国家图书馆出版社、上海科学技术文献出版社2017年影印本,第218页。

⑤ 《复云贵制台王(文韶)》(光绪十六年十二月二十九日),《李鸿章全集》第35册,第158页。

⑥ 《郭嵩焘日记》第4卷,光绪十三年八月初一日,第729页。

获得了高层支持。①

　　光绪十六年曾国荃去世后，朝旨以安徽巡抚、浙江人沈秉成署理江督。郭嵩焘见此情形，估计必是云贵总督、浙江人王文韶补授江督。他的湖南同乡则谓山东巡抚张曜"朝眷方隆"，最有希望。②有意思的是，这些候选人仍是非湘非淮。然而出人意表的是，家居十载的刘坤一再得眷顾，简放江督。耐人寻味的是，郭嵩焘等湘人虽然非常在意江督人选，但也并不认为惟湘人可做，然而朝旨却惟湘人是任。何以形成如此局面？李鸿章的说法值得注意：

　　忠襄（曾国荃）晚年政尚宽大，营务不无懈弛。尊论诚为洞微。文襄（左宗棠）、忠襄，两政十载，湘楚旧部，视若家乡，而随忠襄者，尤多且久。昔之相从尽力，今则失职无归，责望旧恩，原有不能尽绳以法者。然近年屡有造谋巨案，不免用钱，而徒党实不可爬梳。每值岁暮，讹言烦兴，转调江阴防军，以为金陵翊卫，窃谓此患非日久未易铲除。选帅必于湘人，朝意亦深顾虑。③

可见，自1880年代以来，由于中俄危机和中法战争中严峻的对外形势，不得不用文武兼资的湘帅出任江督。而左宗棠、曾国荃近十年的有意经营，遂使湘系军政势力在江南更为盘根错节；加以湘军和长江流域蠢蠢欲动的哥老会千丝万缕的联系，终令朝廷颇

————————

　　①　《致李瀚章》（光绪十七年八月十五日），《李鸿章全集》第35册，第244页。曾国荃、曾纪泽与荣禄的密切关系，参见马忠文：《荣禄与晚清政局》，社会科学文献出版社2022年第2版，第116—119页。

　　②　《郭嵩焘日记》第4卷，光绪十六年十月二十日，969页。

　　③　《复署两江制台沈（仲复）》（光绪十六年十一月二十日），《李鸿章全集》第35册，144页。

有顾虑。① 同时，因有北洋淮系和湖北张之洞势力的有力制衡，这时朝廷也不像曾国藩时代那么担心东南湘系尾大不掉，反而更看重湘系势力稳定东南大局的作用。于是江督"选帅必于湘人"。这无疑是形成湘人江督格局的重要原因。

进言之，随着李鸿章淮系力量在北洋的不断增强，朝廷在必须倚重李氏的同时，也开始有意扶植东南的湘系力量，以制衡北洋。醇亲王奕譞在光绪七年（1881）和十年，先后说服慈禧太后同意左宗棠、曾国荃实授江督，或许就有平衡北洋的考虑。而当光绪十一年（1885）左宗棠去世时，这一政策转向已经非常明显。研究者常引醇亲王的一段话——"湘、淮素不相能，朝廷驾驭人才正要如此。似宜留双峰插云之势，庶收二难竞爽之功。否则偏重之迹一著，居奇之弊丛生"——就是在这一背景下产生的。② 醇亲王建议谨慎裁撤左宗棠的恪靖营湘军，意在扶植东南湘系力量，以平衡势力日增的北洋淮系，但这并非希望湘、淮水火，通常情况下还是期望二者共持大局，避免出现独大居奇局面。③

---

①　哥老会当时确实让两江地区的官员忧心忡忡，清廷高层对此也甚了然。光绪十六年八月二十二日翁同龢有云："同邑屈荫堂承福，皖中能史，屡经卓异，来此长谈，极言哥老会之可忧，江宁政事之废弛。"《翁同龢日记》第 5 卷，第 2435 页。湘军与哥老会的密切关系，参见蔡少卿：《关于哥老会的源流问题》，《中国近代会党史研究》，中国人民大学出版社 2009 年增订版，第 176—179 页；刘铮云：《湘军与哥老会：试析哥老会的起源问题》《哥老会的人际网络：光绪十七年李洪案例的个案研究》，《档案中的历史：清代政治与社会》，北京师范大学出版社 2017 年版，第 202—244 页。

②　方裕谨编选：《清醇亲王奕譞信函选》（光绪十一年七月二十八日），《历史档案》1982 年第 4 期，第 33 页。

③　醇亲王对中法战争中湘淮畛域自分、龃龉掣肘的情形甚为不满。参见李恩涵：《同治、光绪年间湘、淮军间的冲突与合作》，《"中研院"近代史研究所集刊》第 9 期（1980），第 335 页。

此外，据帮办海军大臣曾纪泽的情报，在光绪十二年（1886）巡阅北洋水师后，醇亲王本有意在次年巡阅南洋兵轮水师。曾国荃也已"先事绸缪"，派湘系干将汤寿铭赴上海"暗中部署"。[①] 这也可视为醇亲王对南洋的支持。但光绪十三年（1887）醇亲王病体缠绵，很可能是未成行的主要原因。在此背景下，东南湘系还注意调整和满洲权贵的关系。与曾国荃相似，刘坤一更是经由荣禄走通了领班军机大臣礼亲王世铎的路子，[②] 获得了最高层的有力支持。在如此多种因素交织下，湘人江督格局得以维系。这不仅维持了东南的政局稳定，而且与北洋淮系南北提衡，成为支撑清朝统治的权势重心之一。

湘人江督格局是晚清史上的重要现象，在时人及前辈学者的论述中多有依据。但以前论及晚清政治，或者含糊地提出同、光以来湘系长期盘踞东南，或者笼统地认为同、光以来朝廷在南洋用湘系、在北洋用淮系，贯彻湘、淮分治。但实际情况如何，仍有深入检讨的必要。

第一，本章的论述表明，湘人江督格局虽奠基于湘军之崛起，但最终形成实有复杂多变的内外因素。以光绪六年（1880）为界大体可分为前后两个阶段。此前实为江督纷更的年代。同治三年（1864）湘军攻破天京后，清廷在稳定东南半壁和防止曾国

---

① 《曾国荃致陈湜》（光绪十三年二月初八日），湖南图书馆编：《湖南图书馆藏近现代名人手札》第 4 册，第 2078 页。陈宝琛也得到类似情报。《陈宝琛致张之洞》（光绪十三年二月初六日），国家图书馆善本部编：《赵凤昌藏札》第 7 册，国家图书馆出版社 2009 年影印本，第 438 页。

② 《致李瀚章》（光绪十七年八月十五日），《李鸿章全集》第 35 册，第 244 页。

藩系统尾大不掉之间微妙平衡,结果曾国藩被频繁调动,七年三往返,不能稳坐江督。同治十一年(1872)曾国藩去世前后,马新贻、何璟、李宗羲、沈葆桢相继出任江督。既往多认为,马新贻、李宗羲、沈葆桢虽非湘人,但都是"久与湘军共事者"。[1] 然而,一方面,当时的东南大员几乎都与湘军共事过;另一方面,马、何、李、沈诸人皆进士出身而非军功起家,毕竟与湘帅不同,况且沈葆桢与曾国藩还大为龃龉。直到光绪六年(1880)之后的二十多年,实任江督皆系湘人,湘人江督格局方才真正形成。这是中俄危机及中法战争形势、左宗棠和曾国荃的刻意经营、东南湘系军政实力增强、慈禧和醇亲王平衡湘淮南北等多重因素的结果。因此,光绪六年前后两个阶段的微妙差别值得注意。

第二,既往多强调李鸿章对江督人选的影响,以马新贻、何璟、李宗羲、沈葆桢都是他的进士同年为据。[2] 其实,以上诸人也都是军机大臣沈桂芬的进士同年,并且均为沈桂芬所赏识。此外,刘坤一尽管不为李鸿章所喜,却能继沈葆桢为江督,更可见沈桂芬的推举作用。以往大体知道沈桂芬在光绪七年(1881)去世前长期"当国",但限于论述角度和材料,往往语焉不详。前文用可靠史实,论证了沈桂芬主政的军机处在江督任用上的政治理念及其运作。进言之,曾国藩去世后,李鸿章为首的淮系和左宗棠、彭玉麟为首的湘系都希望影响江督的任用。而沈桂芬等清廷高层大体有两个用人倾向:一是进士出身而非军功起家,二是非湘非淮;希望既能听命朝廷,又可兼顾湘、淮。马新贻、何

---

① 石泉:《甲午战争前后之晚清政局》,第34页。

② 参见樊百川:《淮军史》,第280—290页。

璟、李宗羲、沈葆桢、吴元炳都可作如是观。即使因为海防形势
严峻，必须借助湘系领袖，也倾向选用刘坤一这种在湘系比较弱
势，且供给朝廷上表现甚佳的湘帅。所以，此期江督的选任，不
仅涉及朝廷、湘系、淮系各方的权力之争，也反映着晚清内治与
洋务、科举与军功的不同政治路线和治国理念的分歧。

　　第三，更重要的是，湘人江督格局形成和终结的历史表明，
在内外轻重和央地关系之外，南北关系的平衡和演变也是分析晚
清政治格局的一条重要线索。① 自从唐宋时期经济重心南移后，

─────────

　　① 晚清从中央集权到地方分权，以致内轻外重，甚至督抚专政的观点，以罗尔纲为
代表（《罗尔纲全集·湘军兵志》第 14 册，社会科学文献出版社 2011 年版，第 187—196
页）。对此观点的修正以刘广京为代表（《晚清督抚权力问题商榷》，载《经世思想与新兴
企业》，第 247—293 页）。李细珠（《地方督抚与清末新政——晚清权力格局再研究》，社
会科学文献出版社 2012 年版，第 363—443 页）近期提出辛亥革命前"内外皆轻"的权力
格局新观点。南北关系是中国历史中长久的重要议题，历来广受关注。晚清文献中南人北
人相轻的文献甚多，而同光之际军机高层中的南北之争以及庚子事变前后的南北新旧之争
已颇有研究。高阳（《同光大老》，第 3—17 页）从南北之争的角度分析了明末清初以降，
尤其是晚清辛酉政变至甲申易枢前的高层政局。林文仁（《南北之争与晚清政局（1861—
1884）：以军机处汉大臣为核心的探讨》，中国社会科学出版社 2005 年版）在高阳基础上，
围绕 1861—1884 年的军机处汉大臣，讨论了派系政治中的南北之争。杨国强（《晚清的士
人与世相》，生活·读书·新知三联书店 2017 年版，第 264—265 页）指出，发轫于东南
的洋务运动经过三十年的累积，"常常使新旧之争与南北之分交叠在一起"，故庚子东南
互保中"形成的南方颉颃北地"，"昭示了三十年新陈代谢之后的分化和分野"。刘学照
（《上海庚子时论中的东南意识》，《史林》2001 年第 1 期）从庚子报刊时论中看出了东南
意识和南北界限的凸显，认为它是满汉、帝后、新旧等界限的扩大和深化。冯志阳（《庚
子救援研究》，北京师范大学出版社 2018 年版，第 320—331 页）从丝茶等对外贸易和轮
船电报给南北带来不同影响的角度，分析了南北新旧关系的变化和东南意识的兴起。戴海
斌（《晚清人物丛考二编》，生活·读书·新知三联书店 2018 年版，第 691—707 页）聚焦
士人言说和东南互保，突出了庚子事变前后的南北新旧分野。吉泽诚一郎（《天津的近
代：清末都市的政治文化与社会统合》，万鲁建译，社会科学文献出版社 2022 年版，第
110—125、149—151 页）讨论了南北矛盾在晚清天津慈善事业中和天津义和团运动中的
表现。

中国经济财赋历来南重北轻，清朝亦然。但就政治和军事而言，清朝长期内重外轻，相应也就北重南轻。不过，19世纪60年代起家南方的湘、淮军，在镇压了太平天国运动并驻兵江南后，一时间东南不仅是经济财赋中心，也实为政治军事重心。这时，清朝不仅暴露出罗尔纲提出的内轻外重和督抚权重问题，而且呈现出明显的北轻南重局面。朝廷为扭转这一局面，想方设法加强对南洋财赋之区的掌控。一方面，湘军裁撤后曾国藩不能久任江督，李鸿章淮军一开始也要尽量裁撤，或者开往西南或西北。另一方面，文祥、沈桂芬等清廷高层重用进士出身而非军功起家的非湘非淮大员（如马新贻），替朝廷接掌东南大权。然而，同治九年（1870）的天津教案和刺马案暴露出的中外紧张形势和江南隐伏的骚乱，打断了这一进程。清廷不得不优先加强北洋畿辅实力，故手握重兵且擅长外交的李鸿章得到重用，由直隶总督兼任北洋大臣就始于李鸿章。于是，直隶总督兼北洋大臣、两江总督兼南洋大臣，形成晚清的南、北洋体制。经过十年由李鸿章主导的洋务运动和畿辅国防建设，政治军事上的北重南轻固然回归，但北洋淮系势力也已膨胀。

　　以往为了凸显清朝湘、淮分治的政治策略，过度强调同、光两朝在江督和直督用人上的分治湘、淮原则，似不尽符合事实。①其实，湘、淮分治南、北洋，要到19世纪80年代后才由于局势

---

　　① 石泉、刘广京、王尔敏均有相关论述。易惠莉说："同、光两朝在两江总督和直隶总督人选安排问题上贯彻了相当彻底的分治湘、淮的原则，且赋予江督和直督在国务问题上具备同等重要地位的发言权，即分别兼任南北洋大臣。由此构成清廷贯彻钳制治术的重要一环。"易惠莉：《光绪六、七年的晚清中国政坛：以刘坤一与李鸿章之争为中心的考察》，《近代中国》第18辑，第39页。

变化而逐渐明显。在光绪六年（1880）以前，朝廷颇忌讳湘人领袖坐拥江督。所以曾国藩在世时难以久任，频繁调动；迨曾氏去世后，沈桂芬等"当国者"也尽量不用湘人出任江督。但光绪六年之后情势大变。这时，李鸿章的北洋淮系自然是清朝最重要的支柱，但醇亲王奕��等清廷高层为了稳固统治，开始有意追求南、北平衡和湘、淮分治，以防止北洋独大居奇。加以中俄伊犁交涉、中日琉球问题、中法越南危机相继发生，海防形势严峻，中外关系紧张，遂使南洋地区越来越需要军功出身、谙练洋务者坐镇。在光绪七年（1881）沈桂芬去世及枢廷不得力的情况下，醇亲王的发言权增大。光绪七年和十年（1884），醇王先后说服慈禧，实授湘系领袖左宗棠和曾国荃为江督，就是这一背景下的产物。左宗棠和曾国荃相继出任江督后，利用越南危机和中法战争的局势，大量增募湘军，引用湘系文武，一举改变了江南驻军淮主湘辅的局面，遂使湘系军政势力在江南更为盘根错节。① 加以湘军和长江流域蠢蠢欲动的哥老会千丝万缕的联系，终令朝廷颇有顾虑。于是江督"选帅必于湘人"，以稳定东南大局。这无疑是形成湘人江督格局的重要原因。光绪十六年（1890）曾国荃去世后，刘坤一接任江督，正是这一形势的反映，也使得湘人江督格局更加巩固。

---

① 这可视为湘系在东南的"二次创业"。同时，这也能部分解释恭亲王、沈桂芬为何历来在中外交涉时力主持重，不愿轻动兵戈。殆因局势一旦紧张或者中外开战，湘系、淮系便会利用"危机"扩张势力，同时军费开支急剧增长，令财政不堪重负。李鸿章利用天津教案和日本侵台事件的危机，避免裁撤淮军，并将淮军由临时勇营"转型"为东南沿海"国防军"的历史，可参见樊百川：《淮军史》，第308—318页；王瑞成：《危机与危机利用：日本侵台事件与李鸿章和淮军的转型》，《近代史研究》2016年第2期。中法战争前后，湘系在江南的经营，亦可作如是观。

一旦形成湘淮南北平衡状态,政局也就更趋稳定。正如朝廷湘、淮分治,主要是避免独大居奇,并非乐见二者水火,通常还是希望他们共持大局。湘人江督格局形成后,南洋湘系与北洋淮系的关系大体就是如此。他们南北提衡,共同维护着清朝统治。如果没有剧烈的外力冲击,这种平衡状态应能持续更久。但甲午战争改变了一切。战后北洋淮系崩溃,南洋湘系则为清朝保留了一个政局重心。这在戊戌政变至庚子事变中体现至为明显。朝廷和地方、北洋与南洋、淮系和湘系的关系都发生重大变化,清朝的政治版图大幅重组,南北关系进入一个动荡的调整期。这是下章着重讨论的问题。

第三章

从南北提衡到东南互保：湘人江督格局的维系

上章已论，光绪六年（1880）之后的二十多年，实任两江总督皆系湘人，故湘人江督格局在1880年代逐渐形成。这是中俄危机及中法战争形势、左宗棠和曾国荃的刻意经营、湘系在东南军政实力增强、慈禧和醇亲王平衡湘淮南北等多重因素的结果。迨光绪十六年（1890）曾国荃薨逝，刘坤一继任江督，正是这一政治局面的反映。湘人江督格局进一步巩固。

如此，延续曾国荃时期之格局，南洋湘系与北洋淮系南北提衡[1]，成为清朝统治的两个重心。从长远看，

---

① "南北提衡"的说法来自李鸿章。他对南洋大臣曾国荃说："惟鸿章与我公，犹以百战之余，再睹重华之盛，提衡南北，并荷褒荣。"又对云贵总督王文韶说："南北两洋，提衡相倚，比来忽逾二十载，南中顿易数人。文肃（沈葆桢）、文襄（左宗棠），并是故知，公义交情，亦云不负。至论同时之久，相得之深，七载如新，纤毫无间，则忠襄（曾国荃）盛德，尤过群公。"《复两江制台曾》（光绪十五年正月二十六日），《李鸿章全集》第34册，第503页；《复云贵制台王》（光绪十六年十二月二十九日），《李鸿章全集》第35册，第158页。

南洋湘系不仅平衡着北洋淮系，而且当甲午战后北洋淮系崩溃后，作用更为凸显。因此在戊戌变法、己亥建储中，刘坤一能够稍持正论。尤其是在庚子事变中，坐镇两江的刘坤一领导东南互保，大放异彩，对东南大局、清朝统治和近代中国历史进程都产生重大而深远影响。这虽与刘坤一"能断大事"的担当以及张之洞、盛宣怀的个人因素很有关系，但也是湘人江督格局的深层结果。否则，倘若此前已经换作他人总督两江，缺乏刘坤一背后湘系军政势力及江南绅商的鼎力支持，东南互保就未必能够做成。

事实上，即使在刘坤一这种军事政治强人在世之时，湘人江督格局也并非"固若金汤"。其间遭受过几次强烈冲击，但最终均由种种因素而得以维系。比如，甲午战争时，刘坤一北上督师，由张之洞署理江督一年。战后刘坤一虽能回任，但其间的明争暗斗极为激烈复杂。戊戌变法前后，刘坤一颇受怀疑，数次请辞。尤其是光绪己亥年（1899）刚毅南下前后，刘坤一遭到多方面的严厉攻击，一度岌岌可危。己亥建储前夕，刘坤一奉命入京觐见，江督由江苏巡抚鹿传霖署理。庚子年（1900）三月初二日，刘坤一到京陛见，四月初五日回任两江。此时距中外宣战，仅仅月余而已。这几次较量不仅无不搅动着中枢、北洋、南洋和中外大局，备受时人关注，而且都可能改变历史走势，值得后人反思。

因此，本章先考察光绪十六年（1890）刘坤一再任江督的台前幕后，然后围绕甲午战争时期和己亥庚子之际的江督之争，讨论湘人江督格局为何能够维系？究竟是怎样维系的？其意义何在？另外，甲午之后，军机大臣和直隶总督变动频仍，而两江总督的任用，常与军机大臣和直隶总督的选任交织在一起，如常山之蛇，首尾相应，对政局有全方位的影响。故讨论江督问题，也不得不从朝廷、北洋、南洋及中外全局中考虑。

第一节　1890年刘坤一再任江督的台前幕后

光绪十六年（1890），一场起自俄罗斯圣彼得堡的大流感席卷欧洲，并传到世界各地，许多人因之离世。清朝人亦未能幸免，庶民百姓的详细情况不易知晓，而达官贵人纷纷去世都有记载，其中湘系损失尤为惨重。[①] 李鸿章就说：本年辞世者，亲王以下，尚书、侍郎、督抚、藩臬，"俱至两三人，而湘居其五"。这五位湘系大员就是彭玉麟、杨岳斌、黄彭年、曾纪泽和曾国荃。[②]

十月初二日未时，年近七旬的两江总督曾国荃，忽以感寒微疾告终。当晚，李鸿章就收到江宁布政使瑞璋发来的讣电，旋即转电总理衙门。[③] 十月初三日，中枢高层全都知晓噩耗。帝师翁同龢在日记中不禁感喟："事关东南全局，可虑也。"[④] 因为十月初十日是慈禧太后的万寿日，此时花衣期将至，死亡、刑名、军

---

① 《一时耆旧尽凋零：光绪十六年冬季的传染病》，姜鸣：《秋风宝剑孤臣泪：晚清的政局和人物续编》，生活·读书·新知三联书店2015年版，第197—209页。

② 《复前兵部左堂郭（嵩焘）》（光绪十七年三月初八日），《李鸿章全集》第35册，第193页。

③ 电云："江宁藩司瑞璋本日电：曾宫太保足疾甫痊，正拟出巡，于二十七八日感受风寒，仍照常办公见客。初一日忽又中寒，精神委顿。本司等赶紧延医诊治。不料十月初二日早间痰壅气塞，于未刻出缺。阖城震悼。三孙世兄均随任在署，现经督同妥为料理后事，将印信封固送本司衙门存储。一面由本司缮折由驿奏报，兼代递遗折……"《收北洋大臣电》（光绪十六年十月初三日子刻到，本日缮递），中国第一历史档案馆编：《清代军机处电报档汇编》第6册，中国人民大学出版社2005年版，第476页。

④ 翁万戈编、翁以钧校订：《翁同龢日记》第5卷，第2445页。

务等例须回避。① 这个消息着实来得不是时候。所以，瑞璋计划迟至初六日再代奏遗折，以便遗折到京在花衣期之后。他在电报中特别请示李鸿章"应否先电总署转奏"。鉴于两江重任须臾不可无人，李鸿章当即决定电请总理衙门代奏请旨，迅速派员接署。总理衙门大臣亦于初三日将电报缮递御前。②

尽管很不合时宜，但由谁接任江督，却立即成为慈禧、光绪和军机高层必须尽快决定的要事。然而替人难得，一连数天未能敲定，于是十月初七日先电令安徽巡抚沈秉成署理。十一日太后过完生日后，曾国荃的遗折到京，终于下旨刘坤一补授江督。于是，继前两次短暂主政两江之后，湘系元老刘坤一第三度入主东南。如从甲午战争、戊戌政变、己亥建储，尤其是庚子东南互保的历史做"后见之明"的回望，则这是一次影响极为深远的任命。而从十月初三日高层知晓江督出缺，到初七日任命沈秉成署理，再到十一日下令刘坤一补授，可知清廷最高层必然经过了一段紧张的酝酿讨论。③ 其台前幕后，值得一探究竟。

此时的江督人选，在湘系大员之外，云贵总督王文韶资历最深。李鸿章致函王文韶说："初议此席，较量资望，无以易尧。"④ 尽管不无恭维成分，但郭嵩焘看到浙人沈秉成署理，也预计必是

---

① 吉辰：《清代的花衣期制度：以万寿节为中心》，《史学月刊》2016 年第 5 期。

② 《收北洋大臣电》（光绪十六年十月初三日子刻到，本日缮递），《清代军机处电报档汇编》第 6 册，第 476 页。

③ 沈秉成刚刚谢恩准备赴任，十一日下旨刘坤一补授江督。沈氏自然不快，遂给李鸿章和总署发电，以太太病逝、己病加重为由不愿赴任。但总署复电称，妻故一层不便代奏，请沈秉成自己奏辞。沈氏不敢，遂力疾起程。《发安徽巡抚电》（光绪十六年十月十五日）《收安徽巡抚电》（光绪十六年十月十六日），《清代军机处电报档汇编》第 6 册，第 483、484 页。

④ 《复云贵制台王（文韶）》（光绪十六年十二月二十九日），《李鸿章全集》第 35 册，第 158 页。

浙人王文韶接任。郭嵩焘周围的朋友则言山东巡抚张曜"朝眷方隆","此席必属之"。① 此外，一年前接任湖广总督的张之洞也是传闻人选。不久前，黄遵宪在私信中就说"假令香帅（张之洞）移督两江"。② 尽管未必准确，但在华外国报纸也传言高层属意张之洞。③

在湘系大员中，前军机大臣何汝霖之子、江宁人何兆瀛认为陕甘总督杨昌濬最是上选。④ 郭嵩焘见朝廷召谭钟麟入京，立即指出这皆是"备江督之选"。⑤ 所以，最终家居十载的刘坤一补授江督，就让郭嵩焘颇感意外。⑥ 何兆瀛很担心刘坤一继曾国荃之后"不能称职"，盖因"哥老会是题中要害"，刘坤一"未必能驾驭之"。他进而感慨道："所虑者，运会迁流，万一手头结大瓜，将如之何。"⑦ 与此相应，李鸿章将这一任命归结为镇抚湘军的需要。他说："特起岷帅（刘坤一），自为湘部防维。"⑧ 又称："两

---

① 《郭嵩焘日记》第 4 卷，光绪十六年十月二十日，第 969 页。

② 《致蔡毅若观察书》（光绪十六年），陈铮编：《黄遵宪全集》上册，中华书局 2005 年版，第 342 页。

③ 《字林西报》消息称："总署询鸿章，张之洞是否应为继任人。鸿章答以张无军事经验，恐难以应变，荐刘坤一、张曜。慈禧命刘坤一继之。"窦宗一：《李鸿章日谱》，沈云龙主编：《近代中国史料丛刊续编》（700），台北：文海出版社 1980 年版，第 4987、5003 页；崔运武：《中国早期现代化中的地方督抚——刘坤一个案研究》，第 116—117 页。

④ 何兆瀛认为：湘系之外，"若即用豫璋（原文如此）即真，亦在意中，然而不称。或由内大僚中简用一人，则桂燕山（桂良）昔日之比，亦可另开面目。"《何兆瀛日记》，光绪十六年十月初九日，载《上海图书馆藏稿钞本日记丛刊》第 19 册，第 425 页。早在1879 年沈葆桢去世后，何兆瀛就认为如从京官中外放江督，崇厚"首屈一指"。

⑤ 《郭嵩焘日记》第 4 卷，光绪十六年十月二十七日，第 970 页。

⑥ 《郭嵩焘日记》第 4 卷，光绪十六年十月二十日，第 969 页。

⑦ 《何兆瀛日记》，光绪十六年十月十一日，载《上海图书馆藏稿钞本日记丛刊》第 19 册，第 426 页。

⑧ 《复云贵制台王（文韶）》（光绪十六年十二月二十九日），《李鸿章全集》第 35 册，第 158 页。

江仍命岘帅，自为驾驭湘人"，承左宗棠、曾国荃"恢阔之余，继以综核，自是救时之政"。①

果不其然，刘坤一继任前后，长江流域哥老会蠢动，教案纷起。甚至李世忠的义子李洪伙同外国人美生，购运武器，意欲在长江多处起事。② 这虽不能说是光绪十六年（1890）湘系元老彭玉麟、杨岳斌，尤其是江督曾国荃突然去世的直接后果，但从曾国荃出缺到刘坤一接任，两江地区有半年的"权力真空期"。这一背景与哥老会起事、长江教案的关系，也值得深思。李鸿章就说：刘坤一"莅任之初，正值教案并起，讹言繁兴"，其重要原因就是沈秉成"代将数月，未能先事收束，遂令岘帅独为其难"。③ 如上章所论，此时已经形成类似"江督非湘人不可"的局面，故李鸿章所言显然是有道理的。而光绪十七年（1891）长江教案的大规模爆发，似乎更反向证明了江督非湘人不可。

不过，即便江督必选湘人，为何是刘坤一呢？对此，李鸿章有一说法：闻朝廷已下旨召谭钟麟入京，而刘坤一"起假之疏适至，遂蒙简授"。盖刘坤一"本是再任江督，又值楚材凋落之时，亦巧遇之缘会也"。④ 查十月二十二日清廷电寄张之洞，传旨令谭

---

① 《复前河台吴（大澂）》（光绪十七年六月十八日），《李鸿章全集》第 35 册，第 221 页。整理原文作"两江仍命岘帅自为驾驭，浙人承文襄、忠襄恢阔之余……"，已改。

② 《论长江教案与哥老会的关系》，蔡少卿：《中国近代会党史研究》，第 180—202 页；《哥老会的人际网络：光绪十七年李洪案例的个案研究》，刘铮云：《档案中的历史：清代政治与社会》，第 216—244 页。

③ 《复前河台吴（大澂）》（光绪十七年六月十八日），《李鸿章全集》第 35 册，第 221 页。

④ 《复广东抚台刘（瑞芬）》光绪十六年十月二十九日，《李鸿章全集》第 35 册，第 135 页。

钟麟来京陛见。① 这已在简放刘坤一的十一天之后。另外，刘坤一于光绪八年（1882）回籍后奏请终养，四年后丁继母忧。光绪十四年（1888）六月，湖南巡抚卞宝第代奏刘坤一服阕，并因病恳准在籍调理，奉朱批"俟病痊后即行来京陛见"。② 此后《军机处随手登记档》中尚未见到刘坤一类似的"起假之疏"。可见李鸿章的这个说法还要存疑。同时，李鸿章所谓"楚材凋落"虽是事实，但这时湘系毕竟还有陕甘总督杨昌濬和前任陕甘总督谭钟麟。况且，即使以前楚材为盛之时，每次遴选江督亦甚不易。因此，刘坤一擅长综核，尽心为朝廷上缴税赋，顾全大局的为政风格很受最高层赞赏，应是他脱颖而出的重要原因。③ 同时，李鸿章所说的"本是再任江督"，确是刘坤一的优势所在。尽管刘坤一前两次出任江督都不超过两年，但毕竟已是熟手。

一种颇有些传奇色彩的说法是，慈禧太后主动提名刘坤一。淮系元老刘秉璋之子刘声木称：曾国荃卒于江南后，"朝议一时颇难其人。闻孝钦显皇后谕谓，某处屏风，穆宗毅皇帝曾书一人名氏在上，可用此人。阅之，即忠诚（刘坤一）名氏，乃诏起于家，简放斯缺。"④ 刘坤一和刘秉璋在江西合作多年，关系甚密，此说或有根据。无论如何，江督必由慈禧决定，即使不是她提出

---

① 中国第一历史档案馆编，李国荣主编：《清代军机处随手登记档》第 131 册，国家图书馆出版社 2013 年影印本，第 713 页。

② 《清代军机处随手登记档》第 127 册，第 152 页。

③ 李国祁：《同治中兴时期刘坤一在江西巡抚任内的表现》；《台湾师范大学历史学报》第 1 期，1973 年 1 月；《由刘坤一初任总督的表现看晚清的政治风尚》，《台湾师范大学历史学报》第 3 期，1975 年 2 月。崔运武：《中国早期现代化中的地方督抚——刘坤一个案研究》，第 116—117 页。

④ 刘声木著、刘笃龄点校：《苌楚斋随笔续笔三笔四笔五笔》下册，第 682 页。

人选，也必由她首肯方可。这一时期，以前被张佩纶、陈宝琛等清流攻击下台的大员，已经纷纷复出。比如王文韶于光绪十四年（1888）特授湖南巡抚，次年升云贵总督。陈宝箴和陈湜新近分别补授湖北和江苏的按察使。刘坤一的起用，也是这一用人风向的表征。

值得指出的是，在光绪七年和十年，左宗棠、曾国荃之所以能够先后实授江督，醇亲王奕譞都与有力焉（见第 2 章）。光绪十六年（1890）正月，李鸿章也说："闻督抚、将军、都统等缺，多其（醇王）参谋。"① 不过，曾国荃出缺之日，也正是醇王病危之时，一个多月后的十一月二十一日醇王就薨逝了。故此次江督任命恐与醇王无直接关系，但仍是其湘淮南北平衡政策的延续，所谓"湘、淮素不相能，朝廷驾驭人才正要如此。似宜留双峰插云之势，庶收二难竞爽之功。否则偏重之迹一著，居奇之弊丛生。"② 看来，醇王的平衡之术深得慈禧认可，何况慈禧本人就是玩弄平衡的高手。

种种证据显示，在刘坤一出任江督的问题上，领班军机大臣礼亲王世铎及其亲家荣禄发挥了关键作用。据李鸿章致其兄李瀚章的家书，刘坤一走的正是荣禄的路子，即由荣禄转求礼王而成。③ 耐人寻味的是，光绪十七年（1891）二月十六日晚上，荣禄在家宴请入京陛见的刘坤一，陪客正是礼王、克勤郡王晋祺和

---

① 《李鸿章致刘秉璋》（光绪十六年正月十八日），刘声木编录、刘园生点注：《李文忠公尺牍》，《历史文献》第 21 辑，上海古籍出版社 2019 年版，第 33 页。

② 《醇亲王致军机大臣》（光绪十一年七月二十八日），方裕谨编选：《清醇亲王奕譞信函选》，《历史档案》1982 年第 4 期，第 33 页。

③ 《致李瀚章》（光绪十七年八月十五日），《李鸿章全集》第 35 册，第 244 页。

翁同龢，散席已至亥时。[①] 看来诸人相当尽欢，更像是投机的老友，而非普通之应酬。不久，他们就在政务和人事上多有私信勾连。刘坤一动辄请荣禄向礼王转达其意，或云"可否密启礼王"，或曰"敢请启告礼邸"，或云"请尊处与礼邸商之"。[②] 而且，刘坤一并不讳言他与荣禄交谊深厚，江南官员也颇知此情。故当光绪十七年十一月二十八日，荣禄突然外放西安将军后，刘坤一深感可惜。江苏候补道欧阳霖致其婿李盛铎的家书中就透露了此中内情。他说："此公（刘坤一）于启期仲子（荣禄）交谊颇深，见客时屡以为言。闻有所陈说，（荣禄）无不允许。此次深以其外用为惜。"[③] 翁同龢对刘坤一向有好评，早有来往。[④] 其家乡常熟也在江督治下。荣禄请其作陪，亦甚讲究。尽管翁同龢与谭钟麟系同年好友，但翁同龢想来不会在光绪皇帝面前反对刘坤一。

此外，军机大臣许庚身，军机章京陈炽、钱应溥和冯锡仁的角色也值得注意。刘坤一江督之命发下不久，陈炽就致信江西同乡陈宝箴。他说："岷庄师（刘坤一）谢折此时尚未到京，同人多为盼望。刻莘垞（冯锡仁）丁忧，子密（钱应溥）年伯升官，均已出班。侄素受岷师之知，一切当为料理。知师素与许堂（许

---

① 翁万戈编、翁以钧校订：《翁同龢日记》第 6 卷，第 2475 页。

② 《致荣仲华将军》（光绪十七年十一月初九日）、《致荣仲华》（光绪十七年十一月二十三日），《刘坤一遗集》第 4 册，第 1993、1998 页。马忠文：《荣禄与晚清政局》，第 122—123 页。

③ 《欧阳霖致李盛铎》（光绪十八年正月至二月间），《李盛铎档》（2），虞和平主编：《近代史所藏清代名人稿本抄本》第 1 辑第 137 册，第 330 页。荣启期为春秋时隐士，晚清人常用启期指荣姓人物，荣禄字仲华，启期仲子当指荣禄。

④ 翁万戈编、翁以钧校订：《翁同龢日记》第 4、5 卷，第 1521、1522、1525、2474 页。

庚身）有旧，许（庚身）亦师门，诸事均可随时道达。俟其谢折
到时，当以电相闻。"① 刘坤一早先任江西巡抚多年，许庚身任江
西学政时颇有交集。陈炽称刘坤一为师，并谓素来受知于刘，此
中颇可玩味。

最后，陈炽提议刘坤一继曾国荃出任江督一事，在民国笔记
中颇有流传。《蜷庐随笔》的作者王伯恭，一则嘲笑陈炽位卑却
大言不惭，再则调侃其善于揣摩，颇有讽刺之意。② 然而，《花随
人圣庵摭忆》的作者黄濬，却不以王伯恭为然。他说："此自不
知政客之地位。盖政界中别有一种位不甚显而言论风采可以动干
时政者，不可以皮相也。如南海（康有为）之与樵野（张荫桓）、
常熟（翁同龢），又孰能必其（陈炽）不可进而为刘岘庄继曾沅
浦之主张耶？"③ 观前引致陈宝箴信，可知陈炽当时必有所主张和
活动。而黄濬以名士任汪精卫的机要秘书，熟悉高层政治运作，
或许这也是他的现身说法。

第二节 北洋南洋一线牵：甲午战后围绕直督和
江督的政争

甲午战争是近代一大转折，不仅对东亚地缘政治和国际关系
影响至为深远，而且直接冲击了清朝的国内政局，既导致军机处
全面改组，又使得北洋淮系失势，直隶总督兼北洋大臣由李鸿章

---

① 《上陈宝箴书》（光绪十六年十二月十五日），赵树贵、曾丽雅编：《陈炽集》，中
华书局 1997 年版，第 354 页。从《刘坤一遗集》看，钱应溥、冯锡仁均与刘坤一颇有书
信往来。冯锡仁是湖南同乡，甲午战争时，曾参刘坤一军幕；战争结束后，又为刘坤一运
动回任两江（详下节）。

② 王伯恭著、郭建平点校：《蜷庐随笔》，山西古籍出版社 1999 年版，第 104 页。

③ 黄濬著、李吉奎整理：《花随人圣庵摭忆》下册，第 690—691 页。

担任二十多年后终告易主，体现出近代外交与内政的紧密关联。[1]
与此同时，两江总督兼南洋大臣也经历了张之洞署理一年，到刘
坤一最终回任的曲折历程。饶有意味的是，直督和江督的人事问
题一线相连，如常山之蛇，首尾相应，与当时裁撤湘淮军、北洋
重新布局、南洋新政的展开等内外政策紧密结合。这正是甲午战
争前后重大的政局变化。战后改革的推进以及戊戌变法至庚子事
变的政局演进，都与直督和江督的人事嬗变密切关联。[2]　相较于
枢垣改组的历史相对清楚，甲午战争爆发后围绕直督和江督的政
争不仅历时长，牵涉人物多，而且更为激烈，但由于内情隐晦、
资料零散，目前研究较少，值得进一步深入探讨。[3]

（一）甲午战前北洋淮系和南洋湘系的接班人问题

光绪十七年（1891）三月二十一日，刘坤一在江宁省城接任
江督后，一如曾国荃之时，南洋湘系和北洋淮系南北提衡。但李
鸿章七旬在望，刘坤一亦年过花甲，故北洋淮系和南洋湘系都面
临培养接班人问题。

淮系一边，台湾巡抚刘铭传于光绪十七年三月二十四日因病
解职。两广总督李瀚章和四川总督刘秉璋虽居要职，但前者年事

---

①　石泉：《甲午战争前后之晚清政局》，第237—257页。

②　比如戊戌维新之初，用荣禄替换王文韶出任直隶总督。戊戌政变后，又调荣禄入
军机，而以军机大臣裕禄督直。庚子事变发生后，清廷又调李鸿章为直隶总督。江督刘坤
一对戊戌政变后的废立之谋颇有抵制，己亥建储前后，被参甚重，一度岌岌可危，但随后
在庚子事变中领导东南互保。

③　马忠文老师的近著（《荣禄与晚清政局》，第153—161页）最值得关注。马老师另
将相关文稿、想法和资料毫无保留地分享给我，本节即接着马老师的论述展开。敬致谢忱！

已高，后者不断乞退。李鸿章属意的衣钵传人殆为其婿张佩纶。[①]
然而张佩纶不仅身负中法马尾海战惨败之罪，而且官场仇家甚
多，朝局非有重大改变，不易复起。且直隶人张佩纶也不可能接
任直隶总督，更可能是以帮办北洋的名义掌控淮系。光绪十八年
（1892）六月，夫人赵小莲离世后，李鸿章心情黯淡，精神委顿。
张佩纶说："北洋已是残局，竟难悬定所代为何人"，对淮系前途
忧心忡忡。[②] 当时，在驻日公使、李鸿章之子李经方手下做领事
的郑孝胥，也和朋友盘算着北洋局面。他说："万一合肥（李鸿
章）薨，继者何人？必粤督瀚章，否则王文韶，亦老督抚而尝入
总理（衙门）者。若使恭亲王亲驻天津，择总理（衙门大臣）一
人佐之，起刘铭传统水陆，而以刘锦棠帅五六万人屯吉林，则虽
无合肥，势犹一振也；不然，亦可忧矣哉。"[③] 郑孝胥的着眼点在
于国防和外交，这正是北洋的核心要务。同时，他也观察到淮军
兵力不足，需要湘军北援。

---

　　① 高阳（《同光大老》，第21—22页）敏锐地洞察了这一点，可惜没有切实佐证。
新近出版的李鸿章致刘秉璋密信反映了这一内情。光绪十五年初，李鸿章说："公务烦猥，
犹能自理。其关系重要者，间与幼樵（张佩纶）商榷，渠尚逊谢不居。其才识文笔固超
越流辈，但恐一蹶不起。以云衣钵，尚未定何人能传耳。"（《李鸿章致刘秉璋》（光绪十
五年正月初九日），刘声木编录、刘园生点注《李文忠公尺牍》，《历史文献》第21辑，
第29页）。李鸿章之所以"辩解"，必系刘秉璋等人已看出端倪，提及李鸿章欲传衣钵于
张佩纶。不久，李鸿章说，来自军机大臣许庚身的消息，朝廷要留刘秉璋为北洋替人，劝
其勿萌退志。（《李鸿章致刘秉璋》（光绪十五年六月二十三日），刘声木编录、刘园生点
注：《李文忠公尺牍》，《历史文献》21辑，第26页。整理者系于光绪十四年，小误）。这
不会全真，但也不会全虚。

　　② 《张佩纶致朱潴》（光绪十八年闰六月二十七日），《张佩纶家藏信札》第6册，
第3122页。

　　③ 劳祖德整理：《郑孝胥日记》第1册，光绪十八年六月十九日，中华书局1993年
版，第299页。

　　湘系一边，刘坤一也感慨继起无人，勉强搜罗，则文官聂缉椝（仲芳，曾国藩之婿）、刘麒祥（康侯，刘蓉之子）、王诗正（莼农，王鑫之子），武官则刘光才（华轩）、杨金龙（镜岩）、何明亮（采臣）、张春元，"可作后劲"。① 其实，尽管曾国荃、彭玉麟、杨岳斌、曾纪泽已经离世，但杨昌濬、谭钟麟、刘锦棠、谭继洵几位封疆大吏尚存，陈湜、魏光焘、王之春、汤聘珍、汤寿铭、龙锡庆、唐树森、游智开、李兴锐诸位监司大员亦在，湘系毕竟人多势众。且刘坤一比李鸿章年轻一些，居家调养十载，接班问题相较淮系稍好。

　　在湘、淮之外，湖广总督张之洞由清流而洋务而新学，声望日隆。② 光绪十六年（1890）以后，不时传出张之洞进京入枢或继任江督的消息。③ 光绪十九年（1893），大理寺卿徐致祥在参劾张之洞的著名奏疏中，讽刺张之洞以湖广地小不足回旋。徐一士就解释为张之洞意在"三省钧衡"之江督一席。④ 李细珠先生形象地称张之洞是当然的"刘坤一候补"，亦即"候补江督"。⑤ 光绪十九年末许庚身去世后，汪大燮就认为张之洞继任军机大臣是国家之福。⑥ 此

① 《复杨镜岩军门》（光绪十七年十一月十五日），《刘坤一遗集》第 4 册，第 1997 页。

② 详参陆胤：《政教存续与文教转型：近代学术史上的张之洞学人圈》，北京大学出版社 2015 年版，第 44—77 页。

③ 《致蔡毅若观察书》（光绪十六年），陈铮编：《黄遵宪全集》上册，第 342 页。张之洞心腹王秉恩在光绪十六年也对张之洞说："朝廷重念海疆，我师非再涖南服（两广总督），亦必近指金陵（两江总督），斯固人人意计之事。"《王秉恩等函稿》，中国社会科学院近代史研究所藏，甲 315。

④ 徐凌霄、徐一士：《凌霄一士随笔》，徐泽昱编辑，刘悦斌、韩策校订，中华书局 2018 年版，第 53—54 页。

⑤ 李细珠：《张之洞与清末新政研究》，上海书店出版社 2003 年版，第 49 页。

⑥ 《汪大燮致汪康年》，《汪康年师友书札》第 1 册，上海古籍出版社 1986 年版，第 643 页。当然，张之洞如入枢，其族兄张之万因回避原则，或需退出枢垣。

外，前军机大臣、现任云贵总督王文韶资历深厚，才能突出。[①]
他有总理衙门大臣廖寿恒、领班军机章京金保泰等人为内线。[②]
王懿荣在光绪十九年给张佩纶的密信中也说："此刻朝党则仍以
夔党（王文韶党）为固为盛，中外星罗棋布。"[③] 当年，深受光绪
皇帝信任的文廷式也观察到，近日军机处于张之洞和王文韶两处
"公事多所驳斥"。盖因王文韶"曾任枢臣"，张之洞"亦有秉钧
之望"，军机大臣"防其内召，故预抑之"。[④] 因此，甲午战争之
前，张之洞已是军机大臣和南洋大臣的有力候选，而王文韶更是
军机大臣和南洋大臣、北洋大臣的潜在替人。

（二）马关议和前江督和直督的变动

甲午战争爆发后，两江总督、直隶总督及军机处在战局的冲
击下都经历了重大变动。早在甲午年（1894）六月初六日，张謇
就向翁同龢建议，如果李鸿章"驻扎威海，居中调度策应"，宜
用湘人谭钟麟署理直督，以分淮势。[⑤]七月初三日，翰林院编修丁
立钧也建议李鸿章亲率大军驻扎威海，调刘锦棠募湘军三十营来

[①] 文廷式就说："人以为近来枢臣之有才者"，尚推王文韶。汪叔子编：《文廷式
集·志林》第 3 册，第 1043 页。

[②] 廖寿丰、廖寿恒兄弟是王文韶的外甥。从《王文韶日记》看，浙江同乡金保泰在
军机处频繁给王文韶通消息。

[③] 《王懿荣致张佩纶》（光绪十九年二月二十一日），《张佩纶家藏信札》第 13 册，
第 7567 页。

[④] 《文廷式集·知过轩谭屑》第 3 册，第 1081 页。

[⑤] 《张謇致翁同龢密信》（光绪二十年六月初六日），戚其章主编：《中国近代史资
料丛刊续编·中日战争》第 6 册，中华书局 1996 年版，第 446 页。又，翁、张私下互动，
希望替换李鸿章的情况，参见《翁张交谊与晚清政局》，《章开沅文集》第 2 卷，华中师
范大学出版社 2015 年版，第 200—203 页。

天津拱卫京师，即使军事偶有不利，亦不致震动大局。且事定后，淮军驻扎朝鲜，"湘军留防北洋，以济湘淮之平，革偏重之势"。随后，刘锦棠病逝，湖南巡抚吴大澂及湘军大将陈湜、魏光焘纷纷奉令募勇北上。①

迨八月下旬，淮军和北洋海军分别在平壤和黄海作战失利，北方形势骤然紧张，军机大臣和李鸿章颇受指责。张之洞和王文韶入京的呼声因之大起。九月初一日，在光绪、翁同龢、李鸿藻，以及南书房、上书房、翰詹科道官员的密集运作下，经太后勉强同意，赋闲十载的恭亲王终于起用。② 初五日，王文韶随之

① 石泉：《甲午战争前后之晚清政局》，第95—97页。

② 参见石泉：《甲午战争前后之晚清政局》，第119—122页。宝成关：《奕䜣慈禧政争记》，吉林文史出版社1990年版，第355—357页。戚其章：《甲午战争国际关系史》，人民出版社1994年版，第263—265页。林文仁：《派系分合与晚清政治：以"帝后党争"为中心的探讨》，中国社会科学出版社2005年版，第201—205、210页。吉辰：《昂贵的和平：中日马关议和研究》，生活·读书·新知三联书店2014年版，第21—22页。马忠文：《荣禄与晚清政局》，第132—133页。按：八月二十八日下午，两宫召见翁同龢与李鸿藻，二人"合词吁请派恭亲王差使，上执意不回，虽不甚怒，而词气决绝，凡数十言，皆如水沃石。"（《翁同龢日记》）。石泉和多数学者都指此处"上"为太后。但戚其章称："当时在场的慈禧不明确表态，光绪也不敢表示同意，佯作'执意不回……'，意谓"上"指光绪。林文仁亦然，且认为光绪"作姿态与慈禧"。吉辰近来认为："'上'只能指代皇帝，翁同龢在日记里对慈禧的称谓一直是皇太后、慈圣、东朝之类，笔下决不会如此违背礼法。""光绪如此表态，是深知慈禧猜忌恭亲王，因而故作姿态。"我感觉此处"上"仍应指太后。理由有三：其一，《翁同龢日记》中的"上"常指光绪，但也不时用"上"指代慈禧（光绪九年九月初九日，十年二月二十一日、六月初一至初二日、六月初七日、六月十八日、六月二十日，十一年三月十九日，十二年六月二十一日）。其二，此时光绪和翁同龢等人运作恭王出山的动静甚大，绝瞒不过慈禧，故光绪似也不至于如此"故作姿态"，明示太后以"虚伪"。其三，因为光绪早朝可以召见大臣，故下午两宫召见大臣时，主要是太后和大臣交流。因此，有太后在座，似也轮不到光绪执意不回、词气决绝，跟大臣对话数十言。不过，吉辰正确地指出："深谙权术的慈禧眼见恭亲王重出的呼声甚高，也索性顺水推舟"，先后派军机大臣和李莲英登门请恭王，"令起用恭亲王一事完全像是她的恩惠"。我觉得，太后一开始确实强烈反对恭王出山，但在不易阻止的情况下，也只好尽量做成是她的意思。她明确反对翁同龢和李鸿藻的提议，其因在此；趁翁同龢赴天津之机，派枢臣和李莲英去请恭王，其因亦在此。

奉召迅速来京。同时，在直隶官绅的积极推动下，翰林院编修徐世昌"请召张之洞咨询大计"一折，由翰林院掌院学士徐桐和麟书在九月初十日代奏，当日张之洞也奉旨入京。[①] 一向重视张之洞的徐桐和徐世昌、阎志廉等众多直隶京官，以及唐景崇等一批朝臣对张之洞都极为期待。

有意思的是，九月初十日奉诏后，张之洞却迟迟不行，以至于十月初四日电旨催其迅速北上。然而，出人意料的是，次日又电令刘坤一来京陛见，张之洞署理江督，迅赴江宁，毋庸来京。原来，九月底，在辽沈告急、京师亦危的情形下，[②] 朝局发生重大变动。十月初四日，慈禧与高层商量对策，孙毓汶主张各国调停，翁同龢则明确反对。庆王力陈恭王宜令督办军务，太后允之。于是，初五日设督办军务处，以恭王为督办，庆王帮办，翁同龢、李鸿藻、荣禄、长麟会办。这样军事指挥就绕开了旧军机。正是在同一日，刘坤一入京陛见、张之洞署理江督的新命颁下。可见这几项决策是一起做出的。十月初六日，翁同龢、李鸿藻、刚毅入直军机处；十九日，额勒和布、张之万退出，翁同龢班次进至第二，仅在领班军机大臣礼亲王之下。枢垣也大为改组。[③]

---

① 吴思鸥、孙宝铭整理：《徐世昌日记》第21册，北京人民出版社2015年版，第10237页。唐景崧、王秉恩也都预贺张之洞入枢秉政。参见吉辰：《昂贵的和平：中日马关议和研究》，第33—35页。

② 九月下旬宋庆毅军战败，鸭绿江防崩溃，辽沈危急。同时，日人也在大连湾的花园口登陆。十月初一日，唐仁廉对翁同龢说："奉天不守矣，此间亦可危，宜图长安居"。初三日，翁同龢向光绪力陈京师"危殆情形，请勿再迟"。《翁同龢日记》第6卷，第2789页。

③ 《翁同龢日记》第6卷，第2790—2791、2795—2796页。石泉：《甲午战争前后之晚清政局》，第122页。

与此前观望不同，张之洞很乐意出任江督，计划十月初八日即行。当时的湖北官员就说："香公（张之洞）初承内召，正极彷徨。及移两江，欣然而往。私计得矣，其如国事何？"[1] 张之洞的心腹梁鼎芬则劝他莫急。梁氏说："彭城（刘坤一）虽无经手事件，计亦须一旬方可北上。此诣江宁甚近。初八之议必改。"一则十月初十日正值太后六旬万寿庆节，"可以领班遥祝"；再则近来筹划的是北上，结果却变为东下，所谓"此回局面、心事，一月内打算尽殊"，故需要重新"硕画"一番。[2] 然而，张之洞不仅不待十月初十日在武昌领班祝嘏，甚至也不参加十二日其子张仁颋娶吴大澂之女的婚礼，就于初八日起程东下，十一日行抵江宁。[3]

新发现的十月初六日梁鼎芬致张之洞密信，提供了张之洞方面对这一重大任命的即时反应。梁鼎芬认为，召刘坤一北上，命张之洞署理江督这一"大举动"，当早定于召王文韶入京之日。之所以"不先告南洋（刘坤一）者，既恐启李贼（李鸿章）之疑，又彼（刘坤一）无难了事件，易于成行也"。待至"湘营尽发，昨乃催促得复奏，知事了可行，今始揭晓。所以防李贼者甚密。不知何人手笔也"。意谓朝廷早有意让湘系领袖刘坤一北上。之所以召王文韶之后又续召张之洞入京，主要是用障眼法来防李鸿章和北洋淮系。梁鼎芬又预测，李鸿章既受光绪疑忌和朝臣排

---

① 《陈延益致陈豪》（甲午大雪后二日），仁和陈氏藏：《冬暄草堂师友牋存》，沈云龙主编：《近代中国史料丛刊》（283），台北：文海出版社1968年版，第378—379页。

② 《梁鼎芬致张之洞》（光绪二十年十月初六日），俞冰主编：《名家书札墨迹》第7册，线装书局2007年版，第183页。

③ 许同莘：《张文襄公年谱》，北京图书馆编：《北京图书馆藏珍本年谱丛刊》第173册，北京图书馆出版社1999年版，第746页。

挤，又受日军攻击，必不能安于直隶总督之位，但"颇憾彭城（刘坤一）非才"，张之洞"又为北人"，因回避而不能接替直督。① 尽管光绪和朝臣确实对李鸿章疑虑颇深，② 但梁鼎芬称朝廷此举全是为防北洋李鸿章，似过于"深文"。当然从随后的历史看，确是刘坤一、王文韶接管了李鸿章的军权和北洋权力。

同时，梁鼎芬对张之洞未能入枢亦不无惋惜。他说："此回移节（两江），外间众心翕然，未知公意如何？鼎芬则甚为天下惜也。公往两江则两江治，入政府则不徒两江治也。且如此局面，枢（军机处）不动，一切措置，岂尽由吾意哉。得（召）对必可尽陈得失（一切诏谕及调动各军——原注），大局乃有转机耳。吾谓恐有防公者以此沮之，至是真三人不得矣。"③ 梁鼎芬写信时，尚不知初六日军机处实已部分改组。

无独有偶，如此结果自然令极力运动张之洞入京的直隶官绅大失所望。他们认为，此时只有张之洞入京才能挽救局势。十月初九日，李鸿藻进士同年陶云升之子陶喆甡（天津举人）给徐世昌的密信，就充分表达了他们的心声。④ 他说："前者香帅内召，朝廷本有内用之意，今忽如此布置，此必有以誉为毁以阴行其谗间之谋者。时事岌岌而用人行政颠倒错乱若此，大事将不可为

---

① 《梁鼎芬致张之洞》（光绪二十年十月初六日），俞冰主编：《名家书札墨迹》第7册，第185—187页。

② 石泉：《甲午战争前后之晚清政局》，第112、151—154页。

③ 《梁鼎芬致张之洞》（光绪二十年十月初六日），俞冰主编：《名家书札墨迹》第7册，第184页。

④ 陶喆甡字仲明，天津人，光绪癸巳科（1893）顺天乡试举人。参见李宗侗、刘凤翰：《李鸿藻年谱》，中华书局2014年版，第504页。陶云升，字晴初，咸丰壬子科（1852）李鸿藻同榜进士，系陶孟和祖父。李鸿藻和陶云升均为姚玉农的外甥。参见徐士銮（沅青）著、张守谦点校：《敬乡笔述》，天津古籍出版社1986年版，第73页。

矣。恭邸虽新奉督办（军务处）之命，而帮办诸君谁果可恃者。
香帅纵不能置之政府，亦当委以（督办军务处）会办之任，而以
闲散置之，不大可惜乎？张之与李、刘，其优劣非一二语所能
尽，张之才能任大事，亦非千万语所能尽。然今日形势非香帅无
以挽回大局。此人之用不用，我国家兴衰成败之所系也。今日之
势，置之两江与不用同。"因而敦劝徐世昌继续上奏挽回。[①]

梁鼎芬和陶喆甡均推断高层有暗阻张之洞者。这大抵不差，
如旧枢孙毓汶、新枢翁同龢对张之洞都有意见。但张之洞之所以
未能入京，或许还有以下几层原因：其一，张之洞是直隶人，由
于回避原则，不能像王文韶那样可以顺理成章地接任直隶总督。
其二，张之洞毕竟没有带兵打过仗，不能像刘坤一那样可以众望
所归地领兵督师。其三，更重要的是，慈禧认为张之洞书生"办
事多一己情愿"，骨子里并不欣赏他，而高层诸公亦不甚满意
他。[②] 十月初三日，深受光绪信任、了解内情的文廷式就说：张
之洞来京，"以徐世昌一奏而发，实则并无实在信（位？）置之
处"。[③] 说的正是这个情势。此外，当年中法战争期间，张之洞署
理两广总督，为前线筹饷运械，不遗余力，能见其长。此时北洋
是前线，南洋为北洋办后勤，亦是类似情形。故朝廷这一处置也
颇有人尽其才之意，似无可厚非。

刘坤一北上、张之洞东下，立即让人们觉得刘坤一是来接替

---

① 《陶喆甡致徐世昌函》（光绪二十年十月初九日），天津市历史博物馆馆藏：《北
洋军阀史料·徐世昌卷》（1），天津古籍出版社 1996 年版，第 19—21 页。

② 《悟（唐景崇）致张曾敭》（光绪二十一年二月二十七日），《张曾敭档·二》，虞
和平主编：《近代史所藏清代名人稿本抄本》第 1 辑第 90 册，第 283 页。

③ 《致于式枚》（光绪二十年十月初三日），《文廷式集》第 2 册，第 987 页。

李鸿章的。当时在张之洞身边的杨锐就说：刘坤一"兼督湘淮诸军，将来或代直督"。① 陶喆甡对此大为不满，认为有三可虑：其一，刘坤一"近二年来于交涉事件隐忍含胡，各国皆藐视之。上海制造各局亦不能实力整顿，西人啧有烦言。是刘于南洋已不胜其任，况北洋乎？"其二，"临敌易帅，兵家所忌"。李鸿章"前此之贻误，固不得为无罪。然环顾目前，实未有彼善于此者。……一旦易之，适中敌人之计，北洋无安枕之日矣"。其三，湖北所立铁厂，所出枪械，皆系近日新式，现在全国所恃者仅此。张之洞于此中利弊得失知之最深，若"使他人代之，必致前功尽弃"。②

不过，调刘坤一北上主要是翁同龢等主战派的意见。③ 李鸿章有慈禧维护，刘坤一未必能接北洋。十一月初二日，太后召见清廷高层，虽斥李鸿章贻误，"而深虑淮军难驭，以为暂不可动"，礼王、李鸿藻"颇赞此论"。④ 汪大燮估计李鸿章"恐必不动"，刘坤一则"不知作何位置"。⑤ 袁昶亦认为"西平（李鸿章）根柢蟠深，沛公（刘坤一）未必遂接西平。西平亦决不让人受代"。况且刘坤一"精神气魄全无"，其衰荼更不如李鸿章，竟花重币召一湘人谭姓的术士相随，"可知其暮气"。⑥ 十一月二十

① 《杨锐致汪康年》（光绪二十年十月），上海图书馆编：《汪康年师友书札》第3册，上海古籍出版社1987年版，第2406页。

② 《陶喆甡致徐世昌》（光绪二十年十月初九日），《北洋军阀史料·徐世昌卷》（1），第18—19页。

③ 石泉：《甲午战争前后之晚清政局》，第123—124页。

④ 《翁同龢日记》第6卷，第2799页。

⑤ 《汪大燮致汪康年》（光绪二十年十一月），《汪康年师友书札》第1册，第681页。

⑥ 《袁昶致袁敬孙》（光绪二十年十一月十三日），《清季名人手札·袁忠节公遗墨》，吴相湘主编：《中国史学丛书》（37），台湾学生书局1966年影印本，第733页。

五日，刘坤一到天津，与李鸿章晤面，据说"精神亦颇不振，论及时事，徒深浩叹而已"。①迨十二月初一日刘坤一到京，翁同龢即在日记中写道："与谈甚健，非如传者之弱也。"这反证当时不看好刘坤一者大有人在。②次日，刘坤一授钦差大臣，关内外防剿各军统归节制。果然，朝廷并未让刘坤一接任直隶总督和北洋大臣。缺少直督和北洋大权，地方自然呼应不灵。③再加上各支湘军多系临时杂凑而成，武器缺乏，训练不足，各军头也未必完全听刘坤一调遣。故刘坤一牢骚满腹，不愿出战。④

浙人汪大燮不仅将刘坤一的权力不足归咎于翁同龢的抑制，而且将王文韶和张之洞的未能入枢也归结于翁同龢的操纵，甚至推测王文韶将往南洋，而张之洞回任湖广。⑤这或许有浙江京官对江苏高官翁同龢的偏见在，未必符合内情。⑥实则在慈禧看来，刘坤一、王文韶和张之洞都不是能够放手任用以继续战争之人，只不过时局如此，诸人究胜他者，也不得不用。军机大臣李鸿藻在光绪二十一年初透露了慈禧的态度。他说："谈及战守诸君，内间（慈禧）未尝不明白，新宁（刘坤一）则曰每日洋药四十口，

①　《吴大衡致盛宣怀》（光绪二十年十一月二十六日），王尔敏、吴伦霓霞合编：《盛宣怀实业朋僚函稿》下册，台北："中研院"近代史研究所1997年版，第1769页。

②　《翁同龢日记》第6卷，第2808页。

③　当时，戴鸿慈、恩溥等人都奏请刘坤一接替北洋大臣，加重其权力。《左庶子戴鸿慈奏为倭情叵测请益加战备迅赴戎机折》（光绪二十年十二月十七日）《御史恩溥奏为筹辅和之策三条折》（光绪二十年十二月二十六日），《中日战争续编》第2册，第143—144、210—211页。

④　石泉：《甲午战争前后之晚清政局》，第173—176页。

⑤　《汪大燮致汪康年》（光绪二十年十二月二十四日），上海图书馆编：《汪康年师友书札》第1册，第683—684页。

⑥　浙江京官十四人在军机大臣徐用仪的支持下主张议和，参见吉辰：《甲午战争期间浙江京官上书恭亲王考》，《西部史学》第5辑（2020年12月）。

仁和（王文韶）则曰圆到不可靠，南皮（张之洞）则曰此固好人，但办事多一己情愿。有信来愿出息向都中诸巨室借款解江南用，此能行否。李鉴堂（李秉衡）退驻莱州，内间亦议其不善调度。"① 这反映出慈禧对时局的判断，亦即战争难以继续下去，需要尽快议和。

王文韶一开始确有入枢传闻。② 但大家对张荫桓、邵友濂议和不抱多大期望。张荫桓、邵友濂也无信心。③ 所以，李鸿章很可能终要接受议和重任。在此背景下，十二月二十六日王文韶到京后，旋充北洋帮办大臣，准备接替随时可能出外议和的李鸿章。这让先前预计王文韶将入军机的人们颇感意外。④ 其实，此前十月十五日已令湖北按察使陈宝箴升授直隶布政使，正月十二日陈氏到京请安。⑤ 陈宝箴既与刘坤一渊源颇深，随后负责湘军粮台；又是王文韶的旧属，曾受保举，关系密切。⑥ 故不论刘坤一和王文韶谁接北洋，陈宝箴都可以做得力助手。朝廷这些安排，显然都在为替换李鸿章做准备。十二月二十九日张佩纶不禁感慨："上（光绪）之疑合肥深矣，处此地位，诚亦进退维谷也。"⑦

---

① 《悟（唐景崇）致张曾敭》（光绪二十一年二月二十七日），《张曾敭档·2》，虞和平主编：《近代史所藏清代名人稿本抄本》第 1 辑第 90 册，第 282 页。

② 《汪大燮致汪康年》（光绪二十年十一月），《汪康年师友书札》第 1 册，第 681 页；谢海林整理：《张佩纶日记》下册，凤凰出版社 2015 年版，第 658 页。

③ 戚其章：《甲午战争史》，上海人民出版社 2014 年版，第 389 页；吉辰：《昂贵的和平：中日马关议和研究》，第 76—78 页。

④ 《杨锐致汪康年》（光绪二十一年正月初九日），《汪康年师友书札》第 3 册，第 2402 页。

⑤ 袁英光、胡逢祥整理：《王文韶日记》下册，中华书局 1989 年版，第 870 页。

⑥ 张求会：《陈寅恪家史》，东方出版社 2019 年版，第 98—99、108—110 页。

⑦ 《张佩纶日记》下册，第 667 页。

果然，光绪二十一年（1895）正月，议和专使张荫桓和邵友濂被拒，日本人暗示恭王或李鸿章方可。正月十二日，连翁同龢密友、总理衙门大臣汪鸣銮都主张让李鸿章全权议和。正月十八日，尽管光绪反对，但慈禧仍决定开复李鸿章一切处分，派其赴日议和。① 次日，李鸿章授为全权大臣，来京请训，以北洋帮办大臣王文韶署理直隶总督。至此，战时的江督和直督均已易人，只不过都是署理，并未定局。

（三）马关议和后李鸿章的"回任"难题

迨三月下旬《马关条约》签订后，李鸿章返抵天津，就产生了回任北洋的问题。由于彼时直隶总督和两江总督都是临时性的"署理"，所以此下的内政难题就是落实这两大要职。只有这样，国内政局才可渐归稳定，战后的实政改革也才便于推动落实。既往研究多注意甲午战争中的枢垣改组，亦即翁同龢、李鸿藻、刚毅和恭亲王在甲午年先后入枢，张之万、额勒和布则退出军机处，次年马关条约换约后，孙毓汶和徐用仪先后退出枢垣，以钱应溥补入。这是光绪十年（1884）甲申易枢后，清朝又一次政府改组，影响重大。② 与枢垣改组同时发生，且影响不亚于枢垣改组的直督和江督问题，争夺甚是激烈，反复较量近乎一年，还可进一步讨论。

四月初四日，王文韶奏请李鸿章即回本任。他称：

> 直隶总督拱卫畿疆，责任既重，而北洋大臣办理海防，实为北门锁钥。两月以来，无日不战兢惕厉，幸蒙随时指授

---

① 《翁同龢日记》第 6 卷，第 2821、2823 页。

② 石泉：《甲午战争前后之晚清政局》，第 246—248 页。马忠文：《荣禄与晚清政局》，第 156—158 页。

机宜，并有李鸿章成辙可循，得免隙越。此时大局将定，惩前毖后，首在北洋。且一切善后事宜，亦非资轻望浅之生手所能就理。现在李鸿章业已抵津，臣两次谒晤，见其伤痕平复，精神抖擞，实有过人之禀赋。①

王文韶所言直隶总督、北洋大臣责任重大，善后事宜尤为难办，自是实情。此奏既是给李鸿章一个交待，也是对最高层的试探。王文韶内心或许不无纠结，但他的得力助手、直隶布政使陈宝箴明确反对李鸿章回任。据说"李鸿章自日本使还，留天津，群谓且复总督任"。陈宝箴"愤不往见，曰：李公朝抵任，吾夕挂冠去矣"。陈宝箴之子陈三立甚至建议张之洞联合各督抚，力请先诛李鸿章，再图补救。② 四月初八日，朝官也纷纷参劾李鸿章，或请密召入京，不假事权，或请立予罢斥，甚至置诸典刑。③四月二十四日，御史王鹏运因外间传言李鸿章将回任北洋，其子李经方将帮办北洋，上奏极力反对，甚至称欲图自强应以诛李氏

---

① 《署直隶总督王文韶奏为臣力小任重请令李鸿章即回本任折》（光绪二十一年四月初四日），《中日战争续编》第 3 册，第 148 页。四月初四日奉朱批：李鸿章现因伤病未痊，赏假调理，王文韶现署督篆，责无旁贷。《光绪宣统两朝上谕档》第 21 册，第 106 页。

② 陈宝箴的理由是李鸿章"不当战而战"："勋旧大臣如李公，首当其难，极知不堪战，当投阙沥血自陈，争以死生去就，如是，十可八九回圣听。"黄濬：《花随人圣庵摭忆》上册，第 311—312 页。陈寅恪：《寒柳堂集》，生活·读书·新知三联书店 2001 年版，第 192—193、215—216 页。张求会：《陈寅恪家史》，第 112—118 页。陈三立的电报为四月十七日，黄濬系于五月十七日，张求会已订正。

③ 《翰林院侍读学士准良请饬廷臣会议李鸿章负国罪状折》《右庶子陈兆文奏议约垂成请召李鸿章入都仍其爵位勿复假以事权以防后患折》《户科掌印给事中洪良品请罢斥和议折》（均光绪二十一年四月初八日），邵循正等编《中国近代史资料丛刊·中日战争》（以下简称《中日战争》）第 4 册，新知识出版社 1956 年版，第 61—65 页。

父子始。①

然而，一些反对李鸿章回任的官员，也不看好王文韶主政北洋，令局面更为复杂。四月初九日，易顺鼎说王氏"威望干略尚未足以独任时艰"。② 五月初四日，朝内清流主战者丁立钧在翁同龢面前深诋王文韶"无能"，意欲李秉衡或刘坤一接任直隶总督。③ 初十日，余联沅等御史联衔奏称：李鸿章"一误万不可令其再误。王文韶附同诡随，亦断不能当此重寄。伏恳皇上于京外大臣中慎简公忠正直、晓畅军事之人，畀以斯任，责令选将练兵，次第兴办"。④ 这似乎也在暗示刘坤一接任北洋。

进言之，这时李鸿章的回任难题并不是单纯的人事问题，而是和畿辅、东北大量湘淮军的撤兵问题，进而与战后朝廷的北洋布局等问题紧密关联。只要畿辅、东北保留大股淮军，朝廷就颇有顾忌，李鸿章回任北洋就有重要筹码。反之，只要畿辅、东北保留大批湘军，刘坤一坐镇北洋的必要性和可能性也就大增。因此，李鸿章为谋求回任北洋，便极力鼓动刘坤一加紧裁撤湘军，尽快回镇两江，同时批评张之洞在江南任意纷更。他对刘坤一怂恿道：

> 朝右诸公未谙军旅，始事则张皇，事后又疑贰，本无定识，无可筹商。阃外之事，义当独断。执事帅府宏开，洞识

① 《江西道监察御史王鹏运奏李鸿章父子不可再假以事权折》（光绪二十年四月二十四日），《中日战争》第4册，第120—121页。

② 《河南候补道易顺鼎呈文》（光绪二十一年四月初九日），《中日战争续编》第3册，第258页。

③ 《翁同龢日记》第6卷，第2851页。

④ 《余联沅等奏为北洋大臣时艰任重请于京外大臣中慎简晓畅军事大员畀以斯任责令选将练兵事》（光绪二十一年五月初十日），中国第一历史档案馆藏：录副奏片，档号：03-6031-175。日期据《清代军机处随手登记档》第142册，第414页。

兵事，似应择其纪散者即行酌裁，不必仰候中旨，反误事机，但须量道路之远近，多给一两关饷以作川资耳。江南财赋浩穰，为饷源根本之地，岂可任意纷更，横加斫削（暗讽张之洞）。执事老成硕望，舆论同推，转瞬还镇，雍容敛福，正未有艾。①

饶有意味的是，刘坤一极力营求回任南洋，故也力主尽快裁撤湘军，他说"湘勇久役思归，留亦无益"。② 随后，刘坤一在给徐寿朋的私信中终于吐露了回任两江的心思。他说：

> 来函传述傅相（李鸿章）钧旨，嘱弟进京，毋请开缺。敢不承教，俟各军遣撤完毕，即行具陈。……今幸沿海解严，而弟在此不服水土，窃望朝廷体恤，早令南还。第张香帅（张之洞）正在励精图治，一时易置为难，是以避位让贤，为此开缺之请。亦自顾年力衰惫，不可不及早乞休。其实弟之不忘江南，与江南之不忘弟，正有同情耳。③

但是，如果辽东日军不撤，湘军也难以撤防，故刘坤一请李鸿章与日本公使商量尽快撤回日军，以便中国解严。④ 显然，李鸿章和刘坤一在裁军问题上意见虽同，动机则大异。此时为了各自目标，结成了"暂时联盟"。

同时，直隶总督人选又和两江总督人选一线相连，有如常山

---

① 《复钦差大臣两江总督部堂刘坤一》（光绪二十一年五月十八日），《李鸿章全集》第36册，第79页。

② 《致李中堂王制军》（光绪二十一年五月二十七日），《刘坤一遗集》第5册，第2156页。

③ 《复徐进斋》（光绪二十一年），《刘坤一遗集》第五册，第2164—2165页。

④ 《致李中堂》（光绪二十一闰五月初四日），《刘坤一遗集》第五册，第2157—2158页。

之蛇，首尾相应。李鸿章如回任直督，刘坤一和王文韶就需要重
新安置，张之洞江督之位就不稳固；相反，如刘坤一接任直督，
张之洞补授江督的可能性即大增。真似铜山西崩，洛钟东应。所
以，张之洞力劝刘坤一不可骤裁北方湘军。他说："管见湘军甚
多，似应分别办理，不宜骤然全撤。若遣散太骤，恐两湖长江未
能帖然。且其中精锐者遽裁，亦觉可惜。如今时势，内地恐不久
将有变乱，岂可无健将重兵数枝备缓急、维大局乎？已费两千余
万，似不在此百余万也。若内地不靖，所伤多矣。公统管兵符，
大局所关，荩筹必已虑及。此事实关南北各省利害。"刘坤一复
电则明确主张"淮自留北，湘自归南"，回任的意图甚明。①

　　反对李鸿章的满汉官绅与张之洞的声音相近，力主北洋多留
湘军，以使刘坤一难以回任。五月初十日，翰林院编修、直隶人
阎志廉认为，畿辅"尽罢湘、客各军，而独留淮军"，万不可行，
"李鸿章公然首倡斯议，明目张胆，背公营私"。请"将拟裁湘军
酌留数成，分屯津、沽、芦、榆一带"，淮军各营则"大加裁减，
即谓聂士成、章高元必应重用，亦不妨量移他处"，以绝淮系
"偏重之萌"，以杜李鸿章"专擅之渐"。②　不仅如此，协办大学

---

　　①　《致唐山刘钦差》（光绪二十一年闰五月初一日）《刘钦差来电》（光绪二十一年
闰五月初二日戌刻到），苑书义等主编：《张之洞全集》第8册，河北人民出版社1998年
版，第6454—6455页。

　　②　《阎志廉奏请饬下刘坤一王文韶等将拟裁湘军酌留分屯津沽芦榆一带淮军各营大
加裁减事》（光绪二十一年五月初十日），中国第一历史档案馆藏：录副奏折，档号：03-
5722-044。又，《翁同龢日记》五月十一日云："内侍传恭亲王及余入见养心殿（设两垫
鳞次），以徐桐折命阅。盖弹章也，语甚长，不敢记。二刻出，即往小屋待。再见于乾清
宫，三刻退。封奏五（徐桐一件未下）。"次日云："昨未发之件今日发下，无说，封于军
机堂上。"徐桐此折在《军机处随手登记档》无记录，揆诸随后他参劾李鸿章的折子多有
记录，此折或系弹劾正在请假的军机大臣孙毓汶。

士、翰林院掌院学士徐桐及会章、准良、信恪等一批京官更希望釜底抽薪，径直罢黜李鸿章。① 五月二十六日，徐桐一则奏请北洋另简贤能，痛斥李鸿章养淮军三十年，费国帑一万万两以外，积弊甚深，一败涂地。再则请将直隶总督和北洋大臣分为两缺，"于督抚中择其清正廉毅、办事结实可靠者，俾督直隶，仍驻保定，专管地方应办事宜。另简久历兵事，熟悉夷情之大臣，畀以北洋重寄，总统师旅，筹办海防，并责令于关内外各军统归稽察"。如此"吏治、军政各有专司，自无虑互相牵制，而职任既分，事权不至太盛，可免外重内轻之弊"，亦弭患之一端。② 督抚中清正廉毅、办事结实可靠者，似指李秉衡；久历兵事、熟悉夷情之大臣，似即指刘坤一。

果如言者所料，闰五月初三日，刘坤一与李鸿章、王文韶合奏，主留淮军聂士成等负责北洋防务，以胡燏棻所练定武军及炮队等为北洋大臣亲兵，而将湘军"一律全裁，各用轮船送回原省"。③ 该方案显然符合李鸿章和刘坤一的意愿，也照顾了王文韶的处境。翌日，李鸿章奏请力疾销假，明显希冀回任。但初七日仅奉旨"知道了"，显示最高层并不支持其立即回任。④

---

① 《宗室会章等奏请饬李鸿章开缺回籍另简北洋大臣悉心妥办折》（光绪二十一年五月初十日），《中日战争续编》第 3 册，第 394—395 页。

② 《徐桐奏为拔本塞源认真整顿兵饷事宜敬陈管见事》（光绪二十一年五月二十六日），中国第一历史档案馆藏：录副奏折，档号：03-5757-027。

③ 《裁并关津防营折》（光绪二十一年闰五月初三日），《刘坤一集》第 2 册，陈代湘校点，岳麓书社 2018 年版，第 380—382 页。

④ 《大学士李鸿章奏为假期已满力疾销假折》（光绪二十一年闰五月初四日），《中日战争续编》第 3 册，第 435—436 页。

与此同时，刘坤一和李鸿章的如意算盘，立即遭到京官的群体攻击。闰五月初八日，余联沅奏称诸军不可遽撤，淮军不可独留，湘、淮、毅三军应该并用。[①] 同日，王鹏运称此事"由李鸿章主持，王文韶赞成，刘坤一依违其间"。[②] 初九日，戴鸿慈更是直斥李鸿章"欲长保威权，结援外国，剪除异己，挟制朝廷，非复得直督、北洋之任不可。欲得直督、北洋之任，非先留淮军分布要隘以自卫自固不可。欲得淮军分据要地，非尽去各省精悍可用不能同己之军，以一事权而免牵制不可"。故亦主张酌留"湘、淮、黔、豫诸军"。[③] 同日，麟书、徐桐代奏编修丁立钧的呈文，严词批评刘坤一和李鸿章。他说：

> 夫淮军即良，断无所部十三军无一军不当留之理；湘军即劣，亦断无所部十四军无一军不应撤之理。李鸿章以淮人而专倚淮军为自重之地，固无忌惮之尤。刘坤一以湘人而故黜湘军，以自示远嫌，亦岂为公之道。如以南人不服水土，则湘固南人，淮亦南人，不耐风霜并无区别……且疏中于奉、豫两军优劣烛照数计，而独于湘将则一概不置品题，于淮将则推誉惟恐不至。此非显然世故之谈乎？在刘坤一天性退让，又迫于李鸿章之凶威，尊淮军而绌湘军，委曲调停，军中积习大都如此。惟是朝廷用人行政一秉大公，满、汉尚

---

① 《吏科给事中余联沅奏诸军不可遽撤淮军不可独留折》（光绪二十一年闰五月初八日），《中日战争续编》第 3 册，第 442—443 页。

② 《江西道监察御史王鹏运奏撤兵关系全局请并留各军以杜奸谋折》（光绪二十一年闰五月初八日），《中日战争》第 4 册，第 168—169 页。

③ 《左庶子戴鸿慈奏请饬刘王二大臣详议妥筹各军应留强汰弱折》（光绪二十一年闰五月初九日），《中日战争续编》第 3 册，第 444—445 页。

且不分，岂湘、淮而有歧视？……湘、淮、豫、甘、奉五大
枝，请各择统帅而均隶于督办处。①

更重要的是，最高层也不同意他们的裁军方案。闰五月十三日，
督办军务处复奏，主张淮、湘、毅三军各留三十营，以聂士成、
魏光焘和宋庆分任总统，分别驻扎津沽、山海关和锦州。此外各
炮台守兵和北洋亲军汰弱留强，仍归北洋大臣调遣。② 这大抵由
翁同龢主稿，荣禄做了修订。③ 如此，北洋海防成淮、湘、毅三
足鼎立之势。

耐人寻味的是，刘坤一的盟友荣禄这时劝他"勿遽求退"，
也以直隶总督做试探，但遭到刘坤一坚决反对。闰五月十七日，
刘坤一密函荣禄云：

> 或谓北洋之事，出于有意，未免深文。但老年志荒，而
> 不知止足，以致公私交困，其将何以自解？时局至此，讵可
> 由弟再坏？我公不为交情计，独不为世道计耶？弟于朝贵，
> 素鲜声援，所恃以无恐者，圣明在上，王（礼王）在军机
> 处，公在督办处，得以通诚，冀蒙体恤。拟俟防军裁留就
> 绪，重申前请。倘我公不能为地，朝廷强以所难，唯有抵死
> 固辞，甘受大戮，必不敢贸贸然为之，致如今日之合肥（李
> 鸿章）受人唾骂，昔日之湘阴（左宗棠）受人揶揄，自辱辱

---

① 《麟书、徐桐代递丁立钧裁军应汰弱留强并拟办法八条折》（光绪二十一年闰五月
初九日），《中日战争续编》第 3 册，第 445—446 页。

② 《德宗实录》，光绪二十一年闰五月十三日乙巳，《清实录》第 56 册，中华书局
1987 年影印本，第 824 页。

③ 石泉：《甲午战争前后之晚清政局》，第 240—241 页。马忠文：《荣禄与晚清政
局》，第 183 页。

君，并以辱友。公知弟者，得以尽言，幸勿责其过激。①

随后，刘坤一于闰五月二十四日用以退为进之策，再请开缺。他一方面想回任，毕竟江南是其老巢，且是财赋舒适之区；另一方面也不愿入北洋漩涡，一则得罪李鸿章和王文韶，再则湘、淮、毅三军鼎立，又离京城太近，实在措置不易。此外，荣禄在督办军务处不仅批评李鸿章北洋淮军误国，而且强烈反对翁同龢用汉纳根练兵，认为这是将兵柄送给外人。② 或许刘坤一从中也窥出了荣禄欲掌握畿辅兵权的隐情，故更不愿意留在北洋。

李鸿章对刘坤一的心思了然于胸，所以加紧活动。闰五月二十一日，王文韶就透露李鸿章很快回任。③ 然而，反对者也集中开火。闰五月二十二日，御史洪良品等联衔参劾徐用仪，说他欲使孙毓汶销假、李鸿章回任。④ 中日换约后，孙毓汶自四月十九日请假，五月初四日和闰五月初四先后续假一月之后，于六月初五日终于开缺。⑤ 一般认为是光绪和恭王、翁同龢、李鸿藻等卷土重来的旧枢都反对他，慈禧也无意挽留。⑥ 亦有说法是孙毓汶

---

① 《致荣中堂》（光绪二十一年闰五月十七日），《刘坤一遗集》第 5 册，第 2159 页。马忠文：《荣禄与晚清政局》，第 158—159 页。

② 《荣禄致鹿传霖便条》（光绪二十年十一月初三日），《中日战争》第 4 册，第 576 页。

③ 《唐赞衮致瞿鸿禨》（光绪二十一年闰五月二十一日），黄曙辉编：《瞿鸿禨亲友书札》第 1 册，复旦大学出版社 2021 年版，第 210—211 页。

④ 《户科给事中洪良品等奏陈枢臣徐用仪等误国营私请立即罢斥折》（光绪二十一年闰五月二十二日），《中日战争续编》第 3 册，第 469—470 页。

⑤ 茅海建：《从甲午到戊戌：康有为〈我史〉鉴注》，生活·读书·新知三联书店2009 年版，第 83—84 页。

⑥ 石泉：《甲午战争前后之晚清政局》，第 246 页。林文仁：《派系分合与晚清政治（1885—1898）》，第 301—305、317—318 页。林文仁认为慈禧此时不维护孙毓汶和徐用仪，乃是欲让其承担主和责任，行后党"弃车保帅"策略。

处在太后和皇帝危疑之间，素以李德裕和张居正自命的他，坐待和议成而求退；既贯彻了自身主张，也承担了责任。① 但也有消息称：孙毓汶"两腿皆不仁，只得开缺，并非恬退"；李鸿章则"觊觎回任"，已将眷属接至天津，但"中朝装糊涂，大约须其自退"。②

七月初八日李鸿章到京之前，大批京官递折，阻其回任。初五日，余联沅奏请将李鸿章量移云贵总督。③ 即是与王文韶对调。同日，麟书、徐桐代奏直隶京官李桂林等十三人的联衔奏折，称李鸿章必不可回任。④ 屠寄则认为李鸿章"诚可去"，继任者"未得其人也"，感慨像张之洞这样的人才太少。⑤ 七月初九日，麟书、徐桐代奏丁立钧等京官六十八人呈文，称李鸿章必当速行罢斥，"倘内而枢译要地，外而海疆重寄，再用此衰庸贪诈之鄙夫，则时局愈不可问矣"。⑥ 阵势之大和用词之严都前所罕见，势不达

---

① 宋育仁《前感旧诗》（《国学月刊》1924 年第 16 期，第 64 页）咏孙毓汶有云："自许江陵业未终，盖棺功过论何从。欲留强饭他年社，早悟楼尘访赤松。"诗注曰："公初柄政，洎处两宫危疑间，遂引疾。孝钦太后再训政，欲复柄用，卒告疾不起。俄终。"陈衍（《石遗室诗话》卷 7）则谓："济宁（孙毓汶）刚悍，素以李赞皇（李德裕）、张江陵（张居正）自命，坐待和议成而即去，非徒为处两宫间危疑也。故再训政后，孝钦数遣内侍视疾，传谕使出，终不奉诏。"

② 《屠寄致缪荃孙》（光绪二十一年六月十二日），钱伯城、郭群一整理，顾廷龙校阅《艺风堂友朋书札》下册，第 617 页。

③ 《吏科给事中余联沅奏李鸿章不宜回任北洋大臣请量移边远以杀权势折》（光绪二十一年七月初五日），《中日战争续编》第 3 册，第 535—536 页。

④ 《麟书、徐桐代奏李桂林等为地方大局呈奏办法折》（光绪二十一年七月初五日），《中日战争续编》第 3 册，第 532—535 页。

⑤ 《屠寄致缪荃孙》（光绪二十一年七月初六日），《艺风堂友朋书札》下册，第 619 页。

⑥ 《编修丁立钧等呈文》（光绪二十一年七月初九日），《中日战争续编》第 3 册，第 542—545 页。

目的不止。

终于，在朝臣的轮番攻击下，李鸿章回任落空；七月初九日王文韶实授直隶总督兼北洋大臣。应该说，李鸿章希冀回任，遭到多方面反对。表面大肆攻击者是上自协办大学士徐桐，下至直隶官绅和翰詹科道群体，实则高层中光绪和翁同龢固然反对李鸿章，慈禧、恭王和荣禄也不那么支持，所谓"中朝装糊涂"。

这时，荣禄在督办军务处负责编练新军。慈禧、恭王大抵希望借此将畿辅兵权掌握在满人手中，荣禄也跃跃欲试。他不仅批评李鸿章和孙毓汶误国，也批评翁同龢狡奸成性，误国之处与李鸿章可以并论，几乎将汉人最有权势者一概骂倒。① 因此，最高层既不同意淮系李鸿章回任，也不甚愿意湘系刘坤一接任直督，最终选择擅长交涉和理财的王文韶掌管北洋。

李鸿章在中外各方的挤压下大为失势，当了未管部的空头大学士。七月十九日，张佩纶说："傅相所留一席（大学士），众所垂涎，亟思退避，大约倭约定后，不乞身亦当迫夺（首相不兼部，一月不过值日起早，并无坐处——原注），真是危险之境。"② 果然，七月二十七日，徐桐再参李鸿章及盛宣怀，声称"李鸿章时与外夷往来酬酢"，难保不结为声援；且"素所信用之人久据析津，恃有李鸿章尚在朝中，必将多方煽惑，使王文韶被其牵掣，不得有所作为"。故应将李鸿章放归田里，则"王文韶委任既专，无从推卸，庶可竟其设施，力挽积习而不为浮议所摇"。③

---

① 《荣禄致鹿传霖便条》（光绪二十年十一月初三日），《中日战争》第4册，第576页。

② 《张佩纶致宗得福姊丈》（光绪二十一年七月十九日），《张佩纶家藏信札》第5册，第2370页。此函《涧于集》亦收，但有删节。

③ 《徐桐奏误国大臣李鸿章已荷优容请旨特令回籍事》（光绪二十一年七月二十七日），中国第一历史档案馆藏：录副奏折，档号：03-5328-055。

军机章京郑炳麟立即向盛宣怀密报此情。对于徐桐的弹章，恭亲王"深以为不然"，故参折留中。①

吴永在《庚子西狩丛谈》中说，袁世凯曾替翁同龢做说客劝李鸿章退归林下，以便翁同龢递升协办大学士。② 张佩纶也说李鸿章的大学士一席为众所垂涎，故协办大学士徐桐此奏不仅见识不高，可能也有私心。慈禧和恭王虽不让李鸿章回任直督，但仍需借重李鸿章的经验和才能，尤其是外交还离不开他，故对徐桐的攻击不以为然。十二月初，李鸿章在家书中故作姿态地说：议约事就绪，拟步张之万与额勒和布之后尘求退，但"未知慈圣能放归否"。③ 确实，太后和恭王对李鸿章在外交方面的依赖并非虚言，十二月二十七日就派其出使俄国，历聘欧美，展开新一轮的外交活动。

（四）甲午战后刘坤一和张之洞的江督之争

直隶总督兼北洋大臣尘埃落定后，江督问题就成为朝野关注的焦点。张佩纶在七月十九日估计，王文韶已得直督，张之洞当有望补授江督，所谓"一夔（王文韶）已北，南将得南"。④ 不

---

① 《郑炳麟致盛宣怀》（光绪二十一年七月二十八），香港中文大学藏盛宣怀档案，档号：sxh50-0008。原档整理系于光绪二十三年，小误。

② 吴永口述、刘治襄笔述，李益波整理：《庚子西狩丛谈》，中华书局2009年版，第128页。

③ 《致李经璹》（光绪二十一年十二月初二日），《李鸿章全集》第36册，第58页。整理者系于光绪二十年，小误。

④ 《张佩纶致宗得福姊丈》（光绪二十一年七月十九日），《张佩纶家藏信札》第5册，第2370页。

过，刘坤一绝不放弃，张之洞也不愿退让，冲突即在两强中爆发。① 七月二十四日，湘人唐赞衮就说："越石（刘坤一）已销假，意欲复归于亳（回任两江），曲江（张之洞）未必见让。"② 在此前后，光绪皇帝号召痛定思痛，意欲大力改革。于是刘坤一和张之洞都在内政外交方面频出主意，也不时向对方暗放冷箭。

对外方面，当时清朝高层几乎均主联俄，刘坤一和张之洞亦然。③ 内政和洋务方面，张之洞于闰五月条举多端，包括亟练陆军、亟治海军、亟造铁路、各省分设枪炮厂、广开学堂、速讲商务、讲求工政、多派游历、豫备巡幸之所（建陪都）九条，同时奏陈湖北新铸银元情形，六月十八日送达御前。④ 据张之洞在京坐探杨锐的情报，"上（光绪）均嘉纳，钞呈西佛（慈禧）"，其中铁路一条交督办军务处议奏，其余须会议决定。恭王、李鸿藻仅仅不赞同建陪都一条。翁同龢则均称赞，与光绪意合。⑤ 然而，七月二十二日清廷据督办处复奏下旨称："张之洞条陈铁路办法，

① 马忠文：《荣禄与晚清政局》，第160—161页。陆胤：《政教存续与文教转型：近代学术史上的张之洞学人圈》，第141页。

② 《唐赞衮致瞿鸿禨》（光绪二十一年七月二十四日），《瞿鸿禨亲友书札》第1册，第222页。

③ 《密陈联俄拒倭大计折》《联俄保护朝鲜片》（光绪二十一年闰五月十五日），《刘坤一集》第2册，第385—386页。《密陈结援要策片》（光绪二十一年闰五月二十七日），《张之洞全集》第2册，第1002—1003页。

④ 《署南洋大臣张之洞奏时事日急万难姑安请修备储才急图补救折》（光绪二十一年闰五月二十七日），《中日战争续编》第3册，第481—493页。张海荣：《思变与应变：甲午战后清政府的实政改革（1895—1899）》，社会科学文献出版社2020年版，第82—83页。

⑤ 茅海建：《戊戌变法的另面："张之洞档案"阅读笔记》（以下简称《戊戌变法的另面》），上海古籍出版社2014年版，第150页。

语太恢张，一时难办。"① 否决了张之洞的提议。

在此前后，刘坤一也就变法练兵、用人筹饷发表高论。六月二十一日，刘坤一又奏请开设铁路商务公司，一面借洋款开工，一面广招中外股资。"股本既有洋人，局章自照西法，风声一树，莫不乐从。盖有洋股在中，而华商方无顾忌；亦有华股参集，而洋商无可把持……加以此路创自公司，兼有中外商股，即遇意外之变，可以设法保护。"② 实即是开设中外合资公司。这与刘坤一后来所谓的南洋不得不联络英、美、日以自保，以及东南互保的思路一脉相承。

迨至八月初七日，刘坤一借复奏时务条陈之机，批评张之洞。他说：

> 中国办事，往往有始无终，务虚名不求实济，以致一事无成，为外洋人所笑。……两湖总督张之洞于湖北创设铁政局，实为中国开源节流之大宗。现在出铁甚旺，莫不乐其有成，冀收厚利。惟闻出铁矿之大冶，与汉阳之铁政局相距甚远，运脚太费，以致铁值太昂，兼以近处并无佳煤，炼铁未能应手。夫湖南、北商民以铁厂为生业者，所在皆是，不患铁之阙乏，而患铁质之不良，铁价之较贵。若铁政局犯此二弊，不能广为行销，则有铁与无铁同。此臣仅据耳闻，豫防流弊起见，并请饬该铁政局设法变通，及时补救，勿蹈福建

---

① 《清代军机处电报档汇编·电旨》第 1 册，第 570 页。

② 《策议变法练兵用人理饷折》（光绪二十一年闰五月二十四日）《请设铁路公司借款开办折》（光绪二十一年六月二十一日）《刘坤一集》第 2 册，第 388—389、392—397 页。又，刘坤一随后也向荣禄进言称："现在善后之策，唯有亟修铁路，广开矿务。弟以此等举动，必归商办，设立公司"，方可有效，同时推荐张翼主持此事。《复荣中堂》（光绪二十一年八月），《刘坤一遗集》第 5 册，第 2162 页。

船政局覆辙。①

八月十二日，张之洞的京城坐探杨锐即密电张之洞："前日新宁（刘坤一）条陈铁路、矿务，语侵公，有云鄂局取煤道远，致多劳费，又委员太多，款不尽归实用等语。"② 随后，刘坤一致函翁同龢，既强调善后之策"莫急于铁路、矿务"，也批评张之洞办理不善。③

当然，张之洞"攻击"刘坤一更早。早在本年（1895）二月，张之洞就痛斥南洋海口、沿江各炮台疏谬无法。他说："长江为南洋门户，江苏形势雄剧，物力殷富，每年南洋海防经费例拨数十万，不知二十年来何以全无人讲求及此……刘坤一到江以来，屡有添炮增台之举，于江防尚能留意经营。乃承办局员全不通晓，守台将领一味模糊"。④ 闰五月，湖北籍御史高燮曾奏参江西巡抚德馨贪婪荒纵，交张之洞查办。杨锐透露"都下议论甚以为然"。⑤ 张之洞七月复奏毫不留情，德馨应声开缺。⑥ 德馨与刘坤一合作多年，后者在甲午年三月，还曾向荣禄力荐德馨可升总督。⑦ 尽管德馨确有罪责，但张之洞此举也让刘坤一不无难堪。

---

① 《整顿船政铁政片》（光绪二十一年八月初七日），《刘坤一集》第 2 册，第 405—406 页。

② 《杨锐来电》（光绪二十一年八月十二日），《梁敦彦档·五》，虞和平主编：《近代史所藏清代名人稿本抄本》第 1 辑第 135 册（以下省略），第 402 页。

③ 《致翁宫保》（光绪二十一年八月十七日），《刘坤一遗集》第五册。

④ 《整顿南洋炮台兵轮片》（光绪二十一年二月初四日），《张之洞全集》第 2 册，第 955 页。

⑤ 《杨锐来电》（光绪二十一年闰五月二十日），《梁敦彦档·五》，第 407 页。

⑥ 《德宗实录》，光绪二十一年七月二十三日辛酉，《清实录》第 56 册，第 883 页。

⑦ 几年后，刘坤一仍举荐德馨为不可多得之疆吏，称其因寿辰演剧的小事而被罢免，未免可惜。《复荣仲华》（光绪二十年三月十三日、光绪二十六年三月二十五日），《刘坤一遗集》第 5 册，第 2082、2264 页。

九月十九日，有旨令督办军务处王大臣督率湘系干将刘麒祥专办上海制造局事务；湖北籍御史高燮曾随即参劾刘麒祥"著名贪劣，于制造一事并不精通"，亏空甚巨，请饬张之洞查办。① 此外，张之洞将江南外销款奏咨定案，令刘坤一大为不满。他说："从前各处外销之项，虽属滴滴归公，尚可随宜挹注。自经香帅（张之洞）奏咨定案，以致一切无可通融，更不审是何用意？"② 实即是讽刺张之洞将江南外销款和盘托出，以"媚"朝廷。

九月初八日，刘坤一再次奏请开缺，奉旨在津安心调理，毋庸开缺。直至十一月十八日，清廷谕令刘坤一回任两江，张之洞回任两湖。此事在当时及以后，都传言刘坤一借助贿赂而得，尤其是来自张之洞系统的消息。十一月二十三日，张之洞的幕僚姚锡光和杨模、陈庆年茶叙，就听闻"此次刘岘帅得回两江任，赂洛中权贵，费银至卅万两，而慈圣所用李太监得银最多"。③ 文廷式也说："刘坤一治兵既无效，而营求回任之心至亟，内则恭亲王、荣禄主之，然上（光绪）意殊不谓然也。乃遣江苏候补道丁葆元入都，粮台以报销余款十万济之，遂得要领。余告李高阳（李鸿藻），高阳以为事所必无，不数日而回任之旨下……高阳曰：上（光绪）终恶之，故于其保荐之人，咸谕毋庸记名。"④ 这些细节未必准确，但所言之事或不全虚。

① 《高燮曾奏请收回令刘麒祥专办上海机器局事务成命折》《高燮曾奏刘麒祥著名贪劣请饬两江督臣查明片》（均光绪二十一年十月十八日），《中国近代兵器工业档案史料》第 1 册，兵器工业出版社 1993 年版，第 1118—1119 页。后来也传言张之洞回任湖广，刘麒祥与有力焉。《吴樵致汪康年》（正月初六日），《汪康年师友书札》第 1 册，第 464 页。

② 《复陈次亮》（光绪二十二年三月）、《复冯莘垞》（光绪二十三年十二月二十三日），《刘坤一遗集》第五册，第 2174、2210 页。

③ 王凡、汪叔子整理：《姚锡光江鄂日记》，中华书局 2010 年版，第 41 页。

④ 汪叔子编：《文廷式集·闻尘偶记》第 3 册，第 1112 页。

其实，早在九月二十八日，杨锐就断言刘坤一"必将回任"，张之洞"或办陕甘军务，或归两湖"。① 既然杨锐彼时已有此判断，这就说明刘坤一回任主要是形势的反映，而不必简单归因于后来的贿赂。当然，刘坤一系统的运作不可忽略。这主要是游说高层，攻击张之洞，当然很可能也包括贿赂。

十月初三日，刘坤一的心腹武仲平（勋）、陆寿民（锡康）纷纷求见翁同龢，皆为刘坤一游说。② 迨刘坤一回任命下，杨锐即向张之洞透露，前军机章京冯锡仁和江南候补道丁葆元为刘坤一"通内监求复任，诬说公最力"。杨锐请张之洞密示丁葆元在江南的劣迹，显然准备报复。③ 随后杨锐面谒李鸿藻，得知刘坤一回任"实出长信（慈禧），上（光绪）意不快"。故刘坤一"附片保冯锡仁、曾丙熙及唐姓三人，皆淹"。杨锐再次透露，此次冯锡仁为刘坤一通内监，行贿十万，方得回任。此外，杨锐也称刘坤一之所以不满张之洞，一因江南改修炮台事，二因张之洞动用两淮盐款挹注汉阳铁厂。④ 故杨锐提醒张之洞，刘坤一"其

---

① 《郑孝胥日记》第 1 册，第 525 页。

② 《翁同龢日记》第 6 册，第 2896 页。据 1897 年初刘坤一致陈宝箴函，武勋在刘坤一回任时调至江南。

③ 《杨锐来电》（光绪二十一年十一月二十日），《梁敦彦档·五》，第 405 页。不久前，刘坤一奏请丁葆元在津调理，暂缓回江苏，奉旨知道了（《奏为奏调北上江苏候补道丁葆元因病请就近在津调理暂缓请咨回省事》（光绪二十一年十月十三日），中国第一历史档案馆藏：朱批奏折，档号：04-01-12-0570-092）。陈夔龙（《梦蕉亭杂记》，中华书局 2007 年版，第 73—74 页）曾记刘坤一去世后，张之洞署理江督，丁葆元"惊惧万状"。张之洞随后果有严札督责丁葆元。丁氏称是 1893 年赴鄂查办张之洞，结下了梁子。实则此次替刘坤一运动回任，可能更引起张之洞系统的怨恨。

④ 杨锐称："此次源淮为通忠贤，以十万得回任，大为士论贱恶。"《杨锐来电》（光绪二十一年十一月二十三日），《梁敦彦档·五》，第 390—391 页。按，明末阉党冯铨之子冯源淮入内勾通。此处"源维"似代指冯锡仁，"忠贤"代指内监甚明。

意颇不善，日后必多更张，南中用款万祈及早清理，至要！"①

但如前所论，张之洞一方亦不"清白"，他们也在攻击刘坤一。唐景崧之弟、内阁学士唐景崇接近李鸿藻和张之洞，早在本年二月就意欲张之洞替代刘坤一督师。② 就在刘坤一入京前夕，十一月十六日，唐景崇借条陈时务阻击刘坤一，奏折呈慈禧阅看。③ 但未发生作用。所以杨锐称：刘坤一"回南确有内援。唐春卿（景崇）疏阻之，不省"。④ 十二月初一日，直隶籍御史李念兹严参刘坤一不胜两江总督之任，诋斥不遗余力。⑤ 因为十二月初二日刘坤一请训召见，⑥ 故李念兹此奏选择的时间亦甚讲究。文廷式见无法改变成命，遂于十二月十一日奏请饬令刘坤一延续张之洞的新政，勿任意更张。⑦ 杨锐的情报有云："慕皋（李念兹）文力陈牢之（刘牢之代指刘坤一）尸居、日困洋烟、信任劣员状。昨纯常（文廷式）疏胪列江南新政，请饬刘（坤一）一切照办，勿藉口惜费，任意更张。因前数日有廷寄交刘，大指略同，故未发。"⑧ 难怪光绪皇帝谕令刘坤一"开年后行"，而刘氏

---

① 《杨锐来电》（光绪二十一年十一月二十三日），《梁敦彦档·五》，第389页。

② 《悟（唐景崇）致张曾敫》（光绪二十一年二月二十七日），《张曾敫档·二》，虞和平主编：《近代史所藏清代名人稿本抄本》第1辑第90册，第284页。

③ 《清代军机处随手登记档》第144册，第74、75页。

④ 《杨锐来电》（光绪二十一年十一月二十三日），《梁敦彦档·五》，第389页。

⑤ 《李念兹奏为特参两江总督刘坤一庸碌无能不可再肩两江巨任请旨事》（光绪二十一年十二月初一日），中国第一历史档案馆藏：录副奏折，档号：03-5333-010。

⑥ 《邸钞》第71册，北京图书馆出版社2004年影印本，第37298—37299页。

⑦ 《请严饬刘坤一振奋精神讲求洋务片》（光绪二十一年十二月十一日），《文廷式集》第1册，第126—127页。

⑧ 《杨锐来电》（光绪二十一年十二月十三日），《梁敦彦档·五》，第398—399页。

却自告奋勇，腊月初即出京，正月抵任。① 或即担心夜长梦多。

综上，刘坤一最终回任江督，是慈禧太后之意②，恭亲王和荣禄均甚支持。站在他们的角度，此时外患甚重，北方已经不稳，南方更不能乱。所以需要刘坤一坐镇东南，领导湘军维持秩序，支持大局。进言之，在淮系崩溃的形势下，朝廷特别重用湘系。在此前后，湘系元老谭钟麟先调四川总督，旋调两广总督，接的都是淮系大员之位。魏光焘先升云南巡抚，旋调陕西巡抚。此外，湘系干将陈湜、龙锡庆、唐树森分别升授江西、浙江和贵州布政使，前广东布政使游智开简放广西布政使。因此，九月十四日唐树森称："近来朝政用贤，多取楚材。"③ 此外，因甘肃回乱，经刘坤一、王文韶和陈宝箴筹商运作，终由魏光焘替代陈湜，带三十营湘军精锐前去镇压，故畿辅所驻湘军已所剩无几。④ 刘坤一留在北洋更无必要。这大概是慈禧、恭亲王、荣禄决定让刘坤一回任江督的时局背景。

当然，这时慈禧和光绪已经出现裂痕，各自都在选择可以信任的大员担任要职。光绪就反对刘坤一回任江南。他更希望求新振作的张之洞留任南洋，故张之洞所上补救之策九条，光绪均

---

① 《杨锐来电》（光绪二十一年十一月二十三日），《梁敦彦档·五》，第389页。

② 李鸿章也称"岘庄回任，系长春（慈禧）之意"。《致李经璹》（光绪二十一年十二月初二日），《李鸿章全集》第36册，第58页。整理者系于光绪二十年，小误。

③ 《唐树森致瞿鸿禨》（光绪二十一年九月十四日），《瞿鸿禨亲友书札》第1册，第241页。陕甘总督杨昌濬虽然因案开缺回籍，但陶模升陕甘总督、饶应祺升甘肃新疆巡抚，都是接近湘系之人。

④ 仅剩陈湜和余虎恩的残部，也在1896年裁撤完毕。《收刘钦差等电》（光绪二十一年九月初九日），《清代军机处电报档汇编》第16册，第111—113页。《王文韶日记》下册，第914、935—936、937、958页。

"嘉纳"。李鸿藻虽然支持张之洞，但力量有限。帝师翁同龢尽管也在调整与张之洞的不良关系，但作为户部尚书的他，特别不满张氏花钱如流水。① 而张之洞谈及翁同龢，也总是不快。② 慈禧及恭王、荣禄支持刘坤一回任，不仅希望借助湘系势力保持南洋大局稳定，同时也希望汲取更多南洋资源，而"办事多一己情愿""务广而荒，多所虚耗"（慈禧语）的张之洞自然不能让他们放心。

最后，从内外和满汉角度看，甲午战争导致清朝势力最大的北洋淮系崩溃，数十年来汉人军功集团把持北洋的格局大为改变，清廷迎来了重新掌控畿辅军权和北洋局面的难得机会。如果运筹得当，军权重归中央及满洲权贵之手，自太平天国以来内轻外重的格局或能有所改变。这是慈禧、恭亲王支持荣禄练兵，进而掌控畿辅军权的重要动力。但是，从南北关系角度观察，北洋淮系的崩溃也打破了北洋淮系和南洋湘系多年以来南北提衡的稳定格局，既带来了革新的需要和不稳定因素，更提出了重建北洋重心的迫切问题。这一重心的重建既关系畿辅安危，也牵涉南北格局的重新调整。但北洋重心不仅体现在军事方面，而且需要国防、外交、内政和洋务有机结合，正如张佩纶所言，北洋"商务（包括外交）、防务必须与地方联为一手，方能骨节通灵"③。从后见之明看，面对"北重于南，亦北危于南"的时局④，北洋重心

---

① 《翁同龢日记》第 6 卷，第 1798 页。

② 《郑孝胥日记》第 1 册，第 544 页。

③ 《张佩纶致李鸿章》（光绪八年四月），姜鸣整理：《李鸿章张佩纶往来信札》，第 219 页。

④ 《复冯莘垞》（光绪二十五年正月十五日），《刘坤一遗集》第 5 册，第 2246 页。

的重建很不成功，庚子事变的悲剧与此不无关联。这是下节要讨论的问题。

第三节　庚子事变前李鸿章、张之洞、刘坤一的出处与政局变迁

自甲午战争到庚子事变，清朝从危局到残局，可谓晚清政局最为动荡之时。[①]其中以光绪二十三年（1897）发生的胶州湾危机为界，后三年比前三年更为波谲云诡。在前三年，尽管朝廷中枢也颇受指责，但恭王、李鸿藻、翁同龢、荣禄、李鸿章等人协助两宫，支撑危局。刘坤一和王文韶坐镇的南、北洋，基本处于南北提衡的良性状态。湖广总督张之洞和北洋大臣王文韶，也通过盛宣怀的铁路公司而南北联系起来。[②]总体而言，包括练兵、铁路、开矿、银行、邮政、教育在内的实政改革已有不少推进。[③]

然而，胶州湾事件后列强掀起的瓜分狂潮，不仅使中外局势异常紧张，也加剧了清朝最高统治阶层的矛盾分化。维新救亡运动在此背景下轰然展开。[④]不幸的是，戊戌年四月恭王病逝，百日维新旋起旋落；慈禧太后矫枉过正，守旧势力和满洲权贵日益用事。在此背景下，枢垣、北洋局面数变，连带而对南洋局面产生直接影响。南洋刘坤一也屡次被参，更在光绪二十五年（1899

---

①　晚清变局、危局和残局的说法，参见杨国强：《脉延的人文：历史中的问题和意识》，北京师范大学出版社2017年版，第108—114页。

②　朱浒：《洋务与赈务：盛宣怀的晚清四十年》，中国人民大学出版社2021年版，第258—261页。

③　参见张海荣：《思变与应变：甲午战后清政府的实政改革（1895—1899）》。

④　孔祥吉：《晚清史探微》，巴蜀书社2001年版，第48—76页。

刚毅南下前后经历过严重危机。可以说，庚子事变前的南、北洋人事和中外局势及朝局变迁息息相关，都与庚子事变的发生和进展密切关联，同时也奠定了庚子事变后的新政局面。

本节在既有研究基础上，希望集中讨论三个相互关联的问题，以透视庚子事变前南、北洋的人事与朝局变迁。一是持续数年的李鸿章回任北洋问题，这与甲午战后北洋重心的重建以及庚子事变的发生颇有关联。二是戊戌至庚子张之洞的入枢问题，这与调和帝后满汉及南北新旧，进而推动改革直接相关。三是刘坤一和南洋湘系的地位问题，这与东南互保和南北关系密不可分。

（一）李鸿章难以回任与重建北洋重心的失败

既往研究已经揭示，甲午战后北洋重心的重建，主要表现在荣禄主持练兵、组建武卫军，掌控畿辅军权。[1] 但其中一直暗含着李鸿章的回任问题，还有进一步探讨的空间。众所周知，李鸿章在庚子事变中临危受命，再任直隶总督、北洋大臣，充议和全权大臣。当时朝野仰望，颇有北洋非李不可之势。其实，从光绪二十二年（1896）开始，李鸿章已有数次回任北洋的"机会"。第一次发生在光绪二十二年九月，李鸿章从欧美归来之际。

李鸿章在马关议和后，声誉扫地，遭到朝野各方攻击，不得不离开经营数十年的直隶。但是，战后朝局仍不平静，外交局势也十分复杂。凭借自身的影响和慈禧、恭王的信任，李鸿章在年底忽有使俄之命，又重燃东山再起之望。他一边向太后大胆承

---

① 马忠文：《荣禄与晚清政局》，第 182—207、286—296 页。刘凤翰：《武卫军》，台北："中研院"近代史研究所专刊 1978 年版，第 57—72 页。

诺："拼臣一条老命联络各邦，必可令其十年之中不加兵于中国"；[①] 一边迎合慈禧，指使杨崇伊参劾上年攻击他的文廷式等清流骨干。光绪二十二年正月，李鸿章出使俄国前后，慈禧太后通过恢复珍妃地位，让光绪皇帝在颐和园好生休憩等方式，试图弥合甲午战争造成的母子裂痕，但对甲午主战的清流官员痛下杀手。正月撤书房，减少翁同龢对光绪的直接影响；二月将文廷式革职永不叙用。不久前以"离间两宫"为由被革职的汪鸣銮，斯时在密信中说："林甫（李鸿章）归来，必然秉政，兴公（孙毓汶）亦必复出。瓶（翁同龢）之危若累卵，殊为可虑。"[②] 这虽是推断，却反映出当时高层的一些动向。

另一方面，王文韶实授直隶总督兼北洋大臣后，所掌握的权力及资源，较李鸿章时代大为缩水。他一方面裁撤了陈湜、余虎恩的湘军；[③] 另一方面基本延续之前的用人和洋务，但地位并不稳固。[④] 光绪二十二年（1896）八月二十七日，李鸿章归抵津门，九月十一日进京陛见。[⑤] 这时朝野纷传李鸿章将回任北洋。[⑥] 他也确实"宦情尚热，奢望重畀节钺"。[⑦] 然而，尽管恭王亦认同"只合肥一人最可靠"，与慈禧一样心服李鸿章，但据在京的汪大燮

① 《汪鸣銮致吴承璐》（光绪二十二年正月），彭长卿编：《名家书简百通》，学林出版社1994年版，第87页。

② 《汪鸣銮致吴承璐》（光绪二十二年正月），彭长卿编：《名家书简百通》，第87页。

③ 《王文韶日记》下册，第935—936、937、958页。

④ 石泉：《甲午战争前后之晚清政局》，第243页。

⑤ 《王文韶日记》下册，第965—967页。

⑥ 《恽祖翼致盛宣怀》（光绪二十二年九月初十日），《香港中文大学藏盛宣怀档案全编》，上海人民出版社2021年影印本，第23037页。

⑦ 李鸿章的亲信崔国因亲告袁昶的消息。《袁昶日记》下册，第1213—1214页。

观察，李氏仍是"未必十分大用"。① 果然，李鸿章于十八日奉命入直总理衙门，不仅未能回任北洋，重秉节钺，还因私游圆明园被公开处分。②

第二次则在光绪二十三年（1897）七月军机大臣李鸿藻去世之时。这时军机处缺人，故由王文韶再度入枢、李鸿章回任北洋的消息甚嚣尘上。七月十八日，张检致其叔父张之洞的京中密信有云："闻北洋（王文韶）有入政府之说，合肥回任，皆外间拟议。"同时张检也透露李鸿章希冀入枢，故"每日习演"跪拜，以做准备。③ 然而，上年立有出使"大功"，尚且不能，此时无多表见，更非易事。有人替李鸿章发牢骚，李氏反而说："中朝众性难调，事甚难办，转以不得权为幸。"④ 这自然是希冀而不得的自我解嘲。果然，传言归传言，北洋和军机皆无变动。李鸿章于是对其子说："余在此浮沉译署，了无意味，顾念慈圣优容，不敢告退。"⑤ 看来慈禧和恭王尽管相对信任李鸿章，但主要是利用他的办事经验和外交才能。加以光绪和翁同龢对李鸿章意见颇深，徐桐等一大批京官不时强烈抨击，掌握畿辅军权的荣禄也暗中反对。所以，若无重大政局变迁，李鸿章回任北洋谈何容易。

---

① 《汪大燮致汪康年》，《汪康年师友书札》第 1 册，第 751 页。

② 杨锐的观察是光绪帝仍不满李鸿章，他称："闻其（李鸿章）入译署，只以议加税事，上（光绪）意未有回也。"《杨锐致张文襄密函跋》，《李宗侗文史论集》，中华书局 2011 年版，第 494 页。

③ 《张检致张之洞》（光绪二十三年七月十八日），北京大学历史学系资料室藏抄件。

④ 《致李经方》（光绪二十三年七月十八日），《李鸿章全集》第 36 册，第 192 页。整理者系于 1898 年，小误。

⑤ 《致李经方》（光绪二十三年九月初六日），《李鸿章全集》第 36 册，第 196 页。整理者系于 1898 年，小误。

第三次是在戊戌政变后慈禧太后起用旧人之时。光绪二十四年（1898）八月初十日，清廷电谕荣禄来京，有面询事件，直隶总督、北洋大臣由袁世凯暂行护理。荣禄当晚回电，十一日早八点钟乘火车进京，十二日宫门请安。①就在十一日，之前奏请太后训政的杨崇伊，以康党及洋人威胁为由，奏请宣召荣禄入京保护，而以"熟手"且"公忠"的李鸿章即日前往暂署直督。他说：

> 窃康有为奸党甚多，现奉旨密拿，在逃未获，虑有意外之事。皇太后、皇上起居饮食不可不加意慎重，以慰天下臣民之望。况梁启超未拿，康广仁、谭嗣同等未决，深恐康有为煽惑洋人，以兵轮相胁。应请即日宣召北洋大臣荣禄来京，以资保护。至北洋紧要，不可一日无人，司道代拆代行，设有要事，尤恐缓不济急。可否请旨饬大学士李鸿章即日前往暂行署理，究竟曾任北洋，各将领皆其旧部，紧要之际，似乎呼应较灵。且李鸿章公忠自矢，甲午冬间或言其谋反，乃东人反间之计，为文廷式等所误。想圣明在上，早已洞鉴此情。夫任用大臣，非臣下所当拟议，惟阅《国闻报》所言，事机急迫，不敢再安缄默。②

不论杨崇伊是否知晓初十日已有密旨召荣禄入京，此奏目的都在李鸿章回任北洋，很可能是他和李鸿章密谋的结果。不过，慈禧太后最终没有采纳杨崇伊的意见。她在十二、十三日两次召

---

① 王刚：《荣禄年谱长编》上卷，上海交通大学出版社 2022 年版，第 478、481、483 页。

② 清华大学历史系编：《戊戌变法文献资料系日》，上海书店出版社 1998 年版，第 1074—1075 页。

见荣禄面商后，决定荣禄入枢，仍节制北洋各军，以军机大臣裕禄调任直隶总督兼北洋大臣。[①] 所以，当时传言慈禧太后很想起用不久前被光绪帝赶出总理衙门的李鸿章，但因荣禄反对而未果。[②] 确实，戊戌政变后，旧制悉复，"旧人"也纷纷起用。张荫桓被捕后，廖寿恒在八月初九日急访庆王，商量添加总署堂官。十一日，慈禧即命徐用仪重入总署。[③] 当时更传言，太后欲起用孙毓汶再入军机，曾先后令内监、荣禄和名医吴观乐（子佩，亦作子备）看视，孙毓汶以腿疾未愈婉拒。[④] 回任未果的李鸿章不无失望，自称过了十月初十日太后寿辰，便"相机长假"；他说太后有"庆邸、荣相夹辅，或者苟延残喘"。[⑤] 不料九月底，慈禧太后就派李鸿章查勘黄河山东段工程。[⑥] 这既可视为"折腾"年过七旬的老臣，[⑦] 也可看作是为起用李鸿章及淮系铺垫。果然，以协助李鸿章为名，随即有旨召用周馥。迨次年李鸿章回京，又有电旨

---

① 王刚：《荣禄年谱长编》上卷，第483—484页。

② 荣禄以这会招致英国反对为由。参见马士：《中华帝国对外关系史》第3卷，第164页。至于慈禧欲起用李鸿章重入总署，抑或回任北洋，还不清楚。

③ 《廖寿恒日记》，张剑、郑园整理：《晚清军机大臣日记五种》下册，中华书局2019年版，第620页。又，八月初十日庆王请假五日。《邸钞》第85册，第44211页。

④ 《蔡金台致李盛铎》（光绪二十四年九月二十三日），邓之诚著、栾保群校点：《骨董琐记全编》下册，人民出版社2012年版，第717页。戊戌政变后，吴树梅由国子监祭酒，数日之内先升内阁学士，继升户部侍郎，又放湖南学政。甲午战争时，志锐参吴树梅和孙毓汶交情甚密。

⑤ 《致李经方》（光绪二十四年九月初二日），《李鸿章全集》第36册，第227页。

⑥ 太后此时轸念黄河，九月初六日特降懿旨，命举荐熟悉河工人员，初九日又命高层会议办法。《廖寿恒日记》，张剑、郑园整理：《晚清军机大臣日记五种》下册，第626页。

⑦ 吴汝纶称李鸿章是被"忌者出之于外"。马忠文：《荣禄与晚清政局》，第298、308—309页。

召刘秉璋入京。① 李鸿章说刘秉璋"稍作迟回，且看上意如何"。②
熟悉高层内幕的张荫桓即推测李鸿章回京后，当"仍秉节钺"。③

　　第四次则在光绪二十五年（1899）四月刚毅南下之后。这时
刘坤一地位动摇，先请病假，后请开缺。据说"正在这个当儿，
有把裕禄从天津调到南京去接替已经提请辞职的刘坤一，并复派
李鸿章到天津之议。但是这个建议，由于荣禄的反对而未实现，
他的表面理由是，李鸿章重登政治舞台必将疏远英国，但是实际
是因为他想把他的亲信裕禄留在靠近北京的地方"。④ 这种传闻并
非完全无稽。六月二十日，张佩纶就对北洋旧人李赞臣说："外侮
纷来，内忧未已。傅相（李鸿章）此时不入译署，不回北洋，未
始非福。"⑤ 这显示李鸿章回任北洋之事在当时多有讨论，而淮系
内部颇为期待。荣禄大概并不反对重用李鸿章，但未必希望他回
北洋，因为这必对荣禄掌控京畿军权的局面有所影响。荣禄亦必
反对裕禄替换他在南洋的盟友刘坤一，慈禧太后也仍信任刘坤一
（详下文）。此外，直隶总督裕禄和庆王是儿女亲家，故张佩纶直
言庆王"袒庇"裕禄。⑥ 尽管这次李鸿章仍未能回任北洋，但本

---

① 《清代军机处电报档汇编·电旨》第 2 册，第 145 页。

② 《致李经方》（光绪二十五年五月初五日），《李鸿章全集》第 36 册，第 227 页。

③ 《张荫桓致阎乃竹》（光绪二十五年四月十六日），《阎敬铭档·十七》，虞和平主
编：《近代史所藏清代名人稿本抄本》第 1 辑第 18 册，第 144 页。

④ 马士：《中华帝国对外关系史》第 3 卷，第 188 页。

⑤ 《张佩纶致李赞臣》（光绪二十五年六月二十日），《张佩纶家藏信札》第 9 册，
第 4855 页。

⑥ 《张佩纶致李赞臣》（光绪二十五年六月二十日），《张佩纶家藏信札》第 9 册，
第 4857 页。庆王的四格格嫁给裕禄第九子，四格格也被呼为熙九太太。溥铨：《我的家庭
"庆亲王府"片段》，全国政协文史资料研究委员会编：《晚清宫廷生活见闻》，文史资料
出版社 1982 年版，第 277 页。

年秋，淮系杨宗濂和周馥先后简放长芦盐运使和四川布政使，李鸿章也在十二月外放两广总督。这都是慈禧太后强力支持下，淮系终于再起的征兆。[①]

然而，仅仅数月之后，畿辅大乱，列强围攻津沽。庚子年（1900）五月十二日，刚毅、赵舒翘奉旨赴涿州解散义和团。同日，盛宣怀致李鸿章电称："内乱外衅，恐非莱公还镇北门不可。"[②]此后数日，盛宣怀不仅继续怂恿李鸿章，而且建议刘坤一、张之洞奏请李鸿章回任北洋，也给荣禄和王文韶写信游说。[③] 迨五月十九日，眼见大祸将至的慈禧，电召李鸿章迅速北上入京。六月十二日，授李鸿章直隶总督、北洋大臣。

从屡次不让李鸿章回任，到此次"非李不可"，反证此前北洋用人之不善。因此，后来不少人认为，倘若李鸿章早回北洋，义和团运动可能难以兴起，历史就很可能改写。其中以周馥的记叙颇具代表性：

> 后数十年，义和团祸作，有友曰："若使李文忠仍任直督，尔仍任津关或臬司，朝廷不为掣肘，两宫安有西狩之祸？各国又何至索赔款数万万之巨哉？"又有友曰："尔与文忠有幸福者也。"余诘之，曰："假使文忠督直，尔为藩臬，必不纵义和团起事，彼时端郡王或将尔与文忠褫戮，尔细

---

① 御史陈田上奏反对起用李鸿章，慈禧太后大怒，"言甲午之役，全是此一班草茅新进说坏了"。《张检致张之洞函》（光绪二十五年十二月），北京大学历史学系资料室藏抄件。

② 《盛宣怀致李鸿章》（光绪二十六年五月十二日），《愚斋存稿》卷35电报12。

③ 尚小明：《庚子粤督李鸿章"不奉诏"考辨——兼论东南互保之奠局》，《社会科学研究》2022年第2期，第155—156页。

思，徐用仪、许景澄、立山、袁昶、联元之杀，何罪耶？"
时人皆谓二说有见。国家事苟至上无主见，用人颠倒，祸岂
可胜言耶！①

慈禧太后"上无主见，用人颠倒"，无疑是造成悲剧的要因。但
荣禄主持畿辅军政，其角色似乎还可再思。庚子年五月，李鸿章
虽焦急于国事为"群小把持，慈意回护，必酿大变"，但仍寄希
望于荣禄"拥兵数万，当无坐视"。②祁景颐也称荣禄"颇有世界
眼光"，始终不赞同"纵拳仇外"，"聪颖处诚不可及，在满洲尤
为难得"，但对"其人固宠保位，不能销患于无形"深表可惜。③
荣禄未能消患无形，似乎还可从当时中枢和北洋的权力架构中
观察。

荣禄虽主持练兵，但未经战阵，其军权也不宜高估。他麾下
武卫五军系拼凑而成，聂士成淮军、宋庆毅军、袁世凯新建陆
军、董福祥甘军均有相当独立性。庚子五月，董军甚至"坚不任
剿"，不受调遣。④荣禄新练的武卫中军由董福祥推荐的挚友张俊
担任翼长，"各起将卒多系荐引凑合而成"，最无成效。⑤同时，
卫戍京城的部队还有庆王掌管的神机营和端王控制的虎神营。此
外，外交方面由总理衙门大臣庆王负责，直隶地面由总督裕禄负

---

① 孟繁之校点：《周悫慎公自著年谱》，收入周景良《曾祖周馥——从李鸿章幕府到
国之干城》附录，三晋出版社 2015 年版，第 210 页。

② 《复皖抚王灼帅》（光绪二十六年五月十八日），《李鸿章全集》第 27 册，第 49 页。

③ 祁景颐：《青鹤笔记九种·鏑谷亭随笔》，中华书局 2007 年版，第 161 页。

④ 《寄盛京堂》（光绪二十六年五月二十日午刻），《李鸿章全集》第 27 册，第 52 页。

⑤ 陈夔龙：《梦蕉亭杂记》，第 47 页。《致荣中堂》（光绪二十六年三月二十五日），
《刘坤一遗集》第 5 册，第 2263 页。

责，军机处内部刚毅还与荣禄冲突不断。故荣禄一旦失去慈禧太后的全力支持，做事即多不便。[①]

掌握畿辅军权的荣禄既如此，甲午战后至庚子事变期间，直隶总督兼北洋大臣的权力，较此前的李鸿章时代和此后的袁世凯时代，都大为缩水。早在光绪二十一年（1895）战败之初，徐桐就奏请将直隶总督和北洋大臣分任两人，前者主持内政，后者掌管军权和海防。[②] 此议虽未被采用，但随后北洋军权、外交和内政确有三分之势。这种局面既不同于李鸿章和袁世凯总督直隶时代，也与两江总督刘坤一独揽南洋大权不同。

平心而论，在清末内忧外患的局势下，关系畿辅安危的北洋重心亟需重建。但北洋重心不仅包含整军经武，而且需要国防、外交、内政和洋务有机结合，所谓北洋"商务（包括外交）、防务必须与地方联为一手，方能骨节通灵"，指挥如意。[③] 由此而言，甲午战后至庚子事变，荣禄主导的北洋重心，实际并未重建起来。加以戊戌政变后，由能力平平且无北洋履历的裕禄出任直隶总督，难以应对列强日益侵逼下的"北重于南、北危于南"的复杂局面，终至酿成庚子事变的悲剧。

---

① 马忠文：《荣禄与晚清政局》，第332—352页。

② 《徐桐奏为拔本塞源认真整顿兵饷事宜敬陈管见事》（光绪二十一年五月二十六日），中国第一历史档案馆藏，录副奏折，档号：03-5757-027。另外，同治九年（1870）天津教案之后，直隶总督和北洋大臣由李鸿章一人兼任。同治十一年，就有京官奏请增设直隶巡抚，意欲分割李鸿章之权。但当时主政的军机大臣文祥力持不可。参见董丛林：《晚清直隶总督人事变迁论略》，《明清论丛》第11辑，第281页。

③ 《张佩纶致李鸿章》（光绪八年四月），姜鸣整理：《李鸿章张佩纶往来信札》，第219页。

（二）张之洞入枢未果与南北新旧的决裂

清朝军机处为行政中枢，所谓"国朝官制，军机处为最要"；"枢府得其人则治，不得其人则乱"。故军机大臣的人事问题，常常就是政局的晴雨表。[①] 自咸丰十一年（1861）辛酉政变以来，恭亲王领衔，满汉南北各有代表，形成"同治"局面。[②] 随后沈桂芬和李鸿藻的南北之争，最为人所乐道。[③] 迨光绪十年（1884）甲申易枢之后，醇王主政，礼王领衔，后来孙毓汶当家，军机处内南北之争不太明显。甲午战争中，张之万、额勒和布、孙毓汶、徐用仪等旧枢相继被黜。光绪二十一年（1895）战后的军机处，遂由恭王、礼王、李鸿藻、翁同龢、刚毅、钱应溥组成。

这时，恭王重领枢、译，既调和两宫，也协助两宫决策。光绪二十二年（1896）秋，据杨锐给张之洞的情报，"迩来机务决于鉴园（奕䜣），其所最亲信者自荣禄外，刚毅极得邸欢"。[④] 慈禧太后和恭王支持荣禄掌控畿辅军权，而礼王与荣禄为儿女亲家，荣禄可谓礼王谋主。故荣禄"虽未入枢，颇闻机要"。[⑤] 帝师翁同龢表面身兼数职，看似大权在握，但因受慈禧及礼王、荣禄、徐桐等人疑忌，实则岌岌可危。光绪二十二年初，慈禧太后

①　陈夔龙：《梦蕉亭杂记》，第 54—55 页。

②　关于"同治"局面和话语，参见高波：《晚清京师政治中"同治"话语的形成与变异》，《清史研究》2018 年第 4 期。

③　高阳：《同光大老》，第 3—17 页。林文仁：《南北之争与晚清政局（1861—1884）：以军机处汉大臣为核心的探讨》，中国社会科学出版社 2005 年版。

④　《杨锐致张文襄密函跋》，《李宗侗文史论集》，第 491、494 页。李宗侗说鉴园是世铎，小误。

⑤　祁景颐：《青鹤笔记九种·蘜谷亭随笔》，第 160 页。

命撤汉书房时，已传言本要将翁同龢开缺，只是在恭王、李鸿藻的苦心调护下，翁才免于被黜。[①] 恭王、李鸿藻尽管平日对翁同龢亦有不满，但之所以如此，大约一则照顾光绪帝的感受。[②] 二则自甲申易枢以来，翁毕竟和恭、李是同进退之人，若去翁则必添他人，未必胜翁。三则翁可作两宫缓冲，若去翁则恭、李便要直接陷入帝后之争的漩涡，实不易处。

光绪二十三年（1897）六月二十五日，李鸿藻去世。[③] 此后恭王、礼王、钱应溥时常病假，翁同龢与刚毅时有不和。总理衙门中，庆王、李鸿章、张荫桓较为有力，而光绪帝最信任张荫桓，经常召见。但在光绪丁酉、戊戌（1897—1898）之际，因胶州湾事件引起了瓜分狂潮，让当政的军机处和总理衙门更显得"权、能皆不足"。在恭王病危的情况下，张之洞的门生杨锐与其四川同乡乔树枏、刘光第，鼓动大学士徐桐于光绪二十四年三月举荐张之洞入京，意欲制衡甚至替代翁同龢和张荫桓。[④]

张之洞以主张中体西用而驰名遐迩。清朝当时存在帝后、满汉、南北、新旧种种分野，如果要遴选一位调和者，张之洞是不二人选。其人科举探花出身，早年为清流代表，中年后历任封疆大吏，以举办洋务和熟悉外交著称。他既精旧学，又兼新知；虽

---

① 祁景颐：《青鹤笔记九种·衡谷亭随笔》，第160—161页。1897年李鸿藻去世，次年四月初十日恭王去世，二十七日翁同龢旋遭罢黜。关于翁同龢被罢的主动力来自慈禧太后还是光绪帝的讨论甚多（参见茅海建：《戊戌变法的另面》，第72页）。从甲午以来的政局演变分析翁同龢被罢的缘由，参见马忠文：《荣禄与晚清政局》，第209—222页。

② 汪叔子编：《文廷式集·芸阁偶记》，第1144页。

③ 李宗侗、刘凤翰：《李鸿藻年谱》，第601页。

④ 茅海建：《戊戌变法史事考》，生活·读书·新知三联书店2005年版，第186—190页；《戊戌变法的另面》，第51—60页。

是直隶北人，但生于贵州，仕途主要也在南方，与南方趋新官绅联系紧密，同时深受李鸿藻、徐桐等北派大佬信任。

徐桐向来被看作是顽固守旧的代表，但他欣赏张之洞。[①] 上节已述，早在甲午战争之初，徐桐及直隶京官徐世昌、阎志廉等人就在推动张之洞入京。迨戊戌维新之际，已经气闷数月的徐桐自见到张之洞《劝学篇》后，"为之一快"。[②] 因此，戊戌维新前夕，徐桐专折举荐张之洞入京，为翁同龢、张荫桓以沙市事件为由所阻一事，不仅受到当时朝野瞩目，而且也为后来研究者格外重视。茅海建教授就感慨道："如果不是沙市事件，如果不是翁同龢的阻挠，张之洞将于四月初，即恭亲王奕䜣去世之前到达北京，很可能由此入值军机处、总理衙门。若是如此，政局还会有如此之大的变动吗？"[③]

揆诸当日情形，尽管直隶官绅和张之洞的门生及南方趋新人士，非常期待张之洞入枢主政，但阻力也甚大。至迟到戊戌年闰三月初九日，张之洞系统已打听到，召张入京系因徐桐奏请，"并非出于特旨，亦非政府之意"。[④] 闰三月二十三日，曾任张之洞幕僚、此时在京的杨楷就预测："南皮内召，将来仍是回任之局，未必能留。"[⑤] 果然，次日就因沙市事件令张之洞回任。四月

---

① 早在光绪六年（1880）五月初五日，徐桐就亲点张之洞为庶吉士小教习来协助自己。《朱逌然日记》，桑兵主编：《续编清代稿钞本》第54册，广东人民出版社2008年版，第13页。

② 茅海建：《戊戌变法的另面》，第81页。

③ 茅海建：《戊戌变法的另面》，第73页。

④ 陈庆年著、明光整理：《戊戌己亥见闻录》，《近代史资料》第81号，第109页。

⑤ 《杨楷致盛宣怀》（光绪二十四年闰三月二十三日），《香港中文大学图书馆藏盛宣怀档案》，第20495页。杨楷、杨模兄弟均曾入张之洞幕府，杨楷与盛宣怀关系密切。陆胤：《政教存续与文教转型：近代学术史上的张之洞学人圈》，第316—317页。

初九日，总理衙门总办章京顾肇新在家书中说："香帅内召，原因东海相国（徐桐）疏荐，本有兼领枢、译之说，旋因沙市闹事，谕令折回。似前议本非出自圣意，不过借以敷衍言者。凡事中无定见，大率类此。"[1] 可见，此事虽由翁同龢、张荫桓（包括刚毅）所阻，但翁、张当时屡被参劾，自身已经难保。如果召张之洞的本意出自慈禧太后，翁、张是如何也阻止不了的。[2]

与徐桐举荐张之洞同时，另一条线索是由陈宝箴、王之春运动荣禄汲引张之洞入枢。陈寅恪曾说：张之洞和荣禄"本无交谊"，而陈宝箴与荣禄关系不凡。故陈宝箴"欲通过荣禄，劝引那拉后亦赞成改革，故推夙行西制而为那拉后所喜之张南皮入军机"。[3] 戊戌年九月，蔡金台在密信中也说：本年春间，"南皮之图军机，亦由问刍（刘学洵）怂恿，爵堂（王之春）导之"，遂致力于荣禄。而荣禄复王之春电云："南皮公忠可敬，无如常熟（翁同龢）一掌遮天，两邸（恭王、礼王）皆病不治事，容当缓图。"夏间去翁召张，皆由于此。[4] 据荣禄心腹谭启瑞戊戌年四月初七日的密信，陈宝箴、王之春确曾极力怂恿荣禄，但荣禄"并无举动"。他说：

> 南皮内召，乃东海（徐桐）一人奏保，又非出其本意。右帅（陈宝箴）、爵棠（王之春）虽极怂恿，荣相（荣禄）

① 　马忠文、崔健整理：《顾肇新家书》，《近代史资料》第 138 号。

② 　况且，徐桐举荐张之洞，意在驱逐翁同龢与张荫桓，光绪帝可能也不甚同意。参见陈庆年：《戊戌己亥见闻录》，《近代史资料》第 81 号，第 109 页。

③ 　《寒柳堂记梦稿》，陈寅恪：《寒柳堂集》，第 204 页。

④ 　《蔡金台致李盛铎》（光绪二十四年九月二十五日），邓之诚：《骨董琐记全编》下册，第 718 页。

并无举动。奏进三日请懿旨，始发电召。而南皮迟迟其行。经电旨责催，复奏起程，又入讬病之辞。朝论已不谓然。况政府诸公皆与扞格。此沙市案起，遂令回任，将来入觐与否，尚不可必。①

因此，表面看是翁同龢、张荫桓、刚毅阻止了张之洞，但很大原因还在于荣禄"并无举动"，他说"常熟一掌遮天"，多少也是托词。荣禄之所以不使力，一方面因为张之洞向来不与荣禄通书，"故各有意见"；②另一方面，或也因为他了解慈禧太后并不信任张之洞。上节已述，甲午战时，慈禧说张之洞固是好人，但办事多一厢情愿，战后慈禧也一意支持刘坤一回任江督。戊戌政变前后，请召张之洞的呼声再起，但均未奏效。③九月二十五日，蔡金台的密信直接透露了慈禧不欣赏张之洞"书生"的态度，他说：

> 此次又有陈于慈圣（慈禧）者，圣意则以'又是一书生'却之。所谓'又是'者，盖承常熟（翁同龢）而言也。略园

---

① 此函末尾云："荣相有一得意门下候选道员某，欲执事委充上海招商局总办，属先致恳，如蒙允诺，荣当尚函奉讬。是否可行之处，望速示复，以便转达也。"可知谭启瑞当日即是荣禄身边心腹，他的消息可靠。《谭启瑞致盛宣怀》（光绪二十四年四月初七日），《香港中文大学图书馆藏盛宣怀档案》，第17128—17131页。又，谭启瑞系前云贵总督谭钧培之子，时任翰林院编修。戊戌年六月，荣禄调其至天津差委，后又任武卫军幕僚。刘凤翰：《武卫军》，第337页。马忠文：《荣禄与晚清政局》，第245—246、286页。

② 《致新建陆军总理营务处徐世昌函》（光绪二十四年七月），骆宝善、刘路生主编：《袁世凯全集》第4册，河南大学出版社2013年版，第68页。

③ 茅海建（《戊戌变法史事考》，第211—217页）曾说："他们都认为张之洞是收拾局面的最佳人选。他们的想法大多由军机处呈报慈禧太后，唯一有权对此作出决策的慈禧太后对此有何想法，今限于史料还无从得知。但从后来慈禧太后的做法来看，她最信任的人，还不是张之洞，而是荣禄。"

（荣禄）又晤莘伯（杨崇伊）云：‘南皮（张之洞）亦不甚满人意。’此或因慈意不甚许可而云然。故南皮决不复内召。①

张之洞再次入枢之机，发生在光绪二十五年（1899）刚毅南下期间。与上年不同，这时刚毅背靠端王，与荣禄争斗甚烈。②荣禄亟需联络盟友。而袁世凯、徐世昌、盛宣怀、李符曾都在荣禄和张之洞之间极力促动。戊戌年七月上旬，袁世凯在津面见荣禄后致信徐世昌称："南皮向不与此老（荣禄）通书，故各有意见，婉为排解，少有活动，将来必可疏通，未可太急也。"③七月十七日，盛宣怀致张之洞函称："在津行时，在仲相（荣禄）前密言内外大臣志在自强者不多人，务须联络一气。仲相深然之，允即先与钧处通函，以后好商量办事，并云素来佩服，惜未晤面耳。或候其函到时复书恭维之，或竟不待其函到，先致数行。"④此外，李符曾也通过张之洞的亲信劝张氏结交荣禄。他说：

---

①　《蔡金台致李盛铎》（光绪二十四年九月二十五日），邓之诚：《骨董琐记全编》下册，第 718 页。陈寅恪讲陈宝箴怂恿荣禄汲引张之洞入枢，无疑确有其事，但他称张之洞为慈禧所喜，还可再商。进言之，慈禧和荣禄对张之洞的成见，可能也有醇亲王的因素。李鸿藻之子李符曾与荣禄颇有往来，他在密信中称：慈禧太后亲告荣禄云：醇亲王曾说："壶公（张之洞）是怪物（怪物改为老媪）转生，故名之之洞，饮食不时（不时改为无常），见客无常度，囚首丧面，不足以胜重任。"（《李符曾信稿》（约光绪二十五年），中国社会科学院近代史所藏：《李符曾存札》甲 63，第 1 册）。此说如属实，则醇亲王虽支持张之洞办洋务，但本质上还是用他平衡湘淮，并非真正信任。慈禧太后和荣禄也受此影响。

②　马忠文：《荣禄与晚清政局》，第 297—309 页。

③　《致新建陆军总理营务处徐世昌函》（光绪二十四年七月），《袁世凯全集》第 4 册，第 68 页。这可看作甲午年徐世昌等直隶官绅运动张之洞入京的延续。

④　《盛京堂来电》（光绪二十四年七月十七日到），《张之洞全集》第 9 册，第 7650 页。

　　　　周旋城北（徐桐?）一节，明公（荣禄）为人极聪明，

　　极要好，且极喜人恭维（诡谲不如南人——原注）。壶公

　　（张之洞）负天下重名，或因事与明公一函，或达钦佩之意，

　　以致函彼必乐为之用，非同南人之不易与也。滋翁（鹿传

　　霖）近来声名极好，而与明公交情较从前愈密，况壶公乎。①

无论如何，至迟到光绪二十五年（1899）夏，张之洞和荣禄已通

过鹿传霖接上了头，张佩纶当时有云："鄂督（张之洞）因鹿

（传霖）与荣（禄）交欢，不值识者一笑。如入政府，亦王（文

韶）、廖（寿恒）之署吊尾而已。"② 但一如戊戌年的情形，刚毅

反对张之洞入枢。该年春夏之交，张之洞之侄张彬就听说荣禄与

刚毅意见甚深，而张之洞"内召之说，闻即系木公（刚毅）阻

止"。③ 迨刚毅南下后，主持外交并深受慈禧信任的庆亲王奕劻，

也主张调张之洞入京。在此背景下，发生了盛宣怀联合荣禄和庆

王，趁刚毅暂离中枢之机，召张之洞入京推动改革之举。

　　光绪二十五年（1899）九月初二日，慈禧召见盛宣怀，有力

图自强之意，遂命盛氏详细具奏练兵、筹饷、商务各事宜。次

日，盛宣怀即电召其亲信何嗣焜来京拟奏。④ 随后，盛宣怀向张

---

　　① 《李符曾信稿》（约光绪二十五年），《李符曾存札》，中国社会科学院近代史研究
所藏：甲63，第1册。收信人当是张之洞的亲信。

　　② 《张佩纶致李赞臣》（光绪二十五年六月二十日），《张佩纶家藏信札》第9册，
第4857页。

　　③ 《忭园（张彬）致赵凤昌》（光绪二十五年五月之前），《赵凤昌藏札》第2册，
第557—558页。

　　④ 《盛宣怀致何嗣焜电》（光绪二十五年九月初三日），香港中文大学藏盛宣怀档案
全编，编号：sxh14-0228。

之洞通报情况，并请张氏出主意。① 二十二日，在练兵、商务各条陈即将复奏之际，盛宣怀向张之洞透露了他和庆王、荣禄的密谋，即以会议条陈的名义调张之洞入京，实则准备趁外人欺压，慈禧愤怒之机，劝谏太后改革自强。他说：

> 与庆（王）、荣（禄）密商，傃请调钧台来京会议。近因裕使（驻法公使裕庚）递国书，法不接，定欲撤换粤督，圣（慈禧）意甚愤，或可乘机劝图自强，乞密留意。②

然而，张之洞力辞云："尊意欲调鄙人赴京会议一节，万万不可，焦急万分。"③ 二十五日，盛宣怀又向张之洞透露："庆邸颇愿调公，亦不仅为会议。中外实无解事人，公想亦见到此，故不愿行。当轴亦未必皆愿公来，俟与邸晤再电闻。"④ 庆王之所以主张召张之洞入京，或因庆王和张之洞当时均主联日，也均有意改革。⑤ 庆王联日的重要事件是，与杨崇伊合谋支持庆宽、刘学询赴日"考察"，但也因此"大为言路所攻"。⑥ 此言路即以大学士

---

① 《盛京堂来电》（光绪二十五年九月初四日到、九月十六日到），《张之洞全集》第 10 册，第 7841、7842 页。

② 《盛宣怀致张之洞电》（光绪二十五年九月二十二日），香港中文大学藏盛宣怀档案全编，编号：sxh14-0230。

③ 《致京盛京堂》（光绪二十五年九月二十四日），《张之洞全集》第 10 册，第 7845—7846 页。

④ 《盛京堂来电》（光绪二十五年九月二十五日到），《张之洞全集》第 10 册，第 7846 页。

⑤ 此期张之洞的联日活动，参见戴海斌：《庚子事变时期张之洞的对日交涉》，《晚清人物丛考初编》，第 85—113 页。

⑥ 《致陈弢庵阁部》（光绪二十五年六月以后），张佩纶著、石向骞等点校：《涧于集》下册，燕山大学出版社 2021 年版，第 1040 页。关于此次"中日结盟闹剧"，详参孔祥吉、村田雄二郎：《罕为人知的中日结盟及其他——晚清中日关系史新探》，巴蜀书社 2004 年版，第 123—209 页。

徐桐为首，包括高燮曾、张仲炘、胡孚宸、朱祖谋、徐道焜、余诚格、张荀鹤等人，他们在五六月纷纷上奏弹劾。徐桐的参折有云：未知杨崇伊、刘学询等"果操何术，使亲藩重臣亦甘受其蛊惑……无非多财行贿之事"。[①] 这不啻明揭庆王受贿。庆王或许希望张之洞来京，既能为其联日外交分谤，也能疏通徐桐及张仲炘、高燮曾、胡孚宸等湖北籍言官，调和新旧，缓和矛盾。庆王意欲改革的表现是，既支持盛宣怀条陈，也代递庆宽条陈，而这两个改革条陈也颇有呼应之处。

八月十六日，清廷电令刘学询、庆宽自上海迅速回京。[②] 二十二日，何嗣焜就向在京的盛宣怀透露：刘学询和庆宽不和，庆宽先行回京，他对盛宣怀"尚关切"，建议盛氏联络其人。[③] 九月十一日，庆王主持的总理衙门代递庆宽、刘学询考察日本的商务日记、在日本的问答节略，以及庆宽的说帖和"管见六条"，奉旨总署议奏。管见六条包括学校、理财、军政、商务、农工、保甲（警察）方面的改革建议。[④] 二十天后，盛宣怀复奏练兵、筹饷、商务事宜各八条递上，片奏乾纲独断，锐意自强。[⑤] 迨太后十月初十日寿辰过后，十六日奉旨盛宣怀、聂缉椝会同赫德办理

---

① 五月初，朱祖谋、高燮曾、张仲炘、胡孚宸、徐道焜、余诚格及大学士徐桐纷纷参劾。参见《光绪朝朱批奏折》第 112 辑，第 386—397 页。五月十四日、六月二十二日，张荀鹤、胡孚宸又先后参劾。参见孔祥吉、村田雄二郎：《罕为人知的中日结盟及其他——晚清中日关系史新探》，第 156—158 页。

② 《军机处电报档汇编·电旨》第 1 册，第 155 页。

③ 《何嗣焜致盛宣怀函》（光绪二十五年八月二十二日），《香港中文大学藏盛宣怀档案全编》，第 7288 页。

④ 《清代军机处随手登记档》第 152 册，第 564—565 页。孔祥吉、村田雄二郎：《罕为人知的中日结盟及其他——晚清中日关系史新探》，第 187—194 页。

⑤ 盛宣怀：《愚斋存稿》卷 3 奏疏 3。

税则修改事宜。二十一日，盛宣怀关于建立练将学堂、统筹户部度支、预定一年预算、铸造银元等主张，也下发南北洋和户部议奏。① 次日，总理衙门议复庆宽条陈，奉旨依议。② 张之洞系统的王秉恩、陈庆年就将庆宽条陈之举，看作是"维新之机"，"甚美事也"。③ 其实，当时北京变法的呼声也不少。十一月初一日，就连并不趋新的陆宝忠也说："柯亭到京，述东瀛诸事整齐，步武泰西，三十年来日增月盛，其人皆勤，无一游手好闲者。可见法之不可不变也。"④

尽管如此，张之洞入京一事终无下文。这与十月中旬刚毅回京亦有关系。⑤ 程明洲完成于 1946 年的张之洞传记，已注意及此。他说："己、庚间，颇有倡使公入枢者。二十五年（1899）冬，此议为刚毅所尼。"⑥ 随后刚毅也排挤了军机大臣廖寿恒，并让王文韶"颇不自安"。刚毅还与荣禄频起冲突。荣禄则"极意推重"徐桐和崇绮，自托清流，并竭力为王文韶斡旋。张检致张之洞的家信，提供了荣、刚之争以及徐桐诸人的最新动态。他说：

> 启秀、赵舒翘皆以东海（徐桐）之荐，后先柄政，赵尤蒙眷注。现荣相极意推重东海与崇公（崇绮）二人，意在自

---

① 《光绪宣统两朝上谕档》第 25 册，第 305、316—318 页。

② 《奕劻等奏为遵议庆宽条陈整顿学校等六端事》（光绪二十五年十月二十二日），中国第一历史档案馆藏：录副奏折，档号：03-9535-065。

③ 陈庆年著、明光整理：《戊戌己亥见闻录》，《近代史资料》第 81 号，第 138 页。

④ 李细珠：《陆宝忠日记与晚清史研究补论》，《安徽史学》2022 年第 5 期。

⑤ 刚毅于十月十九日请安召见，回京或在十八日。《邸钞》92 册，第 47367 页。据说荣禄等人有意将刚毅的使命再扩展至四川，刚毅则急忙回京。刘体智：《异辞录》，中华书局 1988 年版，第 177 页。马士：《中华帝国对外关系史》第 3 卷，第 188 页。

⑥ 程明洲：《张文襄公传稿》，燕京大学 1946 年硕士论文（邓之诚指导），第 68 页。

托清流，凡有大事，悉就府第参决。东海常言王（文韶）、廖（寿恒）狼狈为奸，而木讷公（刚毅）又以廖为翁（同龢）所汲引，适慈旨（慈禧）颇疏于廖，故逐出枢廷……廖既出枢，王（文韶）颇不自安，荣（禄）以无人办理笔墨，极意挽留之。旋有协揆之命，复蒙赏寿。其实荣、刚貌合神离，王究系荣一边人，恐其去后，荣势益孤，故竭力为之斡旋耳。木讷在政府，凡事径情直行，凶悍无匹，荣亦稍稍避却之。闻荣两次上陵，虽系慈谕，实为与刚负气。且每出京请训，回京复命，皆得独对，凡有不便于刚者，可以藉此抒发。①

这封密信提醒我们，可把光绪二十五年（1899）张之洞的入枢问题，放置在满洲权贵内部荣、刚之争和南北新旧的脉络中观察。祁景颐曾称，荣禄与李鸿藻素持南北之见，"牢不可破"。②揆诸史实，荣禄不仅和刘坤一等湘系人物结合紧密，而且重用许多南人。南人王文韶和廖寿恒在荣、刚之争中，也都站在荣禄一边。可以说，在调和帝后以及南北新旧方面，荣禄和张之洞意见类似。③与此同时，庆亲王奕劻和张之洞在联日外交和趋新改革方面也有共识。但张之洞和荣禄、庆王大通贿赂的作风却格格不入。荣禄、庆王的这种作风也很容易授人以柄，成为刚毅和言路攻击的对象。张之洞既相对清廉，又具有调和南北新旧、推进改革的学识和经验。但他过于巧慎圆滑，尽管屡有入枢希望，却都再三推辞，不像刘坤一那样，敢于在关键时刻站出

① 《张检致张之洞函》（光绪二十五年十二月），北京大学历史学系资料室藏抄件。
② 祁景颐：《青鹤笔记九种·蟠谷亭随笔》，第 161 页。
③ 马忠文：《荣禄与晚清政局》，第 256、439—440 页。

来承担责任。

此外，徐桐的角色也值得揣摩。一般将徐桐、刚毅并举为顽固守旧的旗人代表。确实，徐桐因反对康梁、张荫桓、翁同龢，在戊戌政变后受到慈禧高度信任。戊戌年十一月，徐桐上折保启秀、赵舒翘、长萃可入军机、总署，文悌、有泰可破格重用，举李秉衡巡阅华北四省，如彭玉麟巡阅长江故事，参刘坤一、张汝梅、胡聘之、邓华熙诸位封疆大吏。所举皆是旗人北人，所参都是汉人南人（唯一例外是张汝梅，但也是徐桐此前举荐之人）。①这些举劾随后多见明效。但徐桐毕竟出身科举世家，长期在京为官，与刚毅有别，所以他既能奏请张之洞入京，也和荣禄多有勾连。②故荣禄也极意推重徐桐、崇绮，"自托清流"。然而，徐桐的华洋、南北、新旧之见随着时间推移不断加深。甚至庚子年春，徐桐竟疵议持"新旧之平"的《劝学篇》"尽康（有为）说"。③徐桐的这一转变，意味着张之洞入枢的阻力更大、助力更小，④而南北新旧的决裂也就近在眼前，包括张之洞门生许景澄、袁昶在内的庚子"五忠"被杀，就是一个骇人听闻的标志。

总之，戊戌政变之后，慈禧太后高高在上，荣禄、庆王、端王、刚毅、徐桐纷纷进言，决策左右摇摆。从廖寿恒退出枢垣，启秀、赵舒翘先后入枢看，军机用人竟多采徐桐之说。幸而在南

① 《徐桐奏为直陈慎选贤能分别黜陟管见事》（光绪二十四年十一月初五日），中国第一历史档案馆藏·录副奏折，档号：03-5617-033。

② 祁景颐：《青鹤笔记九种·馪谷亭随笔》，第158页。

③ 祁龙威：《张謇日记笺注选存》，广陵书社2007年版，第106页。

④ 庚子年春，许景澄、袁昶仍在"密书"召张之洞入京，但"非枢垣授意"，张氏"决计不行"。《张佩纶致洪恩广》（光绪二十六年清明节），《张佩纶家藏信札》第9册，第4914页。

洋方面，慈禧还是信任刘坤一。此中自有荣禄的作用，也有湘人江督格局的因素。

（三）刘坤一南洋局面的维系与东南互保的形成

甲午战败后，李鸿章的北洋淮系名誉扫地，实力大减；以刘坤一为首的南洋湘系，在清朝的政治版图中更为重要。从光绪二十二年（1896）初刘坤一回任江督，到光绪二十八年（1902）薨于任上，其间北方政局极为动荡，南洋也屡受内外冲击。尽管刘坤一多次请辞，清廷却始终未允；不但湘人江督格局得以维系，而且形成了东南互保局面。此中自有复杂的内外因素，其中以下几点尤其值得注意。

第一，刘坤一协调与张之洞、盛宣怀及江南士绅的关系，推进东南的洋务发展。刘坤一回任之命甫下，清廷最高层稔知他和张之洞因江督之争或有芥蒂，故曾两下谕旨，饬令刘坤一实心接续张氏创办的铁路、商务和练兵事业。[①] 刘坤一回任之初，既向北洋大臣王文韶和江苏巡抚赵舒翘抱怨张之洞"局面过大"，"用财如泥沙，办事少着落"，[②] 也向翁同龢等朝廷高层报告张之洞"一年共用一千三百余万"。[③] 在此背景下，官场很快就传言刘坤

---

① 《遵旨筹办大概情形折》（光绪二十二年二月初四日），《刘坤一集》第2册，第419页。

② 《复王中堂》（光绪二十二年正月初九日）、《复赵展如中丞》（光绪二十二年正月二十五日），《刘坤一遗集》第5册，第2167、2168页。刘坤一的这些指责在当日也有共识。黄遵宪称："香帅生平作事，能发而不能收，计利而不计败，如近日宝带桥之商场、上海之铁路，当其发虑，若事在必成，未几而化为乌有。"《致朱之榛函》（1896年4月26日），陈铮编：《黄遵宪全集》上册，第368页。

③ 《翁同龢日记》第6册，光绪二十二年四月十三日，第2949页。

一在南京翻张之洞的案。① 六月二十三日，御史黄均隆参劾江宁布政使瑞璋及江南吏治日坏，称张之洞署理江督时曾托人转告瑞璋约束子弟，而刘坤一为所蒙蔽。② 瑞璋与刘坤一合作多年，江宁藩司溺职，"江督安得诿为不知"？③ 故此奏自然牵涉到刘坤一和张之洞的关系。六月二十六日，刘坤一在私函中说："自惟回任两江，本昧妨贤之义……一俟时局稍定，即践前言。至于内外毁誉，愿公勿以为虑，在人无真是非，在我无大利害。"④ 或许在此情况下，张之洞急电其侄张彬，令速告直隶籍御史李念兹，"万勿议论新宁（刘坤一）"，因为"人必疑我"，且刘坤一"究系好人"，若他人任江督"更不如矣"。⑤ 李念兹正是刘坤一回任之初，严参他不能胜任江督的那个人。

随后，刘坤一通过支持张之洞、盛宣怀兴办铁路，也协调了与张之洞、盛宣怀的关系。他在私信中称：张之洞、王文韶奏派盛宣怀为铁路总公司，"可谓知人善任，先芦汉后苏沪者，以苏沪存款挪为芦汉之用，均系正办。或疑弟有所靳，盛京卿初亦不免此心，亦视弟太浅矣"。⑥ 此后，由于地缘、人脉方面的固有联系，以及对内对外方面的共同利益，刘坤一和张之洞尽管也有暗

---

① 《汪大燮致汪康年》（光绪二十二年三月初十日），《汪康年师友书札》第 1 册，第 735 页。

② 《黄均隆奏为特参江宁藩司瑞璋贪鄙不职请旨查办事》（光绪二十二年六月二十三日），中国第一历史档案馆藏：录副奏折，档号：03-5342-119。

③ 《复赵展如》（光绪二十二年七月十九日），《刘坤一遗集》第 5 册，第 2179 页。

④ 《复冯莘垞》（光绪二十二年六月二十六日），《刘坤一遗集》第 5 册，第 2179 页。

⑤ 茅海建：《戊戌变法的另面》，第 99 页。

⑥ 《复冯莘垞》（光绪二十二年十二月初十日），《刘坤一遗集》第 5 册，第 2185 页。

中较劲，但在洋务新政的基调上展现的更多是江、鄂联手。① 此外，刘坤一大力支持盛宣怀、张謇等江苏官绅经办工商、学堂等新事业，获得了江南趋新绅商的有力支持。这都是东南互保格局能够形成的重要条件。

第二，刘坤一利用中外紧张局势，保存湘军实力，延续非湘不可的局面。刘坤一回任后，也面临裁兵和筹款的巨大压力。甲午战后，因练兵筹饷、摊还巨额赔款及洋债，清朝财政捉襟见肘。光绪二十三年（1897）初，朝廷下令裁撤湘军，以节饷源。刘坤一甚至奉到严旨，责其因循，让他非常不满，随即请假两月。江南候补道志钧在私信中称："新宁因裁兵事，朝旨严饬，心颇怏怏，颇有退志。大约续假期满，拟请开缺。"② 果然，刘坤一一面奏请开缺，一面致信恭王和庆王，以作试探。③ 同时，刘坤一在给漕运总督和江苏巡抚的信中对裁撤湘勇相当不满，他说："现与司道议将陆勇三十余营，每营五百人者拟裁二百人，改为一旗三百名，督标水勇五营拟裁三营，其余陆营不满五百人及零星水师分别核减。惟湘人在江日久，其中难免逗留，以后能否安分营生，殊不敢必，窃恐外患内忧有交至之祸。"④ 言下不无"威胁"之意。不久，李鸿章劝刘坤一道："今日两江任事之难，固属

---

① 参见陆胤：《政教存续与文教转型：近代学术史上的张之洞学人圈》，第141—143页。

② 《志钧致李盛铎》，《李盛铎档》（5），虞和平主编：《近代史所藏清代名人稿本抄本》第1辑第140册，第213页。

③ 《假满病仍未痊恳请开缺折》（光绪二十三年三月二十四日）、《致恭亲王、庆亲王》（光绪二十三年三月二十五日），《刘坤一遗集》第5册，第2193页。

④ 《致松峻帅、赵展帅》（光绪二十三年三月十七日），《刘坤一遗集》第五册，第2192页。

中外所共谅，犹恃老成宿望镇拊疲旺。朝廷眷念南疆，方资倚
畀，盖择帅之不易也。"① 话虽恭维，确属实情。几个月后的胶州
湾事件让中外局势陡然紧张。本来风传新任四川总督李秉衡顺路
查办江南，因此也变得"无暇及此"。② 刘坤一一面电请朝廷坚
持，一面趁机添募三千湘军，"预备不虞"。③ 可以说，正是因为
外患内忧日益严峻，坐镇东南的湘系领袖刘坤一变得不可或缺，
故湘人江督格局更易维系。

第三，刘坤一对外借助英、美、日等列强势力"保全"南
洋。胶州湾事件后，刘坤一说："自闻胶湾之变，为之寝馈不安，
将来山东、河南恐非我有，皇都实有逼处之虞。"④ 江南候补道欧
阳霖也感慨"南北朝恐复见于今日"。⑤ 这都提醒我们，德、俄对
北洋的侵逼，既挫损了朝廷的权威，也加剧了南北的区隔，进而
加速了东南督抚寻求外力以"自保"。

在外敌环伺之下，北洋较南洋更为危险。光绪二十四年
（1898）三月，北洋大臣王文韶与密友陆宝忠谈及时事日艰，几
于泪下，随后将眷属送归南方，意欲乞退。⑥ 不久，刘坤一也以

---

① 《复两江制台刘》（光绪二十三年四月初九日），《李鸿章全集》第36册，第145页。
② 《欧阳霖致李盛铎》（光绪二十三年十二月初三日），《李盛铎档》（3），虞和平主
编：《近代史所藏清代名人稿本抄本》第1辑第138册，第373—374页。
③ 《致翁中堂》（光绪二十四年正月二十七日）《刘坤一遗集》第5册，第2216页。
④ 《复冯莘垞》（光绪二十三年十二月二十三日），《刘坤一遗集》第5册，第2209—
2210页。
⑤ 《欧阳霖致李盛铎》（光绪二十三年十二月初三日），《李盛铎档》（3），虞和平主
编：《近代史所藏清代名人稿本抄本》第1辑第138册，第374页。
⑥ 李子然、李细珠整理：《陆宝忠日记》下册，光绪二十四年三月二十三、二十五
日，中华书局2022年版，第269页。《致梁节庵太史》（光绪二十四年春夏之际），张佩
纶：《涧于集》下册，第1032页。

请辞试探。他说:"所虑南洋将蹈北洋覆辙,大局益不可问。"① 在此大势下,刘坤一得出了"南洋不能不联英、美与日,为图存之计"的结论,因为"美本与我无仇怨,亦无觊觎;日本栗栗自危,有唇亡齿寒之惧;英与俄互忌,其商务全在长江;故该三国均乐为协力守卫"。② 光绪二十五年(1899)初,他更就南北形势论道:"时局北重于南,亦北危于南。所幸北洋兵力甚厚,是在荣相(荣禄)整军经武,长驾远驭,以固神基。南洋水陆各营,仅二万有奇,然统领、管带多是宿将,布置尚合机宜。一面联络英、美、日三国,似可支此半壁,目前不至有意外之虞。"③ 随后他又直言:"为今之计,惟有联络英、日,羁縻德、法,隐防俄人;一面亟图自强。"④ 一面布置湘军保卫东南,一面联络英、美、日,羁縻德、法,这成为东南互保的关键因素。

第四,刘坤一对内依靠荣禄和慈禧的支持,化解了徐桐、刚毅、毓贤和端王的反复进攻。胶、旅事件导致维新运动勃然兴起,然不旋踵间,政变发生;帝后、满汉、新旧、南北的分野急剧凸显出来。⑤ 百日维新之际,刘坤一曾被光绪帝公开申饬,但政变之后却能站出来劝谏太后,反对废立,为光绪帝说话,历来为人称道。⑥ 随后,刘坤一就卷进了政争的漩涡之中,受到连

① 《复赵展如》(光绪二十四年闰三月初五日),《刘坤一遗集》第 5 册,第 2223 页。

② 《复刘华轩》(光绪二十四年十一月十九日),《刘坤一遗集》第 5 册,第 2239 页。

③ 《复冯莘垞》(光绪二十五年正月十五日),《刘坤一遗集》第 5 册,第 2246 页。

④ 《复陈笠潭观察》(光绪二十五年五月),《刘坤一遗集》第 5 册,第 2540 页。

⑤ 《胶州湾危机与维新运动的兴起》,孔祥吉:《晚清史探微》,第 48—76 页。

⑥ 郭卫东:《"己亥建储"若干问题考析》,《北京大学学报》1990 年第 5 期;《戊戌政变后废帝与反废帝的斗争》,《史学月刊》1990 年第 6 期。贾小叶:《刘坤一与戊戌己亥政局》,《史学月刊》2017 年第 6 期。

番攻击。

戊戌年（1898）十一月初五日，大学士徐桐参劾刘坤一，称其"年已衰颓，轻听轻信，其信任上海道蔡钧，尤无知人之明。南洋重寄窃恐弗胜。"其实，十月二十四日慈禧太后召见徐桐谈及人才消乏时，徐桐或已批评过刘坤一。① 所以，十月二十六日清廷寄谕刘坤一，强调用人最关紧要，不但宜留心考察所属文武，也要严加约束幕友、书吏人等，"不可偏信"。结果，十一月十五日刘坤一就"负气"奏请开缺。二十九日明发上谕称，此前寄谕正是"国家礼遇旧臣、殷殷垂诚之意"，刘坤一"自应感激知遇，益加奋勉"，不料竟然恳请开缺，欲退闲卸责，欺谩朝廷，"殊属非是"。② 这实在是寓褒奖于戒饬之中。刘坤一随即见好就收。

次年（1899）三月二十一日，正在病假中的刘坤一，又被前江宁将军、新任山东巡抚毓贤严参，称其"庸懦昏聩，黜法徇私"，倚任门丁、子弟、幕友、亲信，因而"吏治不修、营伍不肃，公牍则假手于人，行政则事权旁落"，江南厘金半归中饱。意欲以李秉衡取而代之。③ 这与上年徐桐批评刘坤一一脉相承，代表的是刚毅、徐桐的意愿。这时，德国以教案为借口，派兵占

---

① 《徐桐奏为直陈慎选贤能分别黜陟管见事》（光绪二十四年十一月初五日），中国第一历史档案馆藏：录副奏折，档号：03-5617-033。

② 《披沥自称吁恳开缺折》（光绪二十四年十一月十五日），《刘坤一集》第2册，第605—606页。《光绪宣统两朝上谕档》第24册，第587页。

③ 《毓贤奏为特参两江总督刘坤一庸懦昏聩据实纠参事》（光绪二十五年三月二十一日），录副奏折，档号：03-5373-108，《毓贤奏请饬下两江督臣清查中饱私囊厘金局员并各省疆臣仿照李秉衡整顿海关化私为公事》（光绪二十五年三月二十一日），朱批奏片，档号：04-01-12-0589-118，均藏中国第一历史档案馆。

据山东日照县城，又向沂州府首县兰山侵扰，南北要冲沂州府岌岌可危。毓贤一面派总兵夏辛酉进驻日照，一面奏请在山东速练新兵。毓贤的参折和练兵折都在三月三十日递到御前。同日，清廷电召湘军名将、广西提督苏元春迅速来京。① 就在此时，意大利欲占浙江三门湾，东南海防局势骤紧。在此内争外患交织的背景下，四月十二日清廷派刚毅南下查案、筹款，首要对象即是刘坤一治下的江南。②

刚毅南下之初，朝野纷传江督易主。身在江苏的缪荃孙说："京信亦曰（刚毅）来做总督，阖城凛凛。"③ 五月初六日，身在湖北的邓邦述也称："卯金（刘坤一）被查，刚腹（刚毅）用事。且闻荣相（荣禄）手书招隐，此席必不能固。南洋若非刚腹自为，便恐物及孝达（张之洞）。"④ 六月初十日，刘坤一一面奏报江南练兵情形，一面奏请开缺。十八日奉到不准开缺、赏假一月的谕旨，并赏给人参四两。迨刚毅去广东前夕，刘坤一于七月十八日销假。⑤ 为此，他不无得意地说："朝廷惩于上年之变，思用旧人，明知弟之衰庸，犹复再三慰留，加以恩礼"，故只好出来任事。⑥

---

① 《清代军机处随手登记档》第 151 册，第 619—620、622 页。

② 何汉威：《从清末刚毅、铁良南巡看中央和地方的财政关系》，《"中央研究院"历史语言研究所集刊》第 68 本第 1 分，1997 年 3 月。王尔敏：《刚毅南巡与轮电两局报效案》，《近代史研究》1997 年第 4 期。

③ 被参的署江宁布政使胡家桢和道员欧阳霖因为畏惧刚毅，"着急欲死"。《致徐乃昌》，《缪荃孙全集·诗文》第 2 册，凤凰出版社 2014 年版，第 403—404 页。

④ 《邓邦述函》（光绪二十五年五月初六日），赵一生、王翼奇主编：《香书轩秘藏名人书翰》下册，浙江古籍出版社 2005 年版，第 650 页。

⑤ 《衰病难支恳恩开缺折》（光绪二十五年六月初十日）、《叩谢天恩折》（光绪二十五年七月十二日），《刘坤一集》第 3 册，第 46—47、52—53 页。

⑥ 《复谭文卿》（光绪二十五年八月初五日），《刘坤一遗集》第 5 册，第 2253 页。

其实，这时因为中外局势异常紧张，慈禧太后不得不依赖湘军镇抚东南，对抗外敌。三门湾事件发生后，慈禧"有意督战"。[①] 四月特命湘军大将李续宾之子李光久为浙江按察使，督办浙江军务。直到九月底，仍令江督刘坤一、浙抚刘树堂和李光久严密防范意大利兵轮的窥伺。[②] 如此情势，朝廷正要加意笼络、重用刘坤一，徐桐、毓贤和刚毅等人掀起的"倒刘"风潮，自然难以奏效。

进言之，在荣禄与刚毅激烈内争背景下，荣禄极力调护他的盟友刘坤一。张佩纶当时就说："荣、刚争权，此番劾刘之疏，不交刚查，乃荣以计诳朝廷。即刘以乞病为固宠计，亦荣教之。岘（刘坤一）与仲（荣禄）换帖，交甚密。"[③] 这是很准确的情报。有意思的是，荣禄还通过代递亲信谭启瑞关于广东筹饷的条陈，并利用岑春煊等人的参折，于七月二十四日将刚毅的使命扩展到广东。这既可筹措更多饷银，也可延长刚毅在外时间。[④] 上节已述，荣禄、庆王和盛宣怀趁着刚毅在外之机，曾谋划张之洞入京。其实，荣禄和刘坤一还有一项重要计划，即用湘军名将苏元

---

① 《邓邦述函》（光绪二十五年五月初六日），《香书轩秘藏名人书翰》下册，第651页。九月初二日，慈禧对盛宣怀直言："意大利为沙门湾的事，我很想与他打仗"。夏东元编著：《盛宣怀年谱长编》下册，上海交通大学出版社2004年版，第654页。

② 《德宗实录》，光绪二十五年九月二十九日甲戌，《清实录》第57册，第959—960页。

③ 《张佩纶致李赞臣》（光绪二十五年六月二十二日），《张佩纶家藏信札》第9册，第4855页。

④ 七月十二日，荣禄代奏谭启瑞条陈。七月二十一日，岑春煊、陈庆桂奏折递上。七月二十四日，清廷电令身在上海的刚毅南下广东。八月初三日，寄谕刚毅查办岑春煊所论问题，并妥筹谭启瑞所陈筹饷事宜。另外，李秉衡起用后，也即以其"向来办事认真，不避嫌怨"为由派赴奉天查案，直到十月方才回京。或许也有荣禄的作用。《清代军机处随手登记档》第152册，第337、366—368、374、410—411、424页。

春在南北要冲的淮、徐一带练兵。所需之饷，即来自刚毅在江南搜刮的 120 万两白银。但这项计划，被十月归京的刚毅和李秉衡"破坏"了。

先是苏元春于五月底到京后，先后召对三次。七月二十五日，在荣禄强力支持、刘坤一积极配合下，朝廷命苏元春编练新军。上谕称：

> 淮徐一带地方，为中原绾毂之区，襟带江海，水陆交冲，不特东南各省运道所必经，而且近联齐豫，遥拱畿疆，实为北洋第一重门户……我既不能与之争雄海上，自当精练一军，力扼冲要，南北兼顾，庶无鞭长莫及之虞……惟练兵必先筹饷，此次刚毅前往江南剔除税厘积弊，据奏宁苏两属约得一百二十万两，皆系有着的款，不同纸上空谈……苏元春忠勇性成，威望素著，着俟广州湾勘界事竣……即精选得力营员，酌带队伍，驰赴淮徐一带择要驻扎，一面召募成军，参酌南北洋近来操练新法，督饬营哨各员认真简校演习……中权既振，南北洋呼应皆灵，不仅为长淮重镇也……该军仍归入北洋，听大学士荣禄节制，以期与武卫诸军联成一气。此项兵饷关系南北大局，该督抚务须详订章程，严立期限，按照该军应用之数源源报解。①

九月初二日，该军命名为武卫军先锋队；饷需按期解交苏、宁藩

---

① 《光绪宣统两朝上谕档》第 25 册，第 225 页。黄嘉谟：《清季的广西边防》，载林强、黄振南主编：《明清时期广西边防建设研究》，广西科学技术出版社 2019 年版，第211—212 页。

库专款存储，备苏元春就近拨用。① 随后，刘坤一对荣禄说：此举"实为南北枢纽，不独尊处声威益壮，即此间亦可借为应援"。② 十月二十日，刘坤一并将按月拨款事宜上奏。③

不料，李秉衡、刚毅于十月十五日、十九日先后到京请安。④ 二十一日，御史吴鸿甲就奏陈苏元春淮、徐练兵不妥。⑤ 据李鸿章说，李秉衡反对苏元春赴江南练兵。⑥ 更重要的是，刚毅在太后面前痛诋苏元春，并暗示荣禄收受巨额贿赂。终于，十二月十六日旨令苏元春即回广西，毋庸前往江南。⑦ 欧阳熙在密信中谈及了此中内情：

---

① 《光绪宣统两朝上谕档》第 25 册，第 257 页。

② 刘坤一称早在 1882 年就曾向左宗棠建言此策，旋以无饷而止。《致荣中堂》（光绪二十五年九月十六日），《刘坤一遗集》第 5 册，第 2235 页。此信编者系于 1898 年，据内容可知为 1899 年。

③ 《宁藩认解武卫军月饷折》（光绪二十五年十月二十日），《刘坤一集》第 3 册，第 81—83 页。

④ 《邸钞》第 91 册，第 47330 页。《邸钞》第 92 册，第 47367 页。

⑤ 《掌陕西道监察御史吴鸿甲奏为淮徐驻兵宜筹善策敬陈管见事》（光绪二十五年十月二十一日），中国第一历史档案馆藏：录副奏折，档号：03-5998-102。另外，据说李秉衡抵京后有望入枢，但可能为荣禄等人所阻（马忠文：《荣禄与晚清政局》，第 304 页）。李秉衡到京请安之次日，御史彭述就迫不及待地奏请他如彭玉麟旧例巡阅长江，奉旨允准。李秉衡十八日虽以素未讲求水师奏请收回成命，仍不准辞（《清代军机处随手登记档》第 152 册，第 689—690、700—701 页）。这恰在刚毅回京再入枢垣的前夕。因此，彭述此举是配合李秉衡，还是暗挤他出京，尚不无疑问。

⑥ 《寄南宁苏提督》（光绪二十六年正月十六日巳刻），《李鸿章全集》第 27 册，第 8 页。

⑦ 《清代军机处电报档汇编·电旨》第 2 册，第 166 页。随后由江西按察使、直隶人陈泽霖和广东陆路提督、湘军老将张春发接替苏元春在江北练兵。庚子事变中，归李秉衡节制，北上勤王，一触即溃。李秉衡称张春发勇于战，但兵皆新募，一败辄溃；陈泽霖则素行取巧，军事更未娴熟。刘凤翰：《武卫军》，第 68、700—701 页。又，荣禄在戊戌年保举过苏元春、张春发和陈泽霖。茅海建：《戊戌变法史事考二集》，生活·读书·新知三联书店 2011 年版，第 161 页。

> 刚相回京，极诋苏子熙元春畏洋人如虎，决不能办交涉事，并在慈圣前言：苏某此次到，广为应酬，用银十万两，足见此人不能办事，并言军机大臣皆为所用等语。退告荣相，荣相争之云：我如使钱，天日可誓。刚云：汝虽未使钱，已为使钱者所卖矣。①

十二月，张检致张之洞家书，特别论及荣、刚之争及苏元春事，他说：

> 木讷（刚毅）在政府，凡事径情直行，凶悍无匹，荣（禄）亦稍稍避却之。闻荣两次上陵，虽系慈谕，实为与刚负气。且每出京请训，回京复命，皆得独对，凡有不便于刚者，可以藉此抒发。日前木讷忽言，此次苏元春到京用银二十万。佛言，二十万谁人收受。对曰，谁人在上前保荐苏某，即是受银之人。实指斥荣受贿。既退出，荣厉声曰：苏元春是圣上识拔，并非有人保荐，中堂之言差矣。嗣经旁人用言解散。现苏元春淮、徐练军已经撤销，实声气太坏所致。②

揆诸史实，面对德国猖狂侵逼山东，并有截断南北的危险形势，荣禄和刘坤一在加强山东防务上多有共识，光绪二十五年（1899）春甚至有和德国决战的念头。③派袁世凯、姜桂题的北洋部队陆

---

① 《欧阳熙致李盛铎》（光绪二十五年十一月十八日），邓之诚：《骨董琐记全编》下册，第 729—730 页。

② 《张检致张之洞函》（光绪二十五年十二月），北京大学历史学系资料室藏抄件。

③ 《致荣中堂》（光绪二十五年二月二十九日），《刘坤一遗集》第 5 册，第 2248—2249 页。

续开赴山东，主要即是因应德国侵略。用北洋和南洋、荣禄和刘坤一都能接受的苏元春在淮、徐一带练兵，也正为此，同时也实为联络南北、平衡南北的一项重要举措。此举自然奠基于荣禄和刘坤一以及新任江苏巡抚鹿传霖的亲密关系，同时也试图"巧借"刚毅南下的筹饷成果。但在荣禄、刚毅（背靠端王）激烈内斗、互相拆台的背景下，最终毫无效果。迨至光绪三十一年（1905），袁世凯的北洋军进驻淮、徐，既是北洋下南洋的重要一环，也成为影响民初政局的重要因素（详第5章）。

苏元春淮、徐练兵被杯葛的同时，荣禄和刚毅意见更深。刚毅回京后，借搜捕康梁和打击新党固宠，他向慈禧太后面奏海外华商祝寿公电中有要求"归政"的内容，而这部分被枢臣隐去，导致太后大怒。[①] 荣禄于十一月初八至十七日、十二月初六至十六日，短短一月之内两次赴东陵督办陵工。[②] 据上引张检的密信，实因与刚毅"负气"。十一月二十二日，御史徐士佳又参刘坤一年老多病，请予开缺。[③] 当日奉旨刘坤一来京陛见，两江总督由江苏巡抚鹿传霖署理。十二月初九日，端王、刚毅、敬信以虎神营的名义，奏称江南制造局所供枪支窳劣不堪，请新任江督查办。[④] 至迟到十二月初十日，刘坤一和鹿传霖已商定十二月二十

① 马忠文：《荣禄与晚清政局》，第324—326页。

② 《邸钞》第92册，47512、47577、47712、47789页。

③ 《浙江道监察御史徐士佳奏为请旨将年老多病疆臣刘坤一开缺养病另简事》，中国第一历史档案馆藏：录副奏折，档号：03-5382-112。

④ 《端王载漪等奏为江南制造局枪支粗劣请饬下两江总督查办不力局员事》（光绪二十五年十二月初九日），中国第一历史档案馆藏：录副奏折，档号：03-7128-013。

四日交卸。① 这个消息自然很快就会传到京城。"己亥建储" 发布之日也恰在同日，或许也非完全巧合？庚子年三月初二日，刘坤一到京后受到连续召见。尽管也有徐桐、刚毅、端王等人的反对，但很明显的是，刘坤一"是唯一可以维持江浙，及在他管辖下的其他各省的治安的人"。② 当时甚至纷纷传言，长江流域湘军"密谋举大事"，署理江督鹿传霖"累电政府，谓非复刘坤一之任，无人能制湘军"。③ 这些传言未必准确，却烘托了"非刘不可"的"舆论"氛围。而东南湘军及东南大局的稳定，则确是清廷高层不得不慎重考虑的因素。最终慈禧太后决定刘坤一回任南洋。④ 他于三月十八日请训，随后出京。四月初五日再接江督，此时距北方开战和东南互保仅仅一个多月。

---

① 《复鹿滋轩》（光绪二十五年十二月初十日），《刘坤一遗集》第 5 册，第 2261 页。

② 马士：《中华帝国对外关系史》第 3 卷，第 205 页。

③ 《致孙仲恺书》（光绪二十六年三月），胡珠生编：《宋恕集》下册，中华书局1993 年版，第 703、704 页。

④ 刘坤一于三月十七日"先至荣宅，随赴颐和园见庆邸及政府，十八日请训"。这似乎也能反映荣禄和庆王相对支持刘坤一。《复盛杏荪》（光绪二十六年三月十五日），《刘坤一遗集》第 5 册，第 2262 页。

第四章

"北洋下南洋"的发轫与湘人江督格局的难以为继

光绪六年（1880）后，随着左宗棠、曾国荃、刘坤一相继出任江督，湘系在东南地区实力明显增强，湘人江督格局终于形成。于是湘系、淮系南北提衡，共同支撑着大清王朝。然而，甲午战争失败后，北洋淮系迅速衰落，南洋湘系则在清朝政治版图中地位凸显。加以瓜分危险逼近，朝廷更需要湘系领袖刘坤一这种强人坐镇南洋，拱卫东南半壁。面对俄国自北而南的威胁，刘坤一也认为南洋非联合英、美、日等国不能图存，加紧寻求外人支持。[①] 同时，以盛宣怀为代表的洋务经济力量与东南官员、绅商结合更深。此外，戊戌到庚子期间，

---

① 《复刘华轩》（光绪二十四年十一月十九日），《刘坤一遗集》第 5 册，第 2239 页。

朝廷政策上的倒行逆施和对南人的排挤，在报刊舆论的渲染下，更为明显。这些因素都促成东南力量的增强以及对朝廷的离心，终至造成庚子事变时的东南互保局面。

但庚子事变中，八国联军侵华摧毁了北洋力量，而东南互保让刘坤一的南洋湘系权势大增，继湘淮军镇压太平天国之后，北轻南重局面在晚清再次凸显。东南互保虽旨在"留东南以救社稷"，但由此形成的"南方頡頏北地"①和北轻南重局面，令慈禧太后和清廷高层五味杂陈，裁抑东南势力由此而起。辛丑回銮前后，面对京津及东三省外人迫在眉睫的武力威胁和畿辅空虚的严峻现实，朝廷有意重建北洋实力，并依靠袁世凯加强对东南财赋之区的掌控。迨光绪二十八年（1902）湘系领袖刘坤一去世后，在清廷集权政策和袁世凯"北洋下南洋"的冲击下，湘系势力遭受重创，湘人江督格局终难为继。这对朝内派系和南北大局产生了深远影响。

第一节　辛丑回銮前后清廷裁抑东南势力

自同治三年（1864）镇压了太平天国至光绪二十年（1894）爆发甲午战争的三十年间，清朝国内局势大体稳定，主要依赖于拱卫京畿的淮军、驻扎江南和西北的湘军、清流士大夫及满人统治集团四大势力，互相平衡，形成"同治"局面。其中直隶总督兼北洋大臣李鸿章领导的淮系主导洋务运动，掌国防、办外交，势力尤大。但甲午战败，淮系迅速衰落。清流势力也在甲午至戊

---

① 杨国强：《晚清的士人与世相》，第 265 页。

戌日趋激进的变法运动中受到摧残分化。故戊戌至庚子期间，满人势力颇见膨胀；而两江总督兼南洋大臣刘坤一领导的湘系，地位则相对凸显，所以在戊戌、己亥间，能够抵制废立之谋，稍持正论。迨庚子事变，刘坤一更领导东南半壁，发起"东南互保"，公然"抗旨"，实开民国时期各省动辄"宣布独立"之先河。①

虽然时过境迁，事实证明东南督抚保境安民，避免了中国更大损失。但刘坤一、张之洞等人外结列强、内联各省，公然不奉朝命的举动，实在非同寻常。所以，庚子、辛丑之际，虽然仍不得不倚重、迁就刘坤一、张之洞、盛宣怀等人，但驻跸西安的慈禧太后终言"洋人欺我实甚，恨诸臣不能同心攘夷"，心中芥蒂实深。② 同时，京津陷落，两宫西狩，清廷权威大损；而掌握大量军事、财政资源的刘坤一和张之洞通过东南互保，不仅赢得了广泛的士心民心，而且获得了外人的有力支持，故权势急剧膨胀。这都难免令慈禧太后和清廷高层满怀忧虑。

庚子年八月，正在西巡途中的行在朝廷，调江西巡抚松寿为江苏巡抚，擢河南布政使景星为江西巡抚，接替松寿的遗缺。闰八月，朝廷令河南巡抚裕长和湖北巡抚于荫霖互调。这种在两江、两湖"地盘"渗入满人大员的人事任命，立即被看作是为了牵制刘坤一和张之洞，旋即遭到外人激烈的干预。当时英国驻上海代理总领事在向其外交大臣的报告中抱怨道："两江总督正逐渐受到满族官员们的包围，他们代替了汉族官员……在两江总督管辖的三省中，有两位巡抚和三位布政使都是满族人，他们毫无疑

---

① 此段论述是在石泉论断基础上修改补充而成，参见石泉：《甲午战争前后之晚清政局》，第273页。

② 劳祖德整理：《郑孝胥日记》第2册，中华书局1993年版，783页。

问在一有机会的时候便企图牵制总督。"因此，他建议英国政府
通过中国驻伦敦公使对这些任命提出抗议。同时，他也为此事
"正与长江各省总督联系"。① 九月，在各国纷纷抗议下，裕长被
解职。② 刘坤一、张之洞显然利用了外人施加给清廷的巨大压力。
随后，经过一系列调整，景星调任福州将军，松寿调任河南巡
抚，湘人聂缉椝和李兴锐则分别升授江苏巡抚和江西巡抚。如
此，加上庚子年前夕已调任安徽巡抚的湘人王之春，在光绪二十
七年（1901）初的时候，两江地区的一总督、三巡抚皆由湘人担
任，刘坤一为首的湘系在两江地区的权势达到高潮。

显然，对朝廷来说，这样的人事安排实为不得已而为之的权
宜之计，已经明显偏离清廷注重平衡的一贯用人原则。故一旦外
部威胁稍微减轻，慈禧太后和清廷高层就必然会处置东南督抚尾
大不掉问题，裁抑两江地区的湘系势力也就势所必至。因此，辛
丑回銮前后，清廷裁抑南洋的政治暗流已经开始涌动。这至少包
括削弱军力、调整人事和宣召觐见三种举措。

削弱南洋军力的一个明显标志就是，辛丑年（1901）六月初
三日，当和议已定、即将画押之时，清廷立即命令两江总督刘坤
一交出江南最精良的自强军，归山东巡抚袁世凯节制训练。朝廷
给出的理由是：自强军"素练洋操，本系备调之队"，现因"山
东武卫右军调派三千人赴京弹压地方"，未免空虚，故调往山东

---

① 《代总领事霍必澜致索尔兹伯里侯爵电》（1900年10月6日发自上海，同日收
到），胡滨译，丁名楠、余绳武校：《英国蓝皮书有关义和团运动资料选译》，中华书局
1980年版，第330页。

② 马士著，张汇文、姚曾廙、杨志信、马伯煌、伍丹戈合译：《中华帝国对外关系
史》第3卷，第355页。

由袁世凯"酌量分布,督饬训练"。① 如此理由颇耐人寻味。刘坤一接到寄谕后,很快提出两点"为难情形",反对调动自强军。他说:"自强军共二千六百余人,系江南提督李占椿统带,驻扎江阴,所有南北炮台及合字五营均归节制。江阴为长江第一重要门户。该提督驻防有年,布置周密,势难远离。"故若将自强军调往山东,一则该军统将乏人,二则"江阴重镇仅剩合字五营,兵力太觉单薄,实属不敷分布",且"江南因饷项不继,正将新募各勇营次第裁遣",也苦无其他部队可以抽拨去填扎。但山东空虚的问题也必须解决,故建议"将张春发所部武卫先锋左军步队六营、马队一百五十骑",调往山东驻扎。②

不过,清廷削夺南洋军权的意图已定,所以"将计就计",谓刘坤一"既称江防单薄,不敷分布,著即将张春发所部各营调扎江阴",自强军则仍调山东。③ 自强军是张之洞在署理两江总督时亲手组建的新式军队,所以张之洞一向关心该军的命运。此事也令张之洞感到颇为惊异,他急忙电询刘坤一"此系何故"?是否因袁世凯奏请?④ 最终,刘坤一力争不得,只好从命。于是自

① 《电谕》(光绪二十七年六月初三日),中国第一历史档案馆编:《清代军机处电报档汇编》第2册,第462页。

② 《江宁刘制台致西安枢电》(光绪二十七年六月十七日),《张之洞档》第88册,虞和平主编:《近代史所藏清代名人稿本抄本》第2辑,大象出版社2014年版,第372—375页。

③ 《电谕》(光绪二十七年六月二十一日),《清代军机处电报档汇编》第2册,第471页。

④ 《致江宁刘制台》(光绪二十七年六月二十六日酉刻发),赵德馨主编:《张之洞全集》第10册,武汉出版社2008年版,第301页。

强军调往山东。迨袁世凯升任直隶总督后，该军又调往直隶。[1]
如此，北洋军备更为加强，南洋军力无疑愈形削弱。

如果说调动自强军是对南洋军力的削夺，那么两江地区三位
湘系巡抚王之春、聂缉椝和李兴锐的人事更动，就是裁抑东南湘
系势力的进一步行动。辛丑年（1901）九月初六日，安徽巡抚王
之春被掌山东道御史高枬列款奏参。[2] 十九日，此案交漕运总督
张人骏查复。十月初十日，张人骏复奏毫不留情，直谓所查各节
"均与原参大致相同"。内中一则称，王之春"姬媵素多，妾之父
兄弟侄多派在署办事，不免招摇需索。门丁黄元福兼充巡捕官，
又委护参将印务。其人或云姻亲，或云宠妾之兄"；再则谓王之
春"所招护卫军十三营，半名武卫军，勇多湘人，除调出及裁
撤，尚有七营在皖。平日酗酒滋事、调戏妇女，漫无纪律"。进
而指出安徽"自添营后，供支无节，糜饷颇多，藩库因之拮据"。
最后暗示王之春不堪安徽巡抚重任："臣维皖省地介江淮，民多强
悍，虽力求整饬，犹恐患至无方，矧可滥用私人，不修军政。"[3]
结果，辛丑年十月二十二日，王之春奉旨开缺，另候简用。[4]

相对于问题的严重性，这样的处分尚属从轻。不过，刘坤一

---

[1] 许同莘：《张文襄公年谱》，《北京图书馆藏珍本年谱丛刊》第 174 册，第 60 页。
拉尔夫·尔·鲍威尔著，陈泽宪、陈霞飞译：《中国军事力量的兴起（1895—1912）》，中
国社会科学出版社 1979 年版，第 112—113 页。

[2] 《掌山东道监察御史高枬奏为安徽抚臣王之春素无行检出使俄国归途过新嘉坡微
服冶游被人狙击已属有损国体等由》（光绪二十七年九月初六日），台北故宫博物院图书
文献馆藏：军机处档折件，档号：144379。

[3] 《调补山东巡抚漕运总督张人骏奏为查覆王之春参款由》（光绪二十七年十月初十
日），台北故宫博物院图书文献馆藏：军机处档折件，档号：145055。

[4] 中国第一历史档案馆编：《光绪宣统两朝上谕档》第 27 册，第 219 页。

对罢免王之春颇表不满,他随后致函军机处,极力为王之春辩护。他说:

> 疆吏进退,朝廷自有权衡。王之春如何被参,外间莫由深悉。唯晚生与王之春共事两年,深知其才可用。上年江防劳绩,实有不可没者。自北方拳匪肇乱,南方人情汹汹,外洋尚受羁縻,内奸极形猖獗。安徽大通之变,为沿江各匪窃发先声,若不立予歼除,必至四路滋蔓。晚生立派王世雄带队乘轮驶赴芜湖,嘱令相机进剿。而王之春已调李定明等各营星驰电掣,迳入大通,一鼓破贼,分道穷追,遂草剃而禽狝之。由是上下游匪徒慑不敢动,巨憝唐才常等谋泄就擒。是则消患初萌,中外所共见共闻者。嗣以江苏援军北上,江防颇涉空虚,王之春复令李定明五营移驻扬州,以壮声势,尤为顾全大局。至于剿办各处土匪、游匪,保护教士、教堂甚多,犹其小焉者也。王之春前官川、粤等处,颇著劳绩。及开府皖中,以向称瘠苦之区,值上年艰难之会,调兵调饷,措置裕如,一时威望卓然,竟与山东袁升抚(袁世凯)齐驱并驾,不谓有此蹉跌也。昔人有言:毋以寸朽弃连抱之材。值此时艰,需人孔亟,如王之春者,尚足备缓急之用。谨据实上陈,伏乞俯赐察核。[①]

王之春开缺次日,朝命江苏巡抚聂缉椝调补安徽巡抚,而以奕劻的亲家、满人恩寿调任江苏巡抚。由最富庶的江苏调往贫瘠

---

① 《致军机处》(光绪二十七年十二月二十六日),《刘坤一遗集》第5册,第2298页。

的安徽，不啻左迁，所以聂缉椝牢骚满腹，声称准备辞职。① 次年（1902）七月，李兴锐亦由江西巡抚调署广东巡抚。广东虽为大邦，但由于督抚同城的缘故，广东巡抚难免在两广总督笼罩之下，不比江西巡抚可以独当方面。此外，朝廷又命年迈多病的两江总督刘坤一觐见，也是玄机暗藏。要知道，庚子年春，刘氏刚刚觐见过。刘坤一以患病未痊为理由再三推辞，至光绪二十八年（1902）九月初五日薨于位。可以说，在辛丑回銮前后，清廷通过人事调整，打破了庚辛之际湘系势力一度全面"把持"两江三省四位最高长官的局面，而两江地区参与过东南互保的湘系督抚，受到了一定程度的裁抑。

第二节　袁世凯"北洋下南洋"的发轫

进言之，从全局来看，为了应对严重的内外挑战，清廷裁抑东南湘系势力，实为当时国家政策的一部分。第一，此时战略重心在北方，直隶、天津有各国驻军，东北尚在俄国人手上，日、俄争夺东北亚的态势已经十分明显。故面对京津及东北地区外人迫在眉睫的威胁，清廷必须加强北洋的军备和实力。袁世凯率领的武卫右军，正好可以填补直隶的权力真空，拱卫京畿。正如刘体智所言，"辛丑回銮后，朝廷惟惧外人图己，项城近在北洋，

① 《聂缉椝致荣禄》（光绪二十八年正月二十日），杜春和、耿来金、张秀清编：《荣禄存札》，齐鲁书社1986年版，第188—192页。按，此函落款署"禧"，编者误为吴重熹，据内容和笔迹可知作者为时任安徽巡抚聂缉椝。该函影印件见《荣禄档》（2），虞和平主编：《近代史所藏清代名人稿本抄本》第1辑第65册，第558—574页。

手握重兵，尤为倚恃"。① 而且，袁世凯确实善于同外人打交道，通过提前收回天津、接收关内外铁路，迅速建立起更高的威望。所以，清廷不得不重用和扶植手握重兵、精明强干、善于外交的袁世凯。② 第二，对内则必须尽快重树权威，扭转因庚子西狩、东南互保而急速加剧的"外重内轻、令出不行"的状况③，故有必要对东南互保的势力有所裁抑。第三，同样重要的是，加速练兵和推行新政，在在需款，也必须加强对南洋财赋之区的控制。但是，此时清廷威望大减，其集权政策和意图并不容易贯彻，故迫切需要政治军事强人设法推动落实。深受慈禧太后和荣禄信任的新任北洋大臣袁世凯正是这样的强人。④ 而善于揽权的袁世凯也借此强势南下，影响南洋地区的人事，控制南洋的财赋和军备，将北洋势力和北洋模式向南洋扩张。这一影响重大的历史进程，可称之为"北洋下南洋"。⑤

光绪二十八年（1902）九月刘坤一去世后，清廷首先拿东南

---

① 刘体智著、刘笃龄点校：《异辞录》，第 214 页。

② 拉尔夫·尔·鲍威尔：《中国军事力量的兴起（1895—1912）》，陈泽宪、陈霞飞译，第 112 页。

③ 《张缉光致汪康年》（光绪二十八年二月十八日到），上海图书馆编：《汪康年师友书札》第 2 册，上海古籍出版社 1986 年版，第 1785 页。

④ 尽管袁世凯也是广义的东南互保成员，但终是追随者。在庚子西狩过程中，从始至终尽力供应行在粮饷，愈发获得慈禧欣赏。袁世凯接任直隶总督的缘由，参见麦金农著，牛秋实、于英红译：《中华帝国晚期的权力与政治：袁世凯在北京与天津（1901—1908）》，天津人民出版社 2013 年版，第 33—35 页。荣禄信任袁世凯为大家熟知。用密信揭示其隐微关系的新近研究，参见马忠文：《戊戌政变后至庚子事变前袁世凯的政治境遇》，《广东社会科学》2017 年第 5 期。

⑤ 韩策：《清季江督之争与丁未政潮的一个新解释》，《近代史研究》2021 年第 4 期；韩策：《清季"湘人江督格局"的终结与"北洋下南洋"的形成》，《史学月刊》2021 年第 8 期。

互保的另一主角盛宣怀开刀，夺其控制的电报、轮船等利权。这段历史既往研究较多。① 如果跳开袁世凯与盛宣怀的个人权力争夺，而将其放在清廷裁抑东南互保势力的大背景下观察，则理解还有不同。当时"收拾"盛宣怀，绝非仅是袁世凯的个人图谋，朝中实有共识，慈禧太后和军机大臣荣禄、鹿传霖、瞿鸿禨等皆以为然，惟与盛宣怀渊源深厚的王文韶主张"保全"，但"谋者太多，其势颇孤"。② 时任南书房行走、兵部侍郎陆宝忠向盛宣怀透露了荣禄、袁世凯等人的意图："铁路已责成专办，轮、电不能分开，尽人知之，而觊觎者专注在此。双火（荣禄）本有芥蒂，夫己氏（此处指袁世凯）复以利动之，垫（张百熙）、玖（瞿鸿禨）谈，似亦有先入之见。"③ 其实，早在辛丑回銮之初，瞿鸿禨的儿女亲家余肇康就曾建议收回盛宣怀手中的利权。他说："轮船、电线、铁路、矿务，最大值利，应如何改归官办，抑或责令岁输其半，作为维正之供。派员稽查，亦是简捷办法。断不能使大宗巨款，尽入商人囊橐，求之欧、美、东，均无此政体。"④ 故瞿鸿禨对盛宣怀抱有"先入之见"毫不偶然。军机大臣、户部尚

---

① 费维恺著、虞和平译：《中国早期工业化：盛宣怀（1844—1916）和官督商办企业》，中国社会科学出版社 1990 年版，第 95—100、205—207 页。中村义著、邹念之译：《清末政治与官僚资本——以盛宣怀的活动为中心》，《国外中国近代史研究》第 6 辑，中国社会科学出版社 1984 年版，第 22—28 页。夏东元：《盛宣怀与袁世凯》，《历史研究》1987 年第 6 期。夏东元编著：《盛宣怀年谱长编》下册，第 761—774 页。

② 《陆宝忠致盛宣怀》（光绪二十八年十月二十二日），王尔敏、吴伦霓霞合编：《盛宣怀实业朋僚函稿》中册，第 1028 页。

③ 《陆宝忠致盛宣怀》（光绪二十八年十月二十二日），《盛宣怀实业朋僚函稿》中册，第 1029 页。文字已据香港中文大学藏原档影印件校正。

④ 《余肇康致瞿鸿禨》（光绪二十七年十二月），《瞿鸿禨朋僚书牍》，中国社会科学院近代史研究所藏：甲 375。

书鹿传霖对盛宣怀观感更差。早在光绪戊戌年，他在家书中就诋斥盛宣怀为"匪人"。① 此时主管财政的鹿传霖颇"欲将招商局归入户部筹饷"。只是同样意欲染指的袁世凯认为轮船招商局"创自北洋，拟奏请仍由北洋维持，以重商务"。② 此外，与醇王府关系密切的张翼亦虎视眈眈，更有传闻他将督办轮、电两局。不过袁世凯坚决反对，他称："留侯（张翼）接局，鄙人断不谓然。"③

显然，正在执行朝廷集权政策的袁世凯受到慈禧太后和荣禄的有力支持，成为裁抑盛宣怀及东南势力的一张王牌。时任漕运总督的陈夔龙在给荣禄的密信中说得非常露骨："电线改归官办，藉以收回利权，洵为善策。惟闻商股半系江、皖、浙豪绅强族蟠踞垄断，诚恐惟利是图，罔知大义，影射洋商，挟他族以胁我，致令收回为难，是在本初（袁世凯）之善为操纵矣。此外则招商局亦宜着意也。"④ 既然盛宣怀麾下的电报局的股东多是所谓的"江、皖、浙豪绅强族"，那么清廷扶植袁世凯收回电报局，进而控制轮船招商局，就是对东南势力的一大打击，同时，也正是袁世凯"北洋下南洋"的重要一环。

进言之，在"收拾"盛宣怀的过程中，无疑夹杂着非常复杂的个人权力和利益之争，但是，站在朝廷的角度，将电报局迅速

① 《致六儿书》（光绪二十四年八月十四日），《鹿传霖任川督时函札》（原题名如此，与内容有出入），中国社会科学院近代史研究所藏：甲170。关于这批家书，可参见吉辰：《鹿传霖未刊家书中所见戊戌前后时局》，《文献》2017年第6期。

② 《寄王中堂（文韶）》（光绪二十八年十一月初六日），盛宣怀：《愚斋存稿》中册，上海人民出版社2018年影印本，第1273页。

③ 《在开封致商约大臣盛宣怀电》（光绪二十八年十月十七日），骆宝善、刘路生主编：《袁世凯全集》第10卷，第520页。

④ 《陈夔龙致荣禄》（约光绪二十八年十二月），《荣禄档》（5），虞和平主编：《近代史所藏清代名人稿本抄本》第1辑第68册，第113页。

收归官办，确有其必要性和合理性。因为经过庚子事变和东南互保的大变局，慈禧太后和清廷高层显然已经充分意识到，官位仅是京卿的盛宣怀由于掌管电报大权，控制国内外通讯，平日已经掌握巨大资源，而一旦时局紧张，其权势之大足以影响甚至左右京内外的重大决策。这是慈禧太后和清廷高层无论如何不能容忍的。所以，辛丑回銮之后，清廷千方百计要将电报局收归官办。光绪二十八年（1902）十一月十三日，清廷下旨称："各国电线多归官办。凡遇军国要政，传递消息，最称密捷。中国创自商办，诸多窒碍，亟应收回，以昭郑重。"① 这不能不说是有鉴于庚子事变和东南互保的深刻"教训"，而袁世凯的"北洋下南洋"也藉此发轫。

当然，如果说向盛宣怀收权，朝内共识较多，尚不甚难的话，那么要在维持东南大局相对稳定的情况下，进一步执行"北洋下南洋"，则必然与东南地区的湘系势力发生竞争关系。恰在不久前，担任两江总督十余年的湘系领袖刘坤一溘然长逝，两江地区失去了最重要的军事政治强人。作为东南第一要缺的两江总督兼南洋大臣，顿时成为各方激烈角逐的对象。

第三节　刘坤一去世后的江督人选

晚清选用江督大体有两个倾向，一是用威望素著、文武兼资的湘系督抚；二是用熟手，即从有两江地区任职经历的封疆大吏中遴选。所以，刘坤一去世后，据说张之洞、魏光焘、聂缉椝、

① 中国第一历史档案馆编：《光绪宣统两朝上谕档》第28册，第315页。

恩寿均是有力的继任人选。①

魏光焘（1837—1916），字午庄，湖南邵阳人，系湘军大将，曾随左宗棠征西北，历任甘肃平庆泾固道、布政使。早在光绪十年（1884）中法战争之际，左宗棠就保荐其"堪备督抚之选"。②刘坤一与魏光焘是湖南宝庆府同乡。尽管刘自称与魏并未共事，亦无往来，但他确曾在甲午战争爆发前夕，透过军机章京湘人冯锡仁，向军机大臣孙毓汶推荐魏光焘接任甘肃新疆巡抚，不久又"采其声望，登诸荐章"。随后，魏光焘率领湘军东下，在刘坤一麾下出关应战。光绪二十一年（1895），魏光焘曾"总统湘军"。③战争结束后，魏光焘带兵返回西北，历任陕西巡抚、陕甘总督。庚子事变中，两宫驻跸西安后，魏光焘调任云贵总督。④刘坤一去世后，魏光焘在湘系督抚中无疑资历深厚，吏治熟悉，且有带兵经验，有能力镇抚江南湘军，但其缺乏在两江任职的经历，洋务交涉是其短板。

聂缉椝（1855—1911），字仲芳，湖南衡山人，系曾国藩女婿，和军机大臣瞿鸿禨是儿女亲家。他早在光绪八年（1882）就

① "Death of the Greatest Viceroy in China", *The North-China Herald and Supreme & Consular Gazette*, 1902-10-08, p. 716；《江督刘制军薨音详述》，《申报》，光绪二十八年九月初九日，第1版。

② 《遵旨保荐人才折》（光绪十年闰五月十八日），刘泱泱等校点：《左宗棠全集》第8册，第457—458页。

③ 《复冯莘垞》（光绪二十年六月初五日）《致李兰生中堂》（光绪二十年八月二十八日）《致魏光焘》（光绪二十一年），中国科学院历史研究所第三所工具书组校点：《刘坤一遗集》第5册，第2088、2111、2161页。

④ 庚子事变中，陕甘总督由魏光焘过渡到满人崧蕃的内情，详见韩策：《满人封疆大吏崧蕃与庚子西巡前后的陕甘政情》，《北京大学学报（哲学社会科学版）》2021年第1期，第127—135页。

受到时任江督左宗棠的赏识。① 继任江督曾国荃系其叔岳，更不待言。光绪十七年（1891）刘坤一接任江督后，每叹湘系"继起无人"，却以聂缉椝为文官中首要"后劲"。② 所以，聂缉椝长期在江南地区担任要职，先以候补道身份主持江南制造局，后补上海道，擢浙江按察使，升江苏布政使，在光绪二十七年（1901）授江苏巡抚，同年调任安徽巡抚。就在刘坤一去世前一天，聂缉椝奉旨调补浙江巡抚。③ 聂缉椝的优势是湘系人脉背景极其深厚，任职两江地区的经验也甚丰富，且熟谙交涉，但此时他还资历尚浅。

恩寿，字艺甫，满洲镶白旗人，进士出身。他是前军机大臣、协办大学士麟魁之子，④ 前军机大臣、大学士宝鋆之侄，庆亲王奕劻的亲家，⑤ 绝对称得上是家世显赫的满洲权贵，所以升迁极为火速。光绪二十四年（1898）恩寿由陕西陕安道升授江西按察使，仅仅半年之后，就擢任江宁布政使，成为两江总督刘坤一的助手。光绪二十七年（1901），漕运总督张人骏调补山东巡抚，遗缺由恩寿补授。据说恩寿不愿出任漕督，转求刘坤一"电都"后，随即调补江苏巡抚。⑥ 原江苏巡抚聂缉椝调任安徽巡抚，

① 徐凌霄、徐一士著，徐泽昱编辑，刘悦斌、韩策校订：《凌霄一士随笔》中册，第562—564页。

② 《复李镜岩军门》（光绪十七年十一月十五日），《刘坤一遗集》第4册，第1997页。

③ 中国第一历史档案馆编：《光绪宣统两朝上谕档》第28册，第219页。

④ 王锺翰点校：《清史列传》第12册，第3668页。

⑤ 《致安圃侄（张人骏）》（1901年），张佩纶：《涧于集·书牍》卷六，《清代诗文集汇编》第768册，上海古籍出版社2010年影印版，第611页。

⑥ 《致安圃侄（张人骏）》（1902年），张佩纶：《涧于集·书牍》卷六，《清代诗文集汇编》第768册，第614页。

不啻为恩寿腾缺。这令聂缉椝颇为不满。他在给荣禄的密信中，不仅批评恩寿在南京"多行不义"，斥其为"险诈小人"，而且对刘坤一重用恩寿、"为其所愚"也颇有微词。① 其实，恩寿恃有高层奥援，刘坤一与他维持良好的工作关系，亦是无可如何之举。恩寿的优势在于不仅高层背景极为深厚，而且比较熟悉江苏情形。他的短板在于既无带兵经验，资历也还较浅。况且半个世纪以来，只有裕禄于光绪十三年（1887）短暂署理过江督，此外绝无满人出任江督的先例。

综合来看，已任督抚二十年，声威素著，且曾在甲午战争时署理过江督的张之洞，最受瞩目。早在光绪十年（1884）左宗棠保荐曾纪泽时就说："现在两江督篆需才甚殷，张之洞虽名重一时，若论兼通方略，似尚未能及曾纪泽也。"② 虽然语意上明显抑张而扬曾，但却说明时任两广总督的张之洞已被视为江督的替人之一。迨光绪十五年（1889）调任湖广总督后，据说张之洞的意图"盖在三省钧衡"的两江总督兼南洋大臣一席，以便施展其经营八表之鸿才。③ 当年驻英国使馆参赞黄遵宪在私信中也有"假令香帅（张之洞）移督两江"的说辞。④ 而张之洞的核心幕僚王秉恩随后在密信中则谓，"朝廷重念海疆"，故张之洞若非再莅两

---

① 《聂缉椝致荣禄函》（光绪二十八年正月二十日），杜春和、耿来金、张秀清编：《荣禄存札》，第188—192页。按，此函作者署名禧，编者系于吴重熹名下，但据密函内容和新近影印出版的笔迹，可断为聂缉椝所作。

② 《遵旨保荐人才折》（光绪十年闰五月十八日），《左宗棠全集》第8册，第457页。

③ 徐凌霄、徐一士：《凌霄一士随笔》上册，第54页。

④ 《致蔡毅若观察书》（1890年），陈铮编：《黄遵宪全集》上册，第342页。

广，"亦必近指金陵，斯固人人意计之事"。① 因此，甲午战争中，两江总督刘坤一率湘军北上，即以张之洞署理江督。光绪二十一年（1895）战事结束，已任江督一年并有诸多建树的张之洞，并非没有实授机会，只是最终遵照慈禧太后之意，刘坤一和张之洞分别回任。② 所以，刘坤一去世后，由张之洞继任江督，也在情理之中。③

有意思的是，张之洞此时并不愿意出任江督。他一接到刘坤一去世的电报，当天就致电其姐夫、军机大臣鹿传霖，请鹿氏向荣禄及王文韶、瞿鸿禨剀切言明，恳求慈禧太后断勿调他东下江南。他特别提出"四不可"：

> 才具万不胜任，一也。鄙人精力日衰，数月来皆系扶病办事，鄂省轻车熟路，尚可勉强支持。江南政事最繁，人地皆生，贱体万不能支，数月以后，必为岘帅之续，二也。鄂省所办学堂、练兵、制械、矿务、警察、堤工数大端，皆已有规模，或已有七八分，或已五六分，指日收效。若有移动，前功尽弃，实不甘心。江南事事皆须平地创造，必致一事无成，三也。铁路乃中国第一大政，鄙人创议之第一大事。今芦汉之路明年底可成，粤汉之路现已开工，自广东省城造起。两路中权枢纽，全在湖北。将来议税章，通文报，设护兵，通商货，收路权、利权，皆须鄂省筹办，主持其

① 《王秉恩致张之洞函》（1891 年夏），《王秉恩等函稿》，中国社会科学院近代史研究所藏：甲 315。

② 详参第 3 章第 2 节。

③ 本年春，刘坤一请开缺，张佩纶在家书中称刘坤一病重难久，代者必是张之洞。《张佩纶致张人骏》（光绪二十八年二月十五日），《张佩纶家藏信札》第 5 册，第 2812 页。

间，小有出入，即关国家万年利害。弟系铁路创议之员，一切正待筹办。他人来鄂，必多隔膜，四也。①

以上四点理由容有夸大，但此时不愿接任江督当是张之洞真实想法。因为他没必要对鹿传霖如此故作姿态。进言之，张之洞之所以坚辞江督，或许还因为彼时南洋地区的中外交涉极为复杂，颇难措置得当，而且朝廷在回銮后有意裁抑东南互保的南洋势力，故张之洞不愿身陷旋涡。

不过，张之洞显然意识到如果坚辞江督，朝廷必感"择人为难"，故次日又向鹿传霖推荐吏部尚书张百熙和署理闽浙总督李兴锐。从电文看，着重尤在后者。他称赞李兴锐"吏治老练，久在南、北洋，谙习洋务"，若催其"由海道来，七日可抵沪"，断言李氏"实可胜任"。值得注意的是，张百熙、李兴锐均是湘人。这说明在张之洞心目中也"默许"湘人江督的传统。此外，由于鹿传霖曾在庚子年以江苏巡抚署理过江督，所以鹿氏也是候选人之一。但张之洞认为鹿传霖的"性情与今日南洋不甚相宜"，故建议他"不出外为宜"。② 当日南洋交涉繁重，须与洋人关系较密，方可措置裕如，而鹿传霖被外人及东南舆论目为顽固，故张之洞所言亦非无据。当然，鹿传霖一旦外任，张之洞将失去枢垣靠山，不仅多有不便，甚至地位也会动摇。③ 因此，鹿氏外放江

---

① 《致鹿尚书》（光绪二十八年九月初五日），苑书义等主编：《张之洞全集》第11册，第8943—8944页。

② 《致鹿尚书》（光绪二十八年九月初六日），苑书义等主编：《张之洞全集》第11册，第8944页。

③ 庚子年鹿传霖入枢后，张佩纶就说张之洞因"姊丈在内，胆气又壮"，于此可见个中微妙情形。《复柯巽庵（逢时）都转》（1900年），张佩纶：《涧于集·书牍》卷六，《清代诗文集汇编》第768册，第592页。

督绝非张之洞所愿，自不待言。

然而，很可能因为这时东南局势非常微妙，不仅南洋大臣和上海道正在与列强交涉黄埔江的河道管辖权纠纷，[①] 而且关系重大的商约谈判也正在紧张进行之中，所以清廷还是稳妥起见，选择与外人关系良好，擅长交涉，且近在武昌的张之洞署理江督，以便乘坐军舰迅速东下坐镇。[②] 当然，令张之洞署理，而非实授，也说明此中尚有争议，最高层并未下定决心。

第四节　张之洞短暂督江的台前幕后

张之洞既然如此反对出任江督，朝廷却仍然迅速授命于他，说明为稳定东南大局，确实需要借重声望卓著、中外交推的张之洞。时任江苏督粮道的胡延在致荣禄的密信中就说："香帅移镇，自是非准不可"，因为"中外同心"。[③] 因此，张之洞周围的众多官绅，料其必可实授。[④] 此外，沪上报刊舆论也纷纷鼓吹张之洞是接替刘坤一的最佳人选。[⑤] 岂料短短两月之后，清廷突然令云

---

① 《贺璧理来函》（1902年4月22日）《濮兰德来函》（1902年10月22日），骆惠敏编、刘桂梁等译：《清末民初政情内幕：〈泰晤士报〉驻北京记者袁世凯政治顾问乔·厄·莫理循书信集》上卷，知识出版社1986年版，第231—235、242页。

② 上谕措辞正是"迅速赴任"。中国第一历史档案馆编：《光绪宣统两朝上谕档》第28册，第221页。

③ 《胡延致荣禄函》（光绪二十八年十月初三日），《荣禄档》（5），虞和平主编：《近代史所藏清代名人稿本抄本》第1辑第68册，第200页。

④ 《许同莘日记》（手稿），光绪二十八年十一月初十日，中国社会科学院近代史研究所藏：甲622-11，第28页。

⑤ 《鄂督调署两江上谕恭注》，《新闻报》，光绪二十八年九月初八日，第1—2版；《论江督刘岘帅逝世事》，《中西教会报》第8卷第88期（1902年11月），第9—10页。

贵总督魏光焘补授江督,让世人大感意外。此其故安在?

原来,张之洞署理江督兼南洋大臣后,竟很快遭到多方面的激烈反对。首要的反对来自江苏官场,其中分量最重的正是江苏巡抚恩寿。张之洞甫受命而尚未到任,恩寿就致信荣禄,痛诋张之洞"务名而不务实,计利而不计害;所行之法则恃器而不恃心,所用之人则为私而不为公",以故"治鄂十余年,不可谓无建白,而卒未闻收有成效"。恩寿进而对比张之洞与刘坤一施政方针之不同,并将湖北和江南相联系,谓张之洞调任江督后,势必好大喜功,竞立新法,用江南脂膏弥补湖北亏空。恩寿接着充满忧虑地说:在刘坤一时代,"非无借口新法之人时来尝试",但他"知无不言,抉其隐私",刘氏也因之"顿悟",故"大有关系者必不允行"。而今张之洞"抱不世之才,下车伊始,必将百度维新","断不纳刍荛之献"。所以,恩寿以辞职求退相"要挟":"与其至不可收拾之日辜负栽培,曷若于事机始露之时预为引避";鉴于成都将军长庚久不赴任,故以调任成都将军作试探。[①]前文已述,恩寿也是江督的候选人之一。因此,他如此赤裸裸地反对张之洞,难免令人怀疑是为了自谋江督,以私害公。这就削弱了他建言的说服力。所以,恩寿另附一短函,坚称所言实为公而非为私:"两江责任綦重,非威望卓著,素善将兵者,不足以膺此巨任。受业之为此迂论者,实为大局起见,若有一毫希冀此席之想,神明殛之。"[②]措辞直是起誓发咒。

迨张之洞到南京接任后,兴办新政"举动阔大"。恩寿大为

① 《恩寿致荣禄函》(光绪二十八年九月),杜春和、耿来金、张秀清编:《荣禄存札》,第183—184页。

② 同上书,第184页。

不满，于是发私电给荣禄和奕劻，"言江南财力恐不敷南皮（张
之洞）一年之挥霍，如张久任南洋，彼即告辞云云。立言危悚，
政府颇为所动"。① 这通张缉光致汪康年的密信写于十一月初六
日。因为张缉光是瞿鸿禨的得意门生，当时在北京做瞿府的家庭
教师，常为瞿鸿禨出谋划策。② 所以这则消息很可能正是来自军
机大臣瞿鸿禨。恰在同日，清廷下旨令云贵总督魏光焘调补两江
总督。虽然恩寿与张之洞政见大异，且不免夹有私意，但他批评
张之洞用财如泥沙，却大体是当时公论。魏光焘调补江督后，漕
运总督陈夔龙在给荣禄的密信中说："留侯（张之洞）交涉是其
所长，浪费是其所短。幸邀尊鉴，留此财赋之区，勿令竭泽而
渔，然鄂中已收括不堪，商民俱困矣。"③ 显然，张之洞施政举动
阔大，用财浪费，也是荣禄等清廷高层所忧虑和不满的。

　　江苏官场中除恩寿外，反对张之洞者也大有人在。其实，胡
延在评论张之洞出任江督"中外同心"的同时，也直言他"难于
伺候，亦人人所知"。④ 这可视为江苏官场反对张之洞的一个预
言。此外，南京的士民也不满于张之洞的施政。当时寓居南京的张
佩纶在家书中就说："金陵士民痛恨香翁（张之洞）几如酷吏。"⑤

---

① 《张缉光致汪康年函》（光绪二十八年十一月初六日），上海图书馆编：《汪康年
师友书札》第 2 册，第 1797 页。
② 详见韩策：《科举改制与诏开进士馆的缘起》，《近代史研究》2015 年第 1 期；韩
策：《科举改制与最后的进士》，社会科学文献出版社 2017 年版，第 96—106 页。
③ 《陈夔龙致荣禄函》（约光绪二十八年十二月），《荣禄档》（5），虞和平主编：
《近代史所藏清代名人稿本抄本》第 1 辑第 68 册，第 114 页。
④ 《胡延致荣禄函》（光绪二十八年十月初三日），《荣禄档》（5），虞和平主编：
《近代史所藏清代名人稿本抄本》第 1 辑第 68 册，第 200 页。
⑤ 《致安圃侄（张人骏）》（光绪二十八年十一月），张佩纶：《涧于集·书牍》卷
六，《清代诗文集汇编》第 768 册，第 619 页。

而浙江道员李辅燿也从南京官员口中听到张之洞"骇人听闻"的种种举动。①

在两江地区军政商学界有巨大利益的湘人群体，也反对张之洞就任江督。清廷之所以从光绪五年（1879）沈葆桢去世后，就倾向于遴选湘系大将出任江督，进而形成了湘人江督格局，镇抚江南的湘军及相关势力正是其中要因。而湘人江督格局一旦形成，就又成为遴选江督时必须考虑的关键因素。张之洞系统的官绅如许同莘等人，当时就将张之洞的突然离任，归因于湘人群体的激烈反对和入京运动。他说："中兴以后，两江总督皆以湘人为之（惟沈文肃、李宗羲非是），为约束湘军故也。香帅之来，众意必拜真除之命。而部下湘人，谓从此将无指望。以刘忠诚（刘坤一）遗折曾保荐魏午庄可任，遂集三十万巨赀至京纳赂，为之游说。魏竟得补授江督之旨。舆论纷然。闻荣禄一人得六万金。政以贿成，是可慨矣。"② 多年之后，许同莘编张之洞年谱时，仍然认为1902年张之洞未能留任的原因之一，是"湘军将领狃于故常，遂有谓此席不相宜者"。③ 湘人携巨款入京为魏光焘纳贿游说，虽尚不能完全证实，但其反对张之洞出任江督，当是事实。

此外，值得特别指出的是，张之洞"身在江南，不忘鄂事"④。据余肇康致瞿鸿禨的密信，"广雅（张之洞）虽移节，事多付之山舟（梁鼎芬），仍不能去鹤楼（湖北）一步。此则我公

---

① 徐立望、胡志富主编：《李辅燿日记》第4卷，浙江大学出版社2014年版，第258—259页。

② 《许同莘日记》（手稿），光绪二十八年十一月初十日，中国社会科学院近代史研究所藏：甲622-11，第28页。

③ 许同莘编：《张文襄公年谱》，《北京图书馆藏珍本年谱丛刊》第174册，第95页。

④ 同上。

意料所不到也"①。看来如果张之洞实授江督，就很可能既掌握南洋大权，又遥控湖北政坛。这是清廷绝对不能容忍的。

可以说，正是上述因素促使清廷最高层决定调换张之洞。当时在京外国人的消息称："慈禧太后想授张之洞以两江总督实缺，但是荣禄和袁世凯竭力谏阻，所以最后任命了魏光焘。谁都不明白袁世凯为什么如此反对张之洞，但是我揣测，他这样做是为了讨好他的庇护人和盟兄荣禄。"② 慈禧太后的态度尚难完全确定，但她屡屡以张之洞为书生，言下亦不甚许可。③ 况且她对刘坤一、张之洞发起的东南互保，芥蒂实深。④ 从上文看，当国的首席军机大臣荣禄最终决定调换张之洞，当无疑义。本来就对张之洞颇有意见的奕劻，想必也会受其亲家恩寿的影响。因此，即使慈禧真的想让张之洞留任江督，荣禄等人只要将上述"不利信息"向慈禧剀切陈明，似亦足以改变慈禧态度。

至于袁世凯的态度和作用，还可进一步讨论。张之洞的弟子及晚年幕僚傅岳棻曾说：光绪二十八年（1902）袁世凯入京召对，慈禧太后"询及江南事"，袁氏即说："张某虽老成，精神殊衰茶，其宴臣席间即颓卧矣。由是有诏命文襄（张之洞）仍回鄂任。文襄知其中伤，颇以为憾。"⑤ 类似说法尚多。不过，据可靠

---

① 《余肇康致瞿鸿禨函》（光绪二十八年九月二十六日），中国社会科学院近代史研究所藏：瞿鸿禨朋僚书牍，甲375。

② 《巴克斯来函》（1903年2月19日），骆惠敏编：《清末民初政情内幕：莫理循书信集》，第243页。

③ 《蔡金台致李盛铎函》（光绪二十四年九月二十五日），邓之诚著、栾保群校点：《骨董琐记全编》，第718页。详参第3章第二、三节。

④ 劳祖德整理：《郑孝胥日记》第2册，第783页。

⑤ 郭则沄著、栾保群点校：《洞灵小志·续志·补志》，东方出版社2010年版，第368页。

材料，袁世凯在河南老家葬亲之后，于十月二十一日南下，经汉口顺江而下，在南京与张之洞"畅叙两日"，十一月初二日从上海登舟北上，初五日抵天津，接直隶总督印信，初十日入京觐见。[①]

因此，谓袁世凯不乐见张之洞留任江督则可，谓张之洞未能留任是因袁世凯在慈禧面前"中伤"所致，则显非事实。盖袁世凯觐见之前的十一月初六日，魏光焘已经受命调补江督。况且慈禧和荣禄也不大可能造成袁世凯一入京觐见，张之洞就回任湖广总督的印象。如此痕迹太明，岂不将袁世凯倾轧张之洞的内情和盘托出。更可能的情况是，袁世凯在与张之洞、盛宣怀会面后，已经密电通报荣禄。袁世凯之所以不欲张之洞留任江督，或许因为他正在代表朝廷从盛宣怀手中收回电报局和轮船招商局等利权。张之洞虽与盛宣怀也有分歧，但他列举"七难"，认为电报局"由官收回，实无善策"，与袁世凯显有不同意见。[②]况且张之洞留任江督，虽非袁世凯对手，但袁氏彼时羽翼尚未丰满，有张氏在南洋掣肘，亦颇不易措置。此时，清廷为了裁抑东南互保势力，重树中央权威，并集中兵权财权，正在扶植袁世凯"削夺"南洋权限。倘若袁世凯反对张之洞留任江督，也容易说动慈禧和荣禄。

但如此结果，实在大损张之洞威望。尽管张之洞在刘坤一刚去世后并不愿意下江南，然而，一旦他带领为数众多的家人、幕

---

① 《在沪致署两江总督张之洞电》（光绪二十八年十月三十日）《销假接印视事日期折》（光绪二十八年十一月初六日）《致署两江总督张之洞电》（光绪二十八年十一月初八日），骆宝善、刘路生编：《袁世凯全集》第 10 卷，第 522、523、525 页。

② 《致天津袁宫保》（光绪二十八年十一月二十八日），苑书义等主编：《张之洞全集》第 11 册，第 8966—8967 页。

僚和随从浩浩荡荡地东下金陵，并开始大举新政，则情况已然不同。况且，这时朝野上下多预料张之洞必可真除。在此情况下，仅仅一个多月，清廷就突然令其回任，就实在让张之洞难堪，也使张之洞系统的官绅大失所望。张佩纶就说："香翁到此币月，始有振作意"，岂料"忽补"魏光焘，张之洞"进退维谷，一切生事之徒，均皆扫兴"。① 十一月初八日，张之洞收到袁世凯来电，得知魏光焘调补江督，于是连夜召其核心幕僚郑孝胥密谈。郑氏愤愤地说："朝廷奄奄不能自振，但依附湘淮残部，以迄于亡而已。"他们随后"语至天明方罢"。② 据说张之洞因为魏光焘"名望远出其下，意尤怏怏，恒语人曰：'朝廷此缺，不啻为湖南人买去矣'"。③ 此中愤懑可想而知。

魏光焘之所以能够调任江督，自然有两江地区湘人势力游说运动的因素，但清廷准备延续湘人江督格局，以稳定江南局势，也是重要考量。朝内主持此议的首为荣禄，而湘人军机大臣瞿鸿禨也是重要推手。在张之洞受到多方面激烈反对的情况下，瞿鸿禨趁机提出由魏光焘调补江督，得到慈禧和荣禄的首肯，也顺便"恢复"了湘人江督的传统。当日报刊消息就称，此议"为瞿大军机所创，实系为地择人起见"。④ 下文将看到，光绪二十九年

---

① 《致安圃侄（张人骏）》（光绪二十八年十一月），张佩纶：《涧于集·书牍》卷六，《清代诗文集汇编》第 768 册，第 619 页。

② 劳祖德整理：《郑孝胥日记》第 2 册，第 853 页。

③ 刘声木著、刘笃龄点校：《苌楚斋随笔续笔三笔四笔五笔》下册，第 592 页。

④ 《时事要闻》，天津《大公报》，光绪二十八年十一月二十二日，第 2 版。魏光焘答谢荣禄的信中说："焘年力就衰，智虑短浅，在滇年余，深愧涓埃无补。乃复渥荷圣恩，量移两江重地，恳辞不获，更虞陨越贻羞。敬乞垂爱赐教，俾有遵循，是为至幸。"《魏光焘致荣禄函》（光绪二十八年十一月），《荣禄档》（6），虞和平主编：《近代史所藏清代名人稿本抄本》第 69 册，第 248 页。

（1903）春，魏光焘到任不久，荣禄就因病去世，魏氏在中枢的盟友正是其同乡瞿鸿禨。

第五节 魏光焘督江后面临的挑战

魏光焘调补两江总督的决策，使湘人江督的传统得以维系，自然令在两江地区拥有巨大利益的湘人群体十分愉快。陈夔龙在给荣禄的密函中就说："当涂（魏光焘）督江，楚人大悦。"[①] 然而，魏光焘毕竟既缺乏在两江地区任职的经历，更缺乏与东南地区众多洋人打交道的经验，而张之洞则以交涉见长，与长江流域的外国势力关系密切。所以，在华外人如何看待这一重大人事调动，会不会或明或暗地干预，是清廷高层和关心时局者颇为在意的。

当时，张佩纶在家信中就颇为感慨地说："洋使如不说话，负此万寿菊花龙（似指张之洞）；如说话，亦非国体耳。"[②] 此外，据说各国驻南京领事均以魏光焘"久居边远，恐于外交之道不甚讲求"，遂联络驻京公使向清廷建议张之洞留办南洋事务。[③] 此种"干预"是否真的存在以及程度到底多深，尚难完全确定，但慈禧太后与荣禄等高层显然对此非常敏感。十一月初六日，魏光焘调补江督的谕令甫下，陈夔龙就向荣禄密报"欧人刻尚无异言"，但进而建言道："扬子江一带情势日棘"，诚虑魏光焘情形隔膜，

---

① 《陈夔龙致荣禄函》（约光绪二十八年腊月），《荣禄档》（5），虞和平主编：《近代史所藏清代名人稿本抄本》第68册，第113页。

② 《致安圃侄（张人骏）》（光绪二十八年十一月），张佩纶：《涧于集·书牍》卷六，《清代诗文集汇编》第768册，第619页。

③ 《保留江督》，《申报》，光绪二十八年十二月十二日，第1—2版。

"须有通达中外、经权悉协之司道大员从旁赞助，庶免偾事"。①
光绪二十九年（1903）二月，魏光焘下车伊始，陈夔龙立即报告
江南"人心尚觉帖然"，② 请荣禄宽心。

　　只是，一旦开始主政两江，魏光焘就至少面临两大挑战：一
是内政外交能否胜任；二是北洋强势下南洋造成的持续冲击。两
江总督兼辖苏、皖、赣三省，除了河、漕、盐三大政之外，海
防、江防、营务、吏治、洋务、交涉、厘金皆其负责，地大事繁，
实非文武兼资的大才莫办。同时，该位置为各方高度注视，也容
易动辄得咎。魏光焘长期在西北任职，毫无两江地区为官的经
历，故其迁擢江督，就纯系一生手。加以魏氏为人处事"和慎有
余，而宏断不足"。③ 因此，他入主两江，从一开始就存在是否镇
得住的问题。况且，魏光焘的上台，不能排除两江地区湘人群体
运动的因素。所以，他到任后难免为政宽大，束下不严。

　　果然，魏光焘主政后，两江官吏屡次被参，只是魏氏在中枢
的同乡盟友瞿鸿禨都尽力助其渡过难关。光绪三十年（1904）
春，京师大学堂副总教习、深受张百熙信任的张鹤龄对瞿鸿禨支
持魏光焘出任江督，并在中枢种种调护的情形颇有议论。他说，
去年张之洞之所以未能实授江督，乃系瞿鸿禨与魏光焘有密切关
系，即现在江南被参，"仍令本人查办，此其关切为何如乎"。④

<hr>

　　① 《陈夔龙致荣禄函》（约光绪二十八年腊月），《荣禄档》（5），虞和平主编：《近
代史所藏清代名人稿本抄本》第 68 册，第 113—114 页。

　　② 《陈夔龙致荣禄函》（约光绪二十九年二月下旬），《荣禄档》（5），虞和平主编：
《近代史所藏清代名人稿本抄本》第 68 册，第 110 页。

　　③ 《管带南洋常备右军后营同知衔拣选知县刘景侨上瞿鸿禨函》（光绪二十九年），
《瞿鸿禨朋僚书牍》，中国社会科学院近代史研究所藏：甲 375。按，刘景侨系湖南湘乡
人，1897 年丁酉科举人。

　　④ 《张鹤龄致赵凤昌函》（光绪三十年初），《赵凤昌藏札》第 5 册，第 500 页。

又说："两江以极大问题，枢廷意欲消弭之，仍派本督查办。荒谬极矣。"① 这时，奕劻新入军机，并无班底，虽系领班，实为新进，所以内政方面常不得不尊重王文韶、瞿鸿禨的意见，瞿氏在一定范围里也颇行其志。在这种情况下，光绪二十九年十二月十八日（1904年初）安徽正阳关盐务总办、江苏候补道方硕辅的参案，同日御史黄昌年奏参"江南吏治窳败，兵防废弛"，光绪三十年（1904）二月初一日淮北盐务参案，均交魏光焘查办，而魏氏的复奏均"宽大处理"，结果也都平稳过渡。②

然而，光绪三十年（1904）四月，经过中外反复交涉，轰动一时的苏报案最终以章炳麟、邹容分别在上海租界监禁三年和两年而告结。两江总督魏光焘和江苏巡抚恩寿对于此案的交涉，显然算是一种失败。四月十一日，恩寿调署漕运总督，而善于同外人打交道的湖北巡抚端方调署江苏巡抚，或许就与此案的结局不无关系。据说慈禧太后以章、邹"定罪太轻，深滋不悦"，甚至萌生用岑春煊代替魏光焘的想法。③ 这种传言绝非无根，其指向所在正是魏光焘不胜南洋外交之任。魏光焘卸任江督后曾致函瞿鸿禨，反复解释其在江南屡被指摘的缘由，即以苏报案为源头。④

---

① 《张鹤龄致赵凤昌函》（光绪三十年初），《赵凤昌藏札》第5册，第510页。

② 《德宗实录》，光绪二十九年十二月十八日丁卯，《清实录》第58册，第944—945页；《德宗实录》，光绪三十年二月初一日庚戌、四月二十日戊辰，《清实录》第59册，第15、50页。

③ 《粤督调两江之说》，《时报》，光绪三十年五月初一日，第1张第3页。

④ 他说："苏报一案，为浮议所由生。然此事本不难了，外人亦并非不可相商，乃以鄂督（兼署湖广总督端方）、苏抚（恩寿）操之过急，都中又适有沈荩一狱，俨作前车，外人遂决不肯将犯交宁，并声言迳行释放，经弟费尽心力，百计磋磨，始获办到监禁，稍存国体。"《魏光焘致瞿鸿禨函》（光绪三十一年正月初七日），《瞿鸿禨朋僚书牍》，中国社会科学院近代史研究所藏：甲375-1。

随后，朝官对两江的奏参不断加码，矛头更直指魏光焘本人。光绪三十年（1904）五月初七日，江苏苏州籍御史汪凤池奏参魏光焘疏懈，政令纷歧，请旨儆戒。他说：

> 两江督臣魏光焘以襄办营务知名，虽未卓著战功，而治军尚称有纪。自膺疆寄，才具稍短，而居官尚能持正，遇事亦复小心，历任封圻，尚无贻误。朝廷知其稳练，调任两江，寄至重也。查两江地大物博，政务委填，交涉纠纷，素称难治。该督膺兹重寄，宜何如益加振刷，勉济时艰，即才器不能如前督臣曾国藩、沈葆桢之巨细不遗，亦当总揽大纲，襄助得人，未尝不可从容整理。乃参稽众论，该督晚节颇以酒色自娱，年力未至甚衰，而精神已虞不给。督署文牍至为烦重，该督倦于批阅，悉付幕僚，往往有该督与司道面商已定之事，及奉批札，前后两歧，司道面询矛盾之由，该督亦自认疏忽。可知幕僚拟牍，该督实未能一一亲裁。于是物议颇滋，谓该督漫无觉察，幕僚操纵自如，差缺皆可营求而得。虽传闻未免过当，而致此必非无因。臣早有所闻，犹疑该督未必至此。且念近日人材之乏，与朝廷图任之难，未敢轻率入告。年来徐加询访，所闻竟非尽虚。即素信该督者，亦恐该督过于长厚，或受人蒙蔽而不自知。是其神识浸衰，实有渐不克终之虑。而艰巨之任，又非老成持重未易克胜。伏望圣慈时加训勉，俾儆怠荒，并请严饬该督延请幕僚，务择廉公明达之才，以资赞助，无得轻信偏袒，致为所愚。庶该督既获保全，而地方亦不致贻误矣。①

---

① 《京畿道监察御史奏两江总督魏光焘疏懈公务政令纷歧请旨儆戒由》（光绪三十年五月初七日），台北故宫博物院图书文献馆藏：军机处档折件，档号：160452。

两日之后，奉旨"该督务当振刷精神，于一切用人行政，破除情面，遇事整顿，挽回积习，毋负朝廷委任之至意"。① 如此重参，仅令本人"有则改之，无则加勉"，难怪当时报刊评论惊讶于魏光焘竟能"仰邀圣眷如此"。② 六月十七日，魏光焘上奏"敬陈感悚下忱"，实系辩解。奉旨知道了。③ 魏光焘之所以能够有惊无险地渡过难关，此中当有瞿鸿禨的调护之力。

如果说内政外交方面的困境，还可以调和弥缝，那么魏光焘面临的另一挑战，亦即朝廷的集权举措和袁世凯北洋势力南下的持续冲击，显然就更难应付。魏光焘在江督任上，一方面竭力维护湘系势力，另一方面为了抵制北洋南下，与湖广总督张之洞颇多合作，江南制造局的迁移问题就是显例。从历史渊源看，江南制造局实由北洋和南洋共管。因此，颇有人批评魏光焘不应撇开袁世凯而与张之洞共商此事。④ 当时，由练兵处结合起来的奕劻、袁世凯、铁良，正力图控制江南制造局。⑤ 魏光焘则颇为反对。⑥ 同时，在向练兵处筹解经费方面，魏光焘也并不积极。光绪三十年（1904）六月十三日魏光焘会同江苏巡抚奏称："拟就宁、苏各州县丁漕两项每年提银二十一万两，并督同僚属量力报效一

---

① 中国第一历史档案馆编：《光绪宣统两朝上谕档》第30册，第78页。

② 《奏劾续闻》，《时报》，光绪三十年五月十九日，第1张第3页。

③ 《两江总督魏光焘奏为敬陈感悚下忱由》（光绪三十年六月十七日），台北故宫博物院图书文献馆藏：军机处档折件，档号：161998。

④ 《论江督易人之故》，杨琥编：《夏曾佑集》上册，第240页。

⑤ 《北京（张检）来电》（光绪三十年六月二十九日未刻发、戌刻到），《张之洞档》第99册，虞和平主编：《近代史所藏清代名人稿本抄本》第2辑，第213页。

⑥ 麦金农著，牛秋实、于英红译：《中华帝国晚期的权力与政治：袁世凯在北京与天津（1901—1908）》，第107页。

次，以供练饷之需。"① 以最富庶的江苏省，仅仅筹措如此数目，自然不能令练兵处满意。此外，在统一营制方面，魏光焘认为新军制度非旦夕可成，力主保留湘勇旧制，还派亲信回湖南增募湘军，在北洋新军之外，独树一帜。② 魏光焘在致端方的密电中直白地反对北洋模式和北洋南下。他说：江南"营制与北洋较异，饷亦较薄，此则因地因时未能急切变更"。若如袁世凯和练兵处所奏，"各省将领均由北洋选派，无论兵权悉归独揽，鞭长莫及；兵将各不相习，窒碍甚多"。③ 显然，这必然令练兵处和北洋方面不满，魏光焘与奕劻、袁世凯、铁良的矛盾不断加深。光绪三十年七月，铁良南下，魏光焘随即调离江督，由李兴锐署理江督。李兴锐旋即逝世。迨铁良回京，魏光焘应声开缺。湘人江督格局也就此难以为继。

---

① 《德宗实录》，光绪三十年六月十三日庚申，《清实录》第 59 册，第 84 页。

② 宫玉振：《铁良南下与清末中央集权》，《江海学刊》1994 年第 1 期，第 153 页。

③ 《魏光焘致苏州端午帅》（光绪三十年七月初一日），中国第一历史档案馆藏：端方档，档号：27-01-002-000245-0041。

第五章

湘人江督格局的终结与北洋下
南洋的形成

光绪三十年（1904）七月，兵部侍郎、练兵处襄办大臣铁良南下考察，至次年正月回京复命。这是清末历史上一件轰动朝野的大事。① 它将辛丑回銮以来清廷扶植袁世凯执行的"北洋下南洋"推向了一个高潮，对清末政局产生重大影响。在此前后，东南地区的湘系势力遭受重创。② 湘籍督抚魏光焘、夏旹均遭开缺，李兴锐薨于其位。而有北洋和淮系背景的山东巡抚周馥，受到

---

① 参见宫玉振：《铁良南下与清末中央集权》，《江海学刊》1994 年第 1 期。何汉威：《从清末刚毅、铁良南巡看中央和地方的财政关系》，《"中研院"历史语言研究所集刊》第 68 本第 1 分（1997 年 3 月）。刘增合：《八省土膏统捐与清末财政集权》，《历史研究》2004 年第 6 期。彭贺超：《铁良南下与清末军事改革》，《中国国家博物馆馆刊》2016 年第 4 期。王悦：《铁良南下的棱镜：对清末政局的多面透视》，《史林》2016 年第 4 期。

② 参见董丛林：《晚清三集团大员与北南洋的"两职一体"——从制度与实际两个层面体现的权力格局审视》，《南国学术》2018 年第 1 期，第 93—96 页。

慈禧太后、奕劻和袁世凯支持，出人意外地南下署理江督。随后
两年，周馥大力裁撤湘军、将南洋海军交由北洋统一指挥、汲取
南洋资源支持北洋练兵、利用北洋模式和北洋官员推进南洋新政
的一系列举措，不仅终结了湘人江督格局，而且加速了北洋下南
洋的形成。于是南北洋相对平衡的权力格局，一变而为南洋"附
属"于北洋的局面。这一历史进程反映了清季权力格局和南北关
系的演变，其深远影响一直持续到北洋政府时期。本章着重考察
这一复杂的历史过程，并分析其转折意义。

第一节　铁良南下与江督纷更

光绪三十年，在日俄战争的大背景下，慈禧太后非常注意练
兵一事，而筹饷难题几令她"寝食皆废"。[①] 六月二十一日，清廷
曾向各督抚发出密谕：称东三省"即使事机俱顺"，亦"非得数
枝劲旅、大宗的款，极力经营，不足以厚声势而保利权。况强邻
交逼，事变难知"。又说，尽管京内外财政"同一支绌"，"然事
势迫切，练兵筹饷实刻不容缓"，故"无论如何为难，总当先顾
根本"，希望各督抚"联为一气"，设法"接济"朝廷。[②] 用语
绝痛。

在此情况下，铁良南下的使命至少有三：考求江南制造局迁
址问题、清查长江中下游各省财政、考察各地的军事建设，而归

---

① 《陶湘致盛宣怀"录闻四纸"》（光绪三十年七月），陈旭麓、顾廷龙、汪熙主
编：《辛亥革命前后：盛宣怀档案资料选辑之一》，上海人民出版社1979年版，第12页。

② 中国第一历史档案馆编：《光绪宣统两朝上谕档》第30册，第133页。

结于当日朝廷念兹在兹的练兵筹饷问题。[①] 七月十八日，铁良即将抵达上海之时，两江总督魏光焘被御史周树模上奏严参，奉密旨交铁良查办。然而四日之后，未等查办，清廷就命魏光焘与署理闽浙总督李兴锐对调。上章已论述过两江总督魏光焘与练兵处及北洋方面日益激化的矛盾，至于铁良南下与魏光焘去职的曲折还可进一步考察。

据当日练兵处提调徐世昌的日记，早在五月二十六日午后，徐世昌与铁良曾一起谒见过奕劻，随后铁良赶赴保定营次。六月初五日，清廷就谕令铁良南下，详细考求江南制造局"究竟应否移建，地方是否合宜，枪炮诸制若何尽利"，同时"顺道将各该省进出款项及各司库局所利弊"，逐一查明具奏。[②] 当天两宫召见徐世昌，"问政务处、练兵处、兵部各事"，并夸奖徐氏道："听奕劻说，你办事很认真。"午后，徐世昌谒见奕劻。三天后的晚上，铁良自保定归，与徐世昌连夜久谈。迨七月初四日，徐世昌同铁良又到承泽园谒见奕劻。[③] 可以想见，他们已经做了充分讨论和设计。同日，铁良上奏表态：此次将"破除情面，详细考查，以期仰副朝廷慎重军储、综核财政之至意"，同时报告将"取道天津，乘轮南下"。[④] 这意味着铁良赴南方之前，先要在天津与直隶总督袁世凯仔细商议一番。七月十二日（8月22日）早

---

① 彭贺超：《铁良南下与清末军事改革》，《中国国家博物馆馆刊》2016 年第 4 期，第 138—139 页。关于铁良南下与政局关系的讨论，参见王悦：《铁良南下的棱镜：对清末政局的多面透视》，《史林》2016 年第 4 期，第 121—133 页。

② 中国第一历史档案馆编：《光绪宣统两朝上谕档》第 30 册，第 113 页。

③ 吴思鸥、孙宝铭整理：《徐世昌日记》第 22 册，第 10540—10543 页。

④ 《侍郎铁良奏为赴江南等省考查事宜遴调随员由》（光绪三十年七月初四日），台北故宫博物院图书文献馆藏：军机处档折件，档号：161758。

晨，铁良从北京火车站启行。① 在天津与袁世凯晤谈之后，于七月十九日（8月29日）抵达上海，当天便进入江南制造局开始调查。②

极为蹊跷的是，就在铁良抵沪前一日，掌江西道监察御史周树模突然上奏，严厉参劾魏光焘。他一则称："两江为东南财赋之源，南洋实中外交涉所汇，其重大尤倍他省，断非寻常阘冗之流所能胜任。"再则谓："魏光焘起家营伍，洊至封圻，碌碌未有奇节，历官秦陇滇黔，徒以安谨著闻，可幸无过。及移督两江，见其文书旁午，事务殷繁，一切委诸幕友，拱手受成。百弊丛生，诸事不振。"接着翻出旧账说：前者言官参劾两江属员，魏光焘仅"将历办优差、侵蚀多款之道员潘汝杰、沈邦宪、志钧等"，勒罚十余万金至六万八万金不等，"一切敷衍了事，曲为弥缝……不曰传闻之诬，即曰空言无据"。这就先从总体上将魏光焘定位为"寻常阘冗之流"，认为其难胜江督重任。然后，周树模从军政、财政、学务、吏治四个方面，逐一指摘魏光焘任江督近两年期间，办事无效验、地方无起色。他说：

> 江南总统防营为杨金龙，总炮台官为王世绥，两人朋淫聚赌，狼狈相依，全置军律于不顾，惟以工于逢迎诇事督臣，得以保其官职。候补道员杜俞，该督所称为知兵者也。

---

① 彭贺超：《铁良南下与清末军事改革》，《中国国家博物馆刊》2016年第4期，第139页。

② 《吴淞来电》（光绪三十年七月十九日寅刻发、二十日巳刻到）《上海魏道台来电》（光绪三十年七月十九日戌刻发、二十日午刻到）《上海铁钦差来电》（光绪三十年七月二十日未刻发、酉刻到），《张之洞档》第99册，虞和平主编：《近代史所藏清代名人稿本抄本》第2辑，第504、505、508页。

该道统领盐捕营，搜拿枭匪是其专责，顾何以青红两帮横行大江南北，联樯而闯关卡，结伙而劫市村，蠢动之事，时有所闻，真不知平日之缉捕防范者安在矣。至于镇江开办警察，以兵丁凌辱居民，致酿烧毁局所之案。杜俞剿办南汇等县枭匪，冶游沪上，致有兵丁劫掠乡村之事。则军政之废弛可知矣。

江南地大物博，夙号丰饶，盐政乃督臣专司，课厘为一省巨款。自私枭充斥以来，引滞商疲，日形短绌。百货厘税，各省常报多收，江南则未闻溢额。徒以中饱官吏者多，补益公家者少，商瘠而官日以肥，下损而上不能益。各省设局开铸铜元，其利甚厚，每年盈余动累数十万，江南铸造最多，销流最广，视他省不止三倍，乃大利尽归局员私橐，每岁呈报羡余不过十数万。则财政之废弛可知也。

兴学为今日要务，屡经诏旨催办，江南为人文荟萃之区，风气开通最久，与边远省分不同。乃闻各府州县学堂均未认真办理，今春省城新修高等学堂，工费以巨万计，乃因承修委员章某减料自肥，开学之日，讲堂坍塌，压毙学生一名，伤者无数。其为遇事草率含糊可想。省城向有格致实业学堂，该督委道员刘世珩为总理，世珩少年纨袴，行止多亏，向为众论多鄙，到堂之日，诸生鸣鼓斥逐。该道内怀羞忿，以裁减经费为名，令诸生于暑假退学，使已成之功废于一旦，以快其私。则学务之废弛可知也。

至于吏治之坏，积渐已非一朝，至今日而尤甚。缘江南地本佳丽，差缺多腴，以故仕宦征逐，如蚁附膻，候补道员积至二三百人，半属贵游子弟。多财贾人错杂其间，明目张胆，为秦淮花月之游，引类呼朋，作蒱博猎奴之戏。又借此联络声气，勾结幕僚，为请托营求之地。即如亲属回避，例有专条，从前署督臣鹿传霖曾经查究，今则顾忌全无。如席汇湘、席启骅，如徐乃昌、徐乃光，如唐治尧、唐致隆皆以胞兄弟同官一省。其儿女姻亲比肩听鼓者，不可胜数。盖以亲族姻娅连合一方，盘踞要路，彼此相为引援，于是孤方远宦，廉谨自守者，终无自见之期，则吏治之污浊可知也。

最后，站在维护东南大局的高度，周树模奏请"饬派公正大臣严密查究，别简贤能，以继两江之任"。① 很明显，如此指名道姓、条列多款的长篇封奏，绝非短时间所能凑成，必系图谋已久之作。更为奇诡的是，奏参的时间点也是相当讲究：在铁良出京前，引而不发；迨铁良抵达沪上，突然递上，令对手措手不及。此外，该封奏措辞之严厉，较之几个月前汪凤池的参奏，不啻加增十倍。可见，此次必欲扳倒魏光焘而后止。

周树模（1860—1925），湖北天门人，字少朴，号沈观，1889年己丑科进士。尽管尚无确证显示，他的这道封奏背后有徐世昌等人的暗中授意，但如果观察他后日的履历，就可以清楚地发现，周树模与徐世昌关系非同一般。1905年，徐世昌、端方奏调两名御史随同出洋考察，周树模即在其列。② 两年后，徐世昌外放东三省总督，周树模即调任奉天左参赞，与右参赞钱能训成为徐世昌的左臂右膀。次年，周氏遂署理黑龙江巡抚。民国建立

---

① 《掌江西道监察御史周树模奏参废弛军政诸务之两江总督魏光焘由》（光绪三十年七月十八日），台北故宫博物院图书文献馆藏：军机处档折件，档号：162093。

② 《调员随同考察片》（光绪三十一年七月），端方：《端忠敏公奏稿》卷6，1918年铅印本，第4页。

后，徐世昌于 1914 年出任北京政府国务卿，随即举荐周树模为平政院院长，后者"闻命立起"。① 迨五四运动后，内阁总理钱能训辞职，徐世昌即提名周树模继任，只是由于安福国会的抵制才未获成功。② 所以，我们有理由将这一大参案，与当时练兵处内袁世凯、铁良、徐世昌等人对魏光焘及东南湘系势力的不满联系起来。

七月十八日当天，清廷寄谕铁良，令将魏光焘被参各节"确切查明，据实具奏"。③ 有意思的是，次日军机处急发一道更为快捷的电谕给铁良，却令他将这道廷寄"先行密封，俟前次交查事件完竣后再办"。④ 这无疑将魏光焘参案做了"冷处理"。十九日领班军机大臣庆亲王奕劻似未入直，所以此中或有瞿鸿機的调护作用。然而，仅仅三天之后，奕劻入直，清廷最终决定魏光焘与署理闽浙总督李兴锐对调。军机大臣荣庆在二十二日的日记中透露了重要内情："庆邸（奕劻）入直，调江督。"⑤ 可见奕劻在此次调动中的决定作用。

铁良奉旨南下，两江地区首当其冲，魏光焘早已如临大敌，想方设法来应对。为节省本省经费以便筹措练兵费，他在六月就下令裁撤江楚编译局、官书局、江南派办处和金陵马路工程局。⑥

---

①　沃丘仲子：《近现代名人小传》下册，北京图书馆出版社 2003 年版，第 62 页。

②　邓野：《巴黎和会与北京政府的内外博弈：1919 年中国的外交争执与政派利益》，社会科学文献出版社 2014 年版，第 175—180 页。

③　中国第一历史档案馆编：《光绪宣统两朝上谕档》第 30 册，第 148 页。

④　中国第一历史档案馆编：《清代军机处电报档汇编》第 3 册，第 53 页。

⑤　谢兴尧整理：《荣庆日记》，西北大学出版社 1986 年版，第 75 页。

⑥　《裁并局所》，《时报》，光绪三十年六月二十三日，第 2 张第 6 页。

随后，魏光焘又叮嘱所辖之江宁、苏州、安徽、江西各处做好准备。① 七月十八日，魏光焘鉴于铁良"此来注重筹款"，特致电湖广总督张之洞请教因应之方。② 张之洞的复电颇打官腔，他说到时"相机因应，此时无从悬揣。总之，非力筹巨款，断难了局"。③ 尽管魏光焘努力应对，但看似突然而实则谋划已久的参案，还是让他栽了跟头。据军机处传出的消息，铁良到沪后，即密电奏请先将魏光焘和江宁布政使黄建笎开缺另补，以便查案。④ 此外，也有报道称袁世凯在背后实有动作。据说魏光焘参案暂时"封存"后，清廷曾发电询问袁世凯，后者的复电于二十一日到，次日李兴锐调署江督的上谕随之颁下。⑤

不过，魏光焘虽然去任，而李兴锐调署两江总督，则湘人江督格局仍然得以维系。至于何以李兴锐成为替人，自然是清廷最高层权衡取舍的结果。据说当时荣庆主张署理江苏巡抚端方接任江督，后因有湘人来函谓"两江非湘人必遭刺"，某位汉军机大臣（当指瞿鸿禨）趁机提议与李兴锐对调。奕劻赞成，"遂举以上闻"⑥。传闻的细节未必准确，但在魏光焘无法保住的情况下，瞿鸿禨显然会赞成湘人李兴锐接任江督。而早在两年前刘坤一去世之时，张之洞就向鹿传霖举荐过李兴锐。所以鹿传霖想必也会

① 《钦差南来之预备》，《时报》，光绪三十年七月初六日，第 3 页。

② 《江宁魏制台来电》（光绪三十年七月十八日午刻发、申刻到），《张之洞档》第 99 册，虞和平主编：《近代史所藏清代名人稿本抄本》第 2 辑，第 480 页。

③ 《致江宁魏制台》（光绪三十年七月二十二日），苑书义等主编：《张之洞全集》第 11 册，第 9191 页。

④ 《查参调署要闻》，天津《大公报》，光绪三十年七月二十七日，第 1 版。

⑤ 《魏午帅去任之缘由》，《时报》，光绪三十年九月初六日，第 2 张第 6 页。

⑥ 《江督宁藩更调之原因》，《时报》，光绪三十年八月初七日，第 1 张第 3 页。

赞成此种安排。只不过，较之魏光焘，李兴锐（1827—1904）更长十岁，时已年近八旬，颇觉老态龙钟。[1] 显然，这一人事安排必为暂局无疑。果不其然，李兴锐到任仅一月有余，就于九月二十日溘然长逝。正当人们"盘算"下一位湘人江督之际，山东巡抚周馥出人意外地受命南下署理江督。

第二节　铁良回京与湘系再遭重创

周馥，安徽建德县人（今东至县），从李鸿章幕府起家，在北洋历任要职，光绪二十八年（1902）由直隶布政使升授山东巡抚。他的淮系和北洋背景为人熟知。因为江督兼辖安徽，根据回避原则，周馥不太可能实授江督。所以，他虽署理江督，但地位并不稳固。由练兵处暂时结合起来的袁世凯和铁良，因而更进一步打击湘系势力，意图堵住湘人再任江督的可能。

铁良完成近半年的南下考察之后，于光绪三十一年正月十七日（1905年2月20日）早上回到北京。徐世昌曾专门去火车站迎接。[2] 随后，铁良递上早已准备妥当的折子，报告抽阅江苏等省营务情形，内中大赞湖北，小赞河南，严厉批评江南、江苏、安徽、江西等省。同时，据说两宫召见之时，铁良尚有面参之言。[3] 结果，正月二十日清廷明发上谕，对两江辖区之督抚大加

---

① 魏光焘、李兴锐的年龄，据魏秀梅编《清季职官录·附人物录》，中华书局 2013年版，第 841、981 页。

② 吴思鸥、孙宝铭整理：《徐世昌日记》第 22 册，第 10561 页。

③ 《督抚开缺原因》，《大公报》，光绪三十一年正月二十五日，第 2 版。《魏督夏抚开缺之原因》，《时报》，光绪三十一年正月三十日，第 1 张第 3 页。《魏督夏抚开缺之第二原因》（京师），《时报》，光绪三十一年二月初二日，第 2 张第 6 页。

痛斥:"苏州、安徽之续备各军,江南之护军四旗、新湘五旗,如此废弛,殊堪痛恨。"① 至此,瞿鸿禨再也无法庇护。② 次日,闽浙总督、前两江总督魏光焘和陕西巡抚、前江西巡抚夏旹被追究责任,遭到开缺。③

魏光焘和夏旹均是湘系督抚,故李辅燿慨叹道:"吾湘一督一抚同日开去,未免减色矣。"④ 魏光焘在履新闽浙总督后,就曾写信给瞿鸿禨,解释其"在江南屡遭指摘"的缘由,同时恭维瞿鸿禨与张百熙"并为吾湘一代伟人",希望"陶铸群伦,栽培后进,为天下主持公道,为国家造就人才,既可匡救时艰,且使湘岳英灵日有起色"。⑤ 迨奉旨开缺后,又写信给瞿鸿禨,力辩江南营伍"废弛"的指责,对铁良的复奏微露不满。他说:

> 如谷弟者颇以江南营伍为言。弟之受事也,在光绪二十九年。承江南军务积弊最深之后,将官以酬应为韬略,士卒以迎送为训练,饷无定章,兵无定制,调查已自不易,整理更属为难。一年之中,革弊涤习,犹惧不足。况旧日将官未谙新操,欲即用学生,又苦其学问尚浅,三年卒业,仅习普通,进止步伐,是其已知,将略战阵,皆尚待习,有粗浅之

---

① 中国第一历史档案馆编:《光绪宣统两朝上谕档》第31册,第8页。

② 上文已述及瞿鸿禨在中枢对魏光焘的种种调护。据说,早在上年九月,因"江西数属闹事,政府颇不满意于夏中丞(夏旹),谓其漫无觉察,督率无方,将有更调之信。适为其同乡某大军机(瞿鸿禨)为之请托,遂寝。"《夏中丞危而复安》(京师),《时报》,光绪三十年九月初五日,第2张第6页。

③ 中国第一历史档案馆编:《光绪宣统两朝上谕档》第31册,第9页。

④ 徐立望、胡志富主编:《李辅燿日记》第5卷,光绪三十一年正月二十三日,第251页。

⑤ 《魏光焘致瞿鸿禨》(光绪三十一年正月初七日),《瞿鸿禨朋僚书牍》,中国社会科学院近代史研究所藏,甲375-1。

学术，无将领之伟略，故特设将备学堂，冀收速效。且其时
练兵处章程，尚未奏定颁行，如查考规制、造就将弁、建立
兵房三者，均非易易。弟于此三事，布置皆已经年。去任之
日，则常备右军营房与将备学堂，甫经落成，速成学生，尚
未卒业，惟查考日本军制与北洋改练新军成案，粗得条流。
乃于上年七月间，拟定编改新章专案，奏明办理。惟军事整
治，至少非二三年难睹成效。常备军专事操练，不至分心，
又支饷稍优，故军容尚略能整饬。若江南护军各旗，历年专
从事于马路、城垣、水利、种植各项工程，故操练之日尤
少。其余续备各军，亦因分防四出，难于集练。至武威新
军，成军不过数月，况其时疫症盛行，卧病死亡相续，即使
孙武、韩信为将，恐收效亦无如此之速。至谓有缺额，则册
籍墨领俱在，可按而稽也。铁侍郎所称常备军粗有可观，尚
系弟任内之所组织。倘俟将备学堂之哨弁学成，再发往各营
普习洋操，自可日有起色。今则甫经训练，仅及年余，原不
能与湖北常备军已练七年者，同日而语。此盖实在情形，非
敢巧词卸过也。①

魏光焘的说法，显然有辩解的成分在，但若把江南的问题全然归
咎于他，也非公允之论。正如上章所论，力主中央集权的奕劻、
铁良和推行北洋下南洋的袁世凯，与魏光焘及东南湘系势力，在
政见和利益上早已积累了很深的矛盾。此次即使不能说完全是借
题发挥，但显然夹杂着复杂的高层权力斗争。

---

① 《魏光焘致瞿鸿禨》（光绪三十一年正月下旬），《瞿鸿禨朋僚书牍》，中国社会科
学院近代史研究所藏，甲 375-1。

当时的舆论迅速将此事与满汉关系、中央集权和高层权斗相联系。《时报》论说称：咸同洪杨一役，因曾国藩、左宗棠诸人率领湘军获得成功，督抚始重任汉人。而今魏光焘、夏旹皆湘人，"魏且为湘军老宿，乃以军事废弛而去之，是以彰湘军之无用，明汉人之不可恃"。又不幸接替魏光焘者乃满人升允。故难免让人觉得"朝廷显分满汉之界"，偏视汉人。[①] 魏光焘、夏旹刚一开缺，《时报》就适时登出《各省督抚一览表》，表明在八总督和十四巡抚中，满人总督、巡抚各占三人，而整体上籍贯北方者占大多数。[②] 这都意欲说明满汉南北关系正在起变化。

同时，铁良此次南下，"中央集权之说蜂涌云兴"。今复命后，"于负盛名而不得意之"张之洞"则假借而奖许之，俾知竭力殚心，服从无贰"；于"声誉向不甚高"的魏光焘和夏旹则去之，"以示赏罚之柄操之朝廷，督抚虽有重权而不得不听朝廷之号令"；然而，督抚中名誉"不及魏、夏者尚有数人"，却并未去之。这又不免赏罚不公，难以服众。此外，"各省督抚必由枢臣为之内援"，魏光焘、夏旹"皆北人某公（原文如此，某公殆指瞿鸿禨，此处"北人"或系笔误，或故作狡狯）所援引者也"。而今魏、夏一旦去位，"其有关某公权力之消长，彰彰甚明"。此中之故，或系圣眷渐衰，或系政见不合，故同列借此排挤。如此"则政府之中必将大有变动……天下益将震惊于中央集权之可信"，各省督抚"将不问其事之可行与否"，而惟中枢内强有力者

---

① 《论魏夏两督抚开缺事》，《时报》，光绪三十一年二月初七日，第1张第2页。

② 《各省督抚一览表》，《时报》，光绪三十一年正月二十五日，第1张第2页。

之命是从，攀援结纳，以冀不失禄位，恐"朋党之祸将复见于今"。① 这在当日虽有些危言耸听，但很快就在官制改革和丁未政潮中成为现实。

值得注意的是，浙江巡抚湘人聂缉椝本来也很危险，只是在瞿鸿機极力关照，并得到奕劻调护的情况下，才保住了位子。铁良不仅在奏疏中明言江南、安徽军务废弛，而且面奏时对魏光焘、聂缉椝暗放冷箭。在接到瞿鸿機微露内情的密信后，聂缉椝在复函中对袁世凯、铁良"专与湘人为难"，北洋下南洋及结党揽权的行动极致不满。他说：

> 某人（铁良）与弟（聂缉椝）素昧平生，亦无交涉，不知其所言何事，求明示为叩。至其专与湘人为难，有人谓有一人（袁世凯）意图独揽，南皮（张之洞）好名，故彼（袁世凯）挤之。文侯（魏光焘）庸庸，故彼容之。迨文侯既去，彼以汝南（周馥）聋迈，且为彼所汲引，故推之。又恐汝南不久于其位，将来湘人继之，弟乖谬迂直，彼所凤知，故嗾某人（铁良）牵连及之。近年所用数大员，皆其党与，外间啧有烦言。彼才学勋望，均不如文忠（李鸿章）远甚，而有震主之讥，所谓司马氏之心，行路人皆知之矣。彼方且以为得计，有识者皆为之可危。观近日杨（士骧）调其子办洋务，周（馥）调其弟练兵，陈（夔龙）又留其弟练兵数月，不知是何心肝，敢于如此欺饰。读各奏疏，令人肉麻。彼三人讵不知之？然不如此，不得好官，所谓笑骂由人笑骂

---

① 《论魏、夏两督抚开缺事》（续），《时报》，光绪三十一年二月初十日，第1张第2页。

也。《中外日报》与《新闻报》皆谓河南练兵之劣，而某人（铁良）方且褒之，盖以河南练兵统领为彼之弟，又为陈之特保人才，不惜昧心回护，而不虞各报将其关系之事胪列也。更可异者，某人（铁良）在皖阅操时甚赞皖之常备军，在湘时又与陆春帅（陆元鼎）言之，当面背后均夸好，乃具奏则诋之，殆《镜花缘》所谓两面国之人耶。中国事，大都有爱恶而无是非，此其所以弱也。①

通过这封密函，我们可以感受到聂缉椝对袁世凯打击湘系、控制南洋、结党揽权，对铁良南下后"颠倒是非"，有多么的反感。此后，颇有传闻朝廷又将起用魏光焘。② 而魏光焘也有意进京谋划。光绪三十二年（1906）初，张百熙致函瞿鸿禨，曾专门谈及此事。他说："午庄（魏光焘）制军书来，云开缺时曾乞病假，刻拟销假来京，是否可行，潜（张百熙自称）不能决，敢乞酌示，以便转达。记得当时旨意并无'来京'字样，又某公（铁良）正居要路，似不如其已也，公谓何如？"③ 看来瞿鸿禨和张百熙此时都倾向于魏光焘暂时蛰伏，故魏氏未再入京。直至武昌起义爆发后，清廷在诏令袁世凯组织责任内阁的同日，又起用魏光焘为湖广总督，当然无济于事。

综上，随着铁良南下，在光绪三十年至三十一年（1904—

---

① 《聂缉椝致瞿鸿禨》（光绪三十一年三月），《瞿鸿禨朋僚书牍》，中国社会科学院近代史研究所藏，甲375-1。

② 《奏请擢用旧臣》，《时报》，光绪三十一年二月二十四日，第2张第6页。《奏保魏制军》（京师），《时报》，光绪三十一年二月二十一日，第2张第6页。《魏午帅运动宗旨》（京师），《申报》，光绪三十一年二月十五日，第3版。

③ 邹晓燕整理：《张百熙致瞿鸿禨》（光绪三十二年正月二十六日），《历史文献》第20辑，上海古籍出版社2017年版，第252页。

1905），魏光焘、李兴锐、夏㟱、聂缉椝等湘系督抚或死或罢，湘系在东南的势力遭受重创，而北洋下南洋的态势更为显明。当时沪上舆论对此多有讨论。

第三节　从湘人江督到北洋南下：1904 年的沪上舆论

光绪三十年（1904）七月二十二日，朝命魏光焘与李兴锐对调，江督非湘人不可的传统勉强延续。不过，相较于两年前魏光焘调补江督时，沪上舆论相对"低调"，此次的反响显然更为强烈。

江督调动的消息一到上海，夏曾佑就在七月二十五日的《中外日报》上发表论说，首先引据山东菏泽人马新贻、福建侯官人沈葆桢曾任江督的事例，说明金陵虽由湘军光复，但在曾国藩去世前后，并无"非湖南人不可督两江之说"。夏曾佑认为，此说大约起于光绪十三年（1887）曾国荃"再任两江时"。盖其时曾国荃"春秋已高，初无意于政治，而左右近习，因缘故旧，各自为凭城穴社之谋"，而曾国荃"不能止也"，加以斯时哥老会等正有蠢动之势，故渐有此说，"殆盘踞把持者之巧术耳"。迨光绪十六年（1890）曾国荃薨逝，刘坤一继之，"非湖南人不可为江督之说渐成定论"。

然而，渐成定论之后，即意味着形成"传统"，而流弊亦开始显现。其小病在于湖南同乡为了保持利益，遂集资行贿，必使湘人继任江督，维系这一"传统"。其大病在于"朝廷既以江督非湖南人不可，而湖南人中又非军务出身者不可"，但军兴事远，元老凋零，至近日颇难得人，"于不可得之中而必欲得之，于是遂有非其材而强授之者"，因此产生流弊四端：本系庸才、年已垂暮、成见在先、勉徇乡情。这在刘坤一时代已颇显著。刘氏去世之后，"湘军中人物实已无可用者"，惟魏光焘曾辅佐陕甘总督杨昌濬，其后又曾协助左宗棠，朝廷"遂以两江畀之，而非其宜也"，故"年余之间，中外人士啧有烦言"，魏光焘于是"不安其位而去"。

夏曾佑接着替魏光焘讲好话，认为江南局面不能全归罪于魏氏。因为自沈葆桢之后，两江吏治早已丛脞，积累至今，其弊大显。魏光焘"固非其人"，然"以江督副王之重任"，今日一二品大臣中也鲜有人胜任。至于继任江督李兴锐，虽然"材优于魏（光焘），而齿又加于魏"，且好杯中物，恐怕也难副期望。夏曾佑最后说："江督既非湖南人不可"，若李兴锐长寿固然大善，设有不讳，或以他事引去，则循例有为江督资格者共有二人：一为前安徽巡抚、广西巡抚王之春，乃彭玉麟之旧部也；一为前江苏巡抚、安徽巡抚，现任浙江巡抚聂缉椝，乃曾国藩之爱婿也。[①] 王之春前因广西巡抚任上治匪不力，已被署理两广总督岑春煊参劾开缺。所以，如果延续湘人江督的惯例，聂缉椝显然更有希望。

翌日，《时报》的相关论说刊出。它为了观测将来施政成效，首先比较了魏光焘和李兴锐在江苏官绅士商中的政见和风格。然后论道：魏、李"两督互调无足异，互调两督适皆为湘人似有可

---

① 以上几段见《论江督与湖南人之关系》，原载《中外日报》，光绪三十年七月二十五日，收入杨琥编《夏曾佑集》上册，第237—238页。

异者"。因为按照资格，刘坤一去世后，最应继任者实惟张之洞，朝廷乃舍张而用魏，今魏去而李又来，"似江督一任，非湘人不为功"。然而作者断定，政府断不拘泥于此。因为他日督抚中若无湘人，则此说自然打消。最后，作者辩驳了这一说法：即"江督之屡任湘人者"，乃政府报答其平定江南之功，同时认为就年齿来说，李兴锐实有补授江督之资格。[①] 意谓魏、李二督互调一事无足轻重。

对此，夏曾佑显然有不同意见。他断定"两江、闽浙二督之对调"，"为近日政治上之绝大变化"，批评《时报》论说竟然对比魏、李之优劣，"一一较其将来政治上之同异如何"，为"不通朝局、去题万里之说也"。在夏曾佑看来，此次以湘人易湘人，"其于湖南人之社会绝无变更"。但考虑到对调之命"适下于铁良正在查办制造局时"，则可推知"必个人而与制造局相关之事"。

夏曾佑进而论道，制造局虽然设于南洋，但本属于北洋、南洋两大臣共管，且北洋大臣"权限尤高"。当李鸿章任北洋大臣时代，"不啻隐然为各督抚之领袖"，"在天津构成第二之政府"。但自甲午战争李鸿章去位后，北洋大臣之权力"堕地者且十年"，而今直隶总督兼北洋大臣袁世凯"始奋起而欲恢复之"。在夏曾佑看来，袁世凯之心"为公为私"，恢复权力之事"为利为害"，虽"非今日所能浅测"，但南洋大臣之于制造局，"总须与北洋大臣共之"，故魏光焘此前抛开袁世凯，而与湖广总督张之洞会商制造局事，便是重大失招。而从时势观之，制造局必归北方。所以，夏曾佑认为，今日之事系江、鄂会议制造局之结果，袁世凯

---

① 《纪江、闽两督互调之舆论》，《时报》，光绪三十年七月二十六日，第1张第2页。

初只嫉妒"不预闻而已，未有他也"，自铁良等利用之，而有中央集权、抽提中饱之说，故以后将酿成大变。① 夏曾佑从袁世凯恢复北洋权力的背景下观察此事，分析自然深入，但若将魏光焘调离两江之事仅归结于江南制造局的纠葛，显然又嫌简单武断。

同为沪上大报的《申报》，反应相对滞后，直至八月十一日才刊出论说。文章称：魏光焘调署闽浙总督的原因，虽然尚未得确实消息，然而"朝廷必调李勉帅署理两江者，则犹是以湘人治两江之意。盖自荡平发逆以来，两江总督一缺几为湘人之世职。原其初意，以长江会匪皆遣撤三湘之子弟，非以湘人震慑之，即蠢然思动。故自曾文正公以后，任两江总督者多系湘人"。不过，作者认为"不必胶守从前之成见，而以为两江非湘人不治也"。因为镇压太平天国已经四十余年，"旧时散勇大半无存"；会匪"大抵皆无业游民、新入之党，势已衰息"，其患不大。即使沿江上下盐枭充斥，"然皆乌合之流，缉捕稍严"，即可使其敛迹。因此，"朝廷果欲治理江南，所注意者当不在此"。况且，李兴锐以老病龙钟之身，出任江督，恐不易奏效。②

迨八月十三日，李兴锐接印。江宁士民往观，亦觉"江督之位置，在今日中国为砥柱之系"，而李氏较刘坤一、魏光焘更为衰迈，故"悲观者多"。③ 随后，颇有传闻政府因李兴锐年老，恐不能胜两江繁要重任，于是准备简放年富力强之大臣接任江督，内中赵尔巽、铁良和张百熙均是候选人。吏部尚书张百熙系湖南

---

① 以上几段见《论江督易人之故》，原载《中外日报》，光绪三十年七月二十七日，收入杨琥编《夏曾佑集》上册，第239—240页。

② 《书两江总督调任事》，《申报》，光绪三十年八月十一日，第1版。

③ 《纪江宁士民之品评新督》，《时报》，光绪三十年八月十七日，第1张第2页。

人，"资望较深，因两江之任曾有非湖南人不能坐镇之说，故亦有简放是缺之望"。① 诸人的预测不幸成谶，李兴锐到任仅一月有余，就于九月二十二日溘然长逝。然则湘人江督格局能否延续，又成为朝野瞩目之事。

《警钟日报》的社论预测，如果政府遵循湘人江督的惯例，则有资格者共计六人。其中外官四人：即现任浙江巡抚聂缉椝、现任江西巡抚夏㫤、现任新疆巡抚潘效苏和现任闽浙总督魏光焘；京官两人：即现任外务部尚书、军机大臣瞿鸿禨，现任吏部尚书、学务大臣张百熙。倘若政府不援往例，则现任官吏中共有四人克胜江督之任，其中满汉各二：汉人为湖广总督张之洞和工部尚书吕海寰；满人为兵部侍郎铁良和江苏巡抚端方。

该社论进而断定："署理江督者必为铁良"，实任江督者必为张百熙或瞿鸿禨。因为铁良南下，"主强北弱南之策，政府赖以筹款练兵，徒以东南督抚之阻力，不克尽偿其欲"。况且此前已有铁良督江之说，而今李兴锐去世，铁良适在南京，故"政府必利用此机以铁良署理江督，使之实行敛财政策"。然而揆诸政府必循旧例的做事原则，则又必以湘人实任江督，而瞿鸿禨、张百熙必居其一，因为其他四位湘人督抚或正被参，或位居边陲，难以骤跻南洋要职。

《警钟日报》倾向于反满革命宣传，故其社论最后发出诛心之论云：朝廷既用铁良敛财毕，"复用湘人任江督之例，以涂饰世人耳目，兼以抚镇江省之湘人（以铁良久任江督，即外人亦有

---

① 《议简强干大臣总督两江》（京师），《时报》，光绪三十年八月二十五日，第1张第3页。

不承认者）"。因此，李兴锐之卒，"实不啻为政府强北弱南之助力，而实则强满弱汉之一大关系也"。①

前一日还煞有介事地论列江督的继任人选，结果所举之人皆未简放，而所放之人根本未曾想到。这无疑令《警钟日报》社大觉尴尬，或许也让他们意识到高层政治多么深不可测。于是该报次日又发社论，一边自欺欺人地说，"吾意中所拟而不欲宣诸笔舌者，今卒不幸而中"，一边直呼"东南大局从此将有变动矣"。这是因为，袁世凯近年以来"颇欲伸权于东南"，争电报、招商二局就是明证。而且袁世凯"为政府所倚任"，故其建言发论常能影响清廷。同时，清廷鉴于会匪蠢动于内地、革命排满之论嚣然不已，"虑南人之不足恃，因渐欲集权中央，握持全局"，于是在北京设立练兵处，由奕劻、袁世凯主持。"复以财力不足，特遣铁良南下"。所以"铁良此来，为袁世凯所利用……欲收东南之财而储之于北方"。清廷大概也了解袁世凯"平昔之蓄意"，故欲利用他，而特派其"私人"周馥署理江督，"以为南北打通一气之举，而遂其中央集权之心。于是东南之财可以尽输于北省，即盛宣怀之权力，亦将不至于尽削而不止矣"。② 所言虽然未必准确，但观察分析的深度显然强于昨日论说。

周馥署理江督的消息传至上海后，主持《中外日报》的汪诒年即认为"似应作论，以发明其理"，故询问其最主要的作者夏曾佑可否操刀。汪诒年还说，如果夏氏不做，"即当自撰"。他

---

① 以上几段见《论李督卒后之影响》，《警钟日报》，光绪三十年九月二十四日，第1版。

② 《论周馥调任两江为南北争权而起》，《警钟日报》，光绪三十年九月二十五日，第1版。

"拟据南北联合立论"，但觉得周馥"却非其人"。^①可见汪诒年赞同南北洋联合，但认为周馥出任南洋大臣并不合适。

这时，《申报》论说扮演了"解释"朝命的角色。文章先说，由于镇压太平天国过程中"湘人之力居多。且长江一带游勇会匪又多系三湘之子弟，非以湘人震慑之，不免有蠢然思动之虑。故两江总督一缺，几视为湘人之世职"。在刘坤一、魏光焘、李兴锐之后，"各省疆吏之籍隶湖南者"，惟浙江巡抚聂缉椝"颇负时望"，可惜最近被言官参劾。因此，朝廷"周详审慎"，未敢遽以江督重任畀之。此外非湘籍督抚中声望煊赫者，如张之洞、岑春煊，"或坐镇要区，或方办军务，皆未便遽尔移易"。于是朝廷特调周馥署理江督。接着，文章从两方面"论证"朝廷知人善任。其一，今昔情形不同，不必胶守"两江非湘人不能治"的旧见。其二，周馥不仅擅长交涉，而且办理新政，措施悉当。所以，朝廷破格擢用周馥，固有深意，不必以忽破成例为疑。^②

不过，《时报》论说的看法则完全相反，认为周馥调署江督实为莫大之"失计"。它先引述当时的流行说法：即此次江督人事更迭的主动力出于袁世凯，盖将以此"行其南北合一、集权中央之政策"。甚至铁良南下，亦是袁世凯运动的结果。周馥与袁世凯同事日久，故袁世凯利用之，以与铁良合作，则筹款练兵，庶不至像魏光焘那样，"有反抗掣肘之事"。在作者看来，江督为

---

① 《汪诒年致夏曾佑》（光绪三十年九月），《夏曾佑私人信件稿》，北京大学图书馆古籍部，典藏号：SB/818.18/1082。

② 《论山东巡抚周玉山中丞调署两江总督事》，《申报》，光绪三十年九月二十七日，第1版。

东南督抚领袖，南洋大臣任大责重，朝廷不将此重任授予其他总督，却授予仅是巡抚的周馥，可见固有成见。作者进而断定，"大局必因之掣动"，因为那些资望深厚的督抚中，"必有生觖望而立党以树敌者。门户既成，互相水火，然后乃至建一议、办一事，明知其理势之必如此，而因意见之私，务各持一见，以相冲突，而天下事乃不可问矣"。所以，山东失一周馥，"政界已受其祸"；两江来一周馥，"而政界未必蒙其福"。① 反对周馥出任江督的意思非常显明。既然争议如此大，那么周馥督江的缘由何在？其上任后举措若何，具有怎样的转折意义？下节讨论这些问题。

第四节　周馥督江与北洋下南洋的形成

光绪三十年（1904）九月二十二日，当李兴锐出缺之时，东南论事者咸谓朝廷必以正在江南查案的铁良出任江督。② 而如果继续湘人江督的传统，则聂缉椝最有希望。岂知慈禧太后和奕劻别有打算，既断然决定打破湘人江督的惯例，也并未令铁良接任江督，以避免置其于中外舆论的风口浪尖，而是选择北洋系统的山东巡抚周馥南下署理。如果考虑到周馥乃安徽人，本应回避江督，那么这个决定就更加耐人寻味。③ 所以，前两江总督李星沅

① 《论以东抚调署江督之得失》，《时报》，光绪三十年十月十九日，第1张第2页。

② 《恭读二十二日上谕谨注》，杨琥编：《夏曾佑集》上册，第286页。

③ 有评论称："拟议湘省人继江督者，则为张尚书（百熙）、聂中丞（缉椝）、夏中丞（旹），拟议非湘省人继江督者，则为张宫保（之洞）、铁侍郎（良）、端中丞（方），而独无料及周中丞（馥）者。周中丞以皖籍而总督两江，诚异数也。"《论两江督任》，《新闻报》，光绪三十年九月二十四日，第1版。

之孙、浙江道员李辅燿就觉得这一任命真是"出人意外"，同时也调侃聂缉椝空想了一番。[①]

其实，周馥署理江督，不仅东南舆论不乏反对之声，而且京城人士也"颇以为非是"。然而，这是慈禧太后和奕劻的决定："闻说勉帅（李兴锐）出缺奏到，邸堂（奕劻）在下并未议以何人上请，但云'且上去再说'。讵料上去后，邸堂一人独奏玉帅（周馥），上（慈禧）即称可，群皆相顾愕然。是玉帅与邸堂之浃洽可知矣。"[②] 周馥在辛丑议和中甚为出力，与奕劻合作良好，是庚辛之际"留京派"的重要成员，随后在收回天津交涉中也颇蒙赞赏。因此，周馥的外交才能是慈禧、奕劻相当欣赏的。就在本年七月初二日，周馥密陈东三省事宜，建议遣派"亲王勋戚重臣"赴各国联络，一方面制止日俄之战，另一方面"定东三省善后之约"。[③] 据军机大臣鹿传霖的密电消息，慈禧颇为所动，准备照办，只是使才"尚难其选"。[④] 可见，周馥擅长外交的一面，当是最高层任命他署理江督的考虑之一。此外，周馥长期追随李鸿章，在营务、吏治、河工方面经验丰富，所以最高层想必也有意用他来整顿两江的军政吏治。当然，这与其亲家袁世凯的支持是

---

　　① 李辅燿写道："三耳空想矣。"繁体字"聶"为三耳，暗指聂缉椝。徐立望、胡志富主编：《李辅燿日记》第5卷，第154—155页。

　　② 《陶湘致盛宣怀函》（1904年12月），陈旭麓、顾廷龙、汪熙主编：《辛亥革命前后：盛宣怀档案资料选辑之一》，第17页。

　　③ 《密陈东三省事机危迫预筹补救折》（光绪三十年七月初二日），周馥：《秋浦周尚书（玉山）全集·奏稿》卷2，沈云龙主编：《近代中国史料丛刊》（82），台北：文海出版社1966年版，第319—320页。

　　④ 《北京（鹿传霖）来电》（光绪三十年七月初十日亥刻发、十一日申刻到），《张之洞档》第99册，《张之洞档》第99册，虞和平主编：《近代史所藏清代名人稿本抄本》第2辑，第380—381页。

完全分不开的。[①] 因为周馥署理江督，正好可以配合清廷和袁世凯推行的北洋下南洋进程。果然，周馥到任后，在南北洋海军由北洋统一指挥、裁撤湘军、编练新军、筹措练兵经费等方面，无不尽力支持练兵处和北洋的行动。

首先，光绪三十年十二月十三日，周馥下车伊始，就会同袁世凯奏请南北洋海军联合派员统率，而所选统帅正是统领北洋海军的叶祖珪。周馥奏称："各国水陆防军无不号令整齐，联合一气，虽有分合聚散，绝无不可归一将统御之理，亦无两军不能合队之事。中国从前创办海军，因限于财力，先办北洋，而南洋则因陋就简，规模未备。数年以来，旧有兵船益形窳杇，徒糜饷项，无裨实际，且管驾各官亦多不谙方略……非重定章程，不能革除旧习；非专派大员督率，不能造就将才。查有现统北洋海军广东水师提督叶祖珪，本船政学堂出身，心精力果，资劳最深。拟将南洋各兵舰归并该提督统领，凡选派驾驶、管轮各官，修复练船，训练学生水勇，均归其一手调度。南北洋兵舰官弁均拟互相调用。"不仅如此，"南洋水师学堂，上海船坞、兵舰、饷械、支应一切事宜，有与海军相关系者"，并准叶祖珪考核，"会商各局总办道员切实整顿，前委管驾各官有于海军尚欠练习者，酌量撤换"。[②] 可见，这相当于将南洋海军交由北洋统一指挥，给统帅叶祖珪赋予巨大权力。

周馥在上引奏折中说，这是近日与袁世凯往复电商达成的共

———————————

① 张伯驹编著：《春游琐谈》，中州古籍出版社 1984 年版，第 361 页。

② 《南北洋海军联合派员统帅折》（光绪三十年十二月十三日），周馥：《秋浦周尚书（玉山）全集·奏稿》卷 3，第 351—352 页。

识。其实，早在本年六月已有报道称，叶祖珪在京晋谒奕劻，
"曾将目下南北洋海军情形及军舰实在数目缮具手折"，禀呈奕
劻，"并言海军尤为当务之急，请奏明饬下南北洋大臣认真整顿，
并添造军舰"。① 如果将这些情况联系起来观察，可知奕劻、袁世
凯力挺周馥署理江督，实在是下着一盘北洋下南洋的大棋。

其次，与魏光焘主张保留湘军截然不同，周馥抵任后，立即
大刀阔斧地裁撤湘军，同时用北洋模式加快新军的编练进程。光
绪三十年十二月，周馥"特设督练公所，以为江南各路防营之枢
纽"，分别遴委朱恩绂、徐绍桢办理兵备处和参谋处事宜。翌年
二月，又特派徐绍桢"驰赴北洋考求一切教练之法，以期南北号
令齐一"。② 其实即是以北洋模式为榜样。

当时"江南原有陆军共七十营旗，合兵勇三万八百余人，岁
需饷银一百六十余万"。周馥抵任后，督饬"督练处将湘军羸老
不任事者裁汰四千余名，分起送回原籍，遵照练兵处章程，改编
八标，练成两镇"。③ 由于随后江北提督奉旨专练一镇，故周馥在
光绪三十一年（1905）七月奏请江南先练一镇。他说："江南诸
军疲敝已久，近年虽有编改常备、续备之名，而军制既参差不
齐，饷数亦多寡互异，枪械更新旧杂陈。间有教练新操者，亦不

<hr>

① 《禀请整顿海军（中国现存海军之实数）》，《时报》，光绪三十年六月二十日，
第 1 张第 3 页。

② 《南洋改练新军情形折》（光绪三十一年七月十五日），周馥：《秋浦周尚书（玉
山）全集·奏稿》卷 3，第 404、406 页。

③ 《江南水陆各营拟办情形折》（光绪三十一年六月初七日），周馥：《秋浦周尚书
（玉山）全集·奏稿》卷 3，第 391—392 页。

过略袭形式，于一切军队内务经理之法，大都阙如。"① 这就否定了魏光焘此前的军备整顿。

周馥进而对湘军模式提出严厉批评：江南兵籍"悉沿招募旧制，湘军居其九，淮军居其一。无论其旋募旋去，易致穷失所归，流为盗贼。即或练成劲旅，而注籍一二十年，非老即疲。暮气不除，新机自窒。是非急办征兵，定为更番训练、分年退伍之法，无从整顿"。所以，一方面"先后遣散已有五千余人"，另一方面准备学习日本经验，征召本地之民为本地之兵。因为"若招募异籍之民，无论平时难以相安，逃亡难于侦缉，即常备期满，退归续备，亦莫从布置"。② 后来，周馥在《自订年谱》中说，光绪三十一年"裁湘军疲老者约一万人，添练新军一万数千人"。③这都是周馥署理江督之后，大力裁撤湘军，同时依照北洋模式编练新军的表现。

再次，周馥抵任后不久，就上折奏参庸劣不职的官员，其中颇有湘人。光绪三十一年（1905）二月初八日奉上谕，江苏试用道王运嘉、候补道曾广祚、安徽督销淮盐局委员试用通判徐开藩、铜圆局委员分省补用通判易梦书、前署海州直隶州知州试用直隶州知州王茂中、上海租界会审委员候补知县黄煊、补用知县陈世辅、试用知县林介镛、铜圆局委员试用知县熊骧保，均革

---

① 《南洋改练新军情形折》（光绪三十一年七月十五日），周馥：《秋浦周尚书（玉山）全集·奏稿》卷3，第404页。

② 《南洋改练新军情形折》（光绪三十一年七月十五日），周馥：《秋浦周尚书（玉山）全集·奏稿》卷3，第404、406、408—409页。

③ 《民国周玉山先生馥自订年谱》，王云五主编：《新编中国名人年谱集成》第2辑，台北：台湾商务印书馆1978年版，第112页。

职；试用道邓炬、前总办铜圆局试用道志钧均降为同知；试用知府赵继椿降为通判；山阳县知县叶芸以教职选用；候补道欧阳霖勒令休致。① 内中多人均系前任所用，而曾广祚乃曾国藩后人，久为魏光焘所器重。② 周馥之子周学铭也称："父亲任两江时，曾劾去文武属员尤不法者十数人，内有湘中大族之裔，故湘人衔之。"③

与此相应，周馥从北洋大量调人，加以重用。他不仅调用北洋武备学生来南京训练军士，奏调任职于北洋水师的蒋超英来整顿南洋水师学堂，而且调用袁世凯之兄袁世廉来宁，委以支应局和筹防局重任。④ 所以，很快就有周馥"极力联络北洋"的报道："南洋近日大政为军政、财政、洋务、学务卓卓数大端而已。陆军既用北洋训练方略，海军复用叶军门（叶祖珪）为南北洋海军总统，而新简江北提督（刘永庆）又北洋大臣之中表。此外如总办全省支应局为慰帅（袁世凯）之弟（原文如此，应为兄）袁道世廉。操洋务、学务之实权者，则沈道桐、罗道忠尧，均为北洋候补人员。玉帅（周馥）宗旨拟与北洋联为一气，故事事趋步北洋，且喜多用北洋人员管理一切。说者谓南北之合，盖自玉帅开

---

① 中国第一历史档案馆编：《光绪宣统两朝上谕档》第 31 册，第 18 页。

② 《江督将去之举动（南京）》，《时报》，光绪三十年八月初二日，第 1 张第 3 页。

③ 周学铭在张士珩撰《诰封荣禄大夫周学海观察公墓表》后所作案语，载孟繁之校点《周悫慎公自著年谱》，收入周景良著、孟繁之编《曾祖周馥——从李鸿章幕府到国之干城》，第 243 页。

④ 《督练公所近闻（南京）》，《时报》，光绪三十年十二月二十日，第 2 张第 6 页；《奏留能员》《到省即委要差》，天津《大公报》，光绪三十一年四月十一日，附张"外省新闻"栏。

之。"① 如此，北洋下南洋从人事方面也在不断推进。

最后，周馥为练兵处筹措经费，显然也比魏光焘积极得多。光绪三十年（1904）主政两江的魏光焘供给练兵处 85 万两白银，而次年周馥则交付了 161 万两白银，几乎是前者的两倍。② 因此，至迟到光绪三十二年（1906），吴人嘲笑周馥的《南京白字诗》就颇为流行，其中有句云："亲家袁世凯，恩主李鸿章。瞎子兼聋子，南洋属北洋。"③ 此诗用语过于刻薄，对周馥的描绘显然并不公平，但却反映了当时北洋下南洋的基本大势。

进言之，周馥署理江督近乎两年，在南、北洋关系方面，确实具有重大的转折意义。其一，晚清七十年，从无山东巡抚南下接任两江总督的情况，周馥是唯一的一个。④ 更重要的是，至迟从 1880 年代开始，清廷就在刻意保持南北洋的派系平衡，出身淮系和北洋的人，不太可能出任南洋大臣。不过，周馥本人毕竟还是介于南北之间的皖人。而此后直至辛亥鼎革，袁世凯的两位亲家满人端方和直隶人张人骏先后入主两江，意味着自曾国藩以来，近半个世纪南人担任江督历史的终结，开启了北人（可包括满人）江督的历史。辛亥革命后，湘人黄兴以"南京留守"的身

① 《周玉帅极力联络北洋（南京）》，《时报》，光绪三十一年五月十五日，第 2 张第 6 页。

② 麦金农：《中华帝国晚期的权力与政治：袁世凯在北京与天津（1901—1908）》，第 107—109 页。

③ 劳祖德整理：《郑孝胥日记》第 2 册，第 1052 页。又参见周一良：《〈学人游幕与清代学术〉序》，尚小明：《学人游幕与清代学术》，社会科学文献出版社 1999 年版，第 6 页。

④ 上一次由山东巡抚出任两江总督，还要追溯到道光五年（1825）的琦善，再上一次为嘉庆十年（1805）的铁保。

份坐镇东南，某种程度上也可视为湘人江督格局及湘人势力的一个短暂回归。但 1913 年二次革命中北军南下，占据南京及长江中下游。[1] 此后的十余年，直系冯国璋、李纯、齐燮元、孙传芳相继担任江苏督军（或督办），主政东南，也可视为这一脉络的延续。[2]

其二，周馥署理江督兼南洋大臣近两年，不仅终结了数十年的湘人江督格局，大幅削弱了东南湘军的实力，而且他在用人、练兵、新政诸方面，加速了辛丑回銮之后的北洋下南洋进程。结果，南、北洋表面的联合，实际打破了南北派系的相对平衡，一定程度上导致了南洋从属于北洋的局面。湘人江督格局的终结及南北失衡的结局，使得南洋当局实力明显削弱，其在清朝政治版图中的地位严重式微。北军持续南下就是一个重大标志。

周馥出任江督后不久，裁撤漕运总督引发了江淮分省问题。经过朝令夕改的一波三折后，最终以裁撤江北巡抚、改淮扬镇总兵为江北提督而收束。[3] 光绪三十一年（1905）四月，袁世凯的

---

① 据说二次革命中，南京的湘人部队抵抗北洋军最力。陶菊隐说："由于讨袁军总司令（何海鸣）是湖南人，而坚守南京城对北洋军进行英勇抵抗的兵士，绝大部分也是湖南人，所以张勋恨湖南人恨得最厉害，湖南人的'乱党'嫌疑也最重。湖南会馆首先被查封。因嫌疑而被乱杀的湖南人不计其数。"陶菊隐：《北洋军阀统治时期史话》上册，生活·读书·新知三联书店 1983 年版，第 197、198 页。

② 民国直隶人士也如此看。涿鹿冯叔鸾为"记载南方掌故，网罗江左轶闻"的《龙套人语》作序称："民国成立以来，江南一省，常为政争中心。袁项城帝制议起，便命冯河间坐镇金陵，更以郑汝成控制上海，遥为策应，似乎知道江南要是形势不稳，则北京政府也难以巩固。自是而后，李纯、齐燮元相继开府，也都是举足重轻，绾毂南北，比诸前清时的南洋大臣，责任更为重要。"龙公：《江左十年目睹记》，文化艺术出版社 1984 年版，第 2 页。

③ 参见谢世诚《晚清"江淮省"立废始末》，《史林》2003 年第 3 期，第 7—14 页；李细珠：《地方督抚与清末新政：晚清权力格局再研究》，社会科学文献出版社，2012，第 16—22 页。

心腹干将、练兵处军令司正使刘永庆以兵部侍郎衔署理江北提督，节制江北文武，镇慑徐淮一带。所以张謇说："公路（袁世凯）势力益扩，骎骎只手揽东南北半壁矣。"① 后来倒向袁世凯阵营的恽毓鼎此时也感叹："北洋兵权并及南洋矣……今直隶督臣骎骎都督中外军事矣。大臣权重者国危，深可寒心。"② 光绪三十三年（1907）安徽巡抚恩铭被徐锡麟刺杀后，清廷为加强长江防务，鉴于南洋军力有限，遂决定北军南下以震慑东南地区。光绪三十四年（1908），北洋大将姜桂题麾下大军遂南下驻扎长江浦口一带，作为长江游击之师。姜桂题卸任后，由程允和接统。③ 直至宣统年间张人骏担任江督之时，依然如此。④ 安东强已敏锐地指出，长江游击之师的设置，可视为"北洋势力的南移"。⑤ 结果，日益虚弱的南洋当局既无力平衡北洋，也难以应对东南地区日益增长的革命、立宪及会党力量，最终在辛亥鼎革中崩溃。而革命和立宪的力量代之而起，在辛亥议和中成为南方的代表。

① 李明勋、尤世玮主编：《张謇全集·柳西草堂日记》第 8 册，光绪三十一年四月十一日，上海辞书出版社 2012 年版，第 609 页。

② 史晓风整理：《恽毓鼎澄斋日记》第 1 册，光绪三十一年四月初八日，浙江古籍出版社 2004 年版，第 269 页。

③ 《军机处致两江总督端方电》（光绪三十四年正月十九日），骆宝善、刘路生主编：《袁世凯全集》第 17 册，第 316 页；《军机处致两江总督端方、直隶提督姜桂题电》（光绪三十四年八月二十四日），骆宝善、刘路生主编：《袁世凯全集》第 18 册，第 114 页。

④ 《宣统政纪》卷 22，宣统元年九月十七日癸亥，《清实录》第 60 册，中华书局1987 年影印本，第 399 页。

⑤ 安东强、姜帆：《丁未皖案与清末政局》，《历史研究》2017 年第 4 期，第 88—93 页。

第六章

江督之争与丁未政潮的一个新解释

　　庚子事变是清末历史上一个重要的分水岭。经此一役，中外关系、南北关系、官民关系均发生诸多变化。同时，朝廷决定开启新政，以挽救危局。就政坛的人事变动而言，随着载漪、世铎、徐桐、刚毅、赵舒翘、裕禄、李秉衡等重臣或死或罢，一批新兴力量在政坛迅速崛起，袁世凯、瞿鸿禨、岑春煊和端方正是主要代表。①不幸的是，从光绪二十七年（1901）秋至光绪二十九年（1903）春，声威卓著、影响巨大的三位政坛巨擘——直隶总督兼北洋大臣李鸿章、两江总督兼南洋大臣刘坤一和首席军机大臣荣禄——相继离世。于是，在辛丑回銮后的两年间，北洋、南洋和中枢均发生了重大而敏感

① 袁世凯虽然庚子之前已任山东巡抚，但也是在庚子之后才一跃而成为政坛巨子。

的权力交接过程。袁世凯几乎毫无争议地接掌了李鸿章身后的北洋权力，过渡最为平稳。南洋财赋之区则在湘系首领刘坤一去世之后，陷入了"群雄逐鹿"的境地。在清廷中央，本来荣禄和奕劻分掌内政外交。迨荣禄去世后，奕劻身兼枢、译，内政外交大权集于一身。只是他在军机处虽是首席，实为后进，并无班底。①此后枢垣内的暗潮涌动一直没有消歇。加以日俄战争后，朝廷决定预备立宪，改革官制，权力再分配难得平允。终至光绪三十三年（1907）爆发了政坛高层的激烈火并，史称丁未政潮。

　　丁未政潮严重损害了清廷声誉，加剧了南北隔阂，削弱了统治基础，值得仔细研究。自从袁世凯致端方的一通密札流传坊间后，徐一士、刘厚生、庄练先后据此论述过政潮的来龙去脉。②在此基础上，郭卫东利用恽毓鼎日记，对政潮过程做了更准确的论述，指出政潮结局打破了满汉平衡，并使腐败势力失去制衡。侯宜杰则利用清宫藏端方档，进一步充实了关于政潮过程的论述。张建斌用力发掘端方档，充分揭示了端方在推倒岑春煊过程中扮演的重要角色。③此外，康梁保皇派与政潮的关系，也得到

① 刘厚生：《张謇传记》，上海书店 1985 年影印本，第 129—130、134—135 页。

② 徐凌霄、徐一士著，徐泽昱编辑，刘悦斌、韩策校订：《凌霄一士随笔》中册，第 879—889 页。刘厚生：《张謇传记》，第 139—157 页。庄练：《中国近代史上的关键人物》下册，中华书局 1988 年影印版，第 230—253 页。

③ 郭卫东：《论丁未政潮》，《近代史研究》1989 年第 5 期。侯宜杰：《袁世凯传》，百花文艺出版社 2003 年版，第 119—130 页。张建斌：《端方与丁未政潮》，《近代史研究》2021 年第 3 期。另外，孔祥吉（《惊雷十年梦未醒：档案中的晚清史事与人物》，广东人民出版社 2017 年版，第 294—303 页）发掘清宫藏恽毓鼎参劾瞿鸿禨和岑春煊的两份奏折，用以分析案情。李君（《1931 年前郑孝胥》，中华书局 2018 年版，第 120—132 页）研究过郑孝胥与政潮的关系。唐论（《计中计：丁未"假照片事件"探析》，《清史研究》2022 年第 5 期）探讨了导致岑春煊最终被开缺的"假照片事件"的来龙去脉。

相当澄清。①

但对于瞿鸿禨、岑春煊与奕劻、袁世凯何以水火不容，以致酿成丁未政潮？历来多从清流与浊流（或洋务）的分野，或清廉派与北洋派的斗争框架中解释，而以光绪三十二年（1906）丙午官制改革为导火索。清流与浊流、清廉派与北洋派的斗争虽然不可否认，但作为一种大体趋势和分析思路尚可，若揆诸辛丑回銮以来政局变迁的复杂史实，还是显得过于简单，解释力有限。②一则清廉派未必那么清廉，瞿鸿禨自己虽然相对清廉，但其结合的湘系势力也很腐败。二则清流并不必然与浊流、洋务派对立，或明或暗的合作所在多有。③ 所以，这一复杂问题还可从南北地域的派系角度来观察。

本章在前人研究基础上，利用书信、日记、档案、报刊等新旧材料，从辛丑回銮后"北洋下南洋"的大背景下，探讨复杂多变的江督之争，怎样导致派系矛盾的生成、积累和激化。同时，我也赞同丙午官制改革的政治安排，刺激了政潮的发生，但试图用史实说明，以往那种以奕劻、袁世凯为一方，瞿鸿禨为另一方，视丙午官制改革为第一轮争斗、丁未政潮为第二轮争斗的固

①　郭卫东：《丁未政潮中康梁派活动考略》，《历史档案》1990 年第 1 期。桑兵：《庚子勤王与晚清政局》，北京大学出版社 2015 年第 2 版，第 334—342 页。

②　用清流与洋务的分野来解释，参见瞿兑之：《杶庐所闻录》，山西古籍出版社 1995 年版，第 83—87 页。陈寅恪先生用清流与浊流来解释，但特别指出"其间关系错综复杂先后互易，亦难分划整齐，此仅言其大概，读者不必过于拘泥也"。陈寅恪：《寒柳堂集》，生活·读书·新知三联书店 2001 年版，第 191—192 页。用清廉派和北洋派的斗争来解释，参见郭卫东：《论丁未政潮》，《近代史研究》1989 年第 5 期。

③　光绪前期，清流领袖李鸿藻、张佩纶与洋务代表李鸿章暗中合作，就是显例。姜鸣：《李鸿章"夺情"复出与"清流"的幕后筹划》，《华东师范大学学报》2012 年第 3 期。

定认识，是有问题的。希望重新解释丁未政潮何以酿成并导致最终的结局。

第一节　庚子事变后瞿鸿禨崛起的因素与派别

晚清军机处号为政府，其班子的每次更易，皆意味着朝局的重大变化。辛酉政变、甲申易枢、甲午战争中更换军机、戊戌维新前后调整枢垣，莫不如此。庚子事变后，载漪、刚毅、赵舒翘、启秀等枢臣或死或罢，军机旧人只剩老迈多病的荣禄和王文韶，而新近加入的鹿传霖亦年衰重听。于是，年轻一辈的儒臣瞿鸿禨（字子玖）适时进入军机处，至光绪三十三年（1907）在震动朝野的丁未政潮中败落为止，秉笔七载[1]，"持躬清刻……锐于任事"[2]，发挥了不可忽视的作用。

瞿鸿禨何以能入军机？慈禧太后的欣赏自不可少[3]，但入直之前，必系军机要人举荐援引无疑。瞿鸿禨后来忆称，辛丑年（1901）正月到西安后首次召见，慈禧就说：从前李鸿藻说你好，现在荣禄他们也说你好。[4] 瞿鸿禨系李鸿藻在翰林院的门生，而

---

[1]　1901 年瞿鸿禨入直不久，荣禄就"亲以笔砚相属"；1903 年荣禄去世，奕劻领班枢廷，仍由瞿秉笔。瞿鸿禨：《恩遇纪闻》，沈云龙主编：《近代中国史料丛刊》（520），台北：文海出版社 1970 年版，第 86 页。按，谌东飚校点：《瞿鸿禨集》（湖南人民出版社 2010 年版）未收此条，殆因原稿注"此条拟删"四字。

[2]　《清史稿·瞿鸿禨传》第 41 册，中华书局 1977 年版，第 12382 页。

[3]　史称瞿鸿禨初入军机，"治事明敏，谙究外交，承旨拟谕，语中窍要，颇当上意焉"。（《清史稿·瞿鸿禨传》第 41 册，第 12381 页）。同时，瞿氏为人谨慎谦抑，"意新而行甚稳"。（《汪大燮致汪康年函》（光绪三十二年二月初七日），上海图书馆编：《汪康年师友书札》第 1 册，第 842 页）。此外，据说长相酷似同治帝，引起慈禧太后好感。

[4]　谌东飚校点：《瞿鸿禨集》，第 167 页。

荣禄与李鸿藻义结金兰，荣禄确曾保举瞿氏。[1] 不过，瞿鸿禨的姻亲、四川总督刘秉璋之子刘体智则坚持认为，瞿鸿禨入参枢府，实由王文韶举荐；因为王文韶、刘秉璋与瞿鸿禨之父瞿元霖，均系咸丰元年辛亥科举人同年。[2] 张佩纶亦称王文韶"引一瞿子玖为助"，以对抗鹿传霖。[3] 其实，王文韶两任湖南巡抚，与湘人多有联络。瞿鸿禨不仅是王文韶的年家子，而且王文韶确实收过瞿鸿禨的受业帖，对其赞赏有加。[4] 后来两人交往颇多，尤其是辛丑年瞿鸿禨到西安后，相互走动甚为频繁。当年六月，改总理衙门为外务部，奕劻任总理大臣，王文韶、瞿鸿禨分别为会办大臣。在此前后，王文韶任国史馆总裁，即以瞿鸿禨副之；王文韶督办路矿总局，则以瞿鸿禨为会办。[5] 看来瞿鸿禨得以入枢，既因荣禄举荐，亦离不开王文韶的援引。刘厚生说荣禄、王文韶两人保了瞿鸿禨，虽未注明依据，但无疑是正确的。[6]

进言之，自咸丰十一年（1861）辛酉政变以来，军机处的常态是，宗室亲王领班，满汉南北均有代表，形成"同治"局面。[7] 然而戊戌至庚子年，朝内江南汉人受到排挤，满洲亲贵势力急剧

① 陈夔龙：《梦蕉亭杂记》，第 86 页。马忠文：《荣禄与晚清政局》，第 244—245 页。

② 刘体智著、刘笃龄点校：《异辞录》，第 145、192 页。

③ 张佩纶：《致鹿崧砚（鹿传霖）尚书》（光绪二十七年），《涧于集·书牍》卷 6，《清代诗文集汇编》第 768 册，第 603 页。

④ 袁英光、胡逢祥整理：《王文韶日记》上册，同治九年十一月二十日、同治十年十一月十三日，中华书局 1989 年版，第 233、290 页。

⑤ 袁英光、胡逢祥整理：《王文韶日记》下册，光绪二十七年五月十五日、六月初九日、十二月初一日，第 1029、1031、1054 页。

⑥ 刘厚生：《张謇传记》，第 132 页。

⑦ 唯有荣禄例外，但也是满洲权贵。

膨胀。只是不旋踵间，亲贵纷纷获罪。庚辛之际，外人要求更换执政的声音颇为流行，清廷也有意推行新政，改变"顽固"形象。这时，荣禄的"祸首"嫌疑尚未完全排除，北人鹿传霖与荣禄交好，有守旧之目，南人王文韶反对与列强开战，西巡过程中又随扈有功，三人分享着军机处权力。此时援引旗人入枢显然不便，最好引用南人，以收人心。瞿鸿禨就此成为理想人选。

其实，湘人瞿鸿禨作为南人代表进入军机处，也是一个值得注意的新动向。盖自同光以来，军机处的南方代表几乎都来自太湖周围的江浙人，沈兆霖、曹毓瑛、汪元方、沈桂芬、王文韶、潘祖荫、翁同龢、许庚身、徐用仪、钱应溥、廖寿恒莫不如是，可谓之"太湖圈南人"。湘人虽在两江、闽浙和西北地区势力雄厚，但在朝内实力有限。不过，由于平定太平天国之后，湘人在长江下游地区拥有巨大利益，与江浙人士产生诸多联系，双方在京内外都有不同程度的结合。因此，随着王文韶在高层事务中逐渐淡出，瞿鸿禨继承了南人的领袖地位。王文韶和瞿鸿禨均对北洋大臣袁世凯权势日盛颇有戒心；① 瞿鸿禨"对北洋则时主裁抑"。②

瞿鸿禨依靠的力量主要有二。其一是东南名士。瞿氏刚出道时曾任河南乡试主考官和河南学政，随后历任福建乡试主考官、四川学政、浙江学政、江苏学政，声望不断扩大。汪大燮、汪康年、汤寿潜、张元济、张美翊、姚文倬、王舟瑶、章梫等大批江浙籍官绅皆其门生。从《汪康年师友书札》和《瞿鸿禨朋僚书

---

① 高树：《金銮琐记》，中华书局 2007 年版，第 158 页。

② 徐凌霄、徐一士：《凌霄一士随笔》中册，第 879 页。

牍》看，一方面，瞿鸿禨利用这些人及其掌控的报刊媒体宣传政见，扩大影响。另一方面，这批人也经常向瞿鸿禨建言献策，希望利用瞿鸿禨的地位和权力，实现抱负。所以，江浙籍官绅及其掌握的报刊舆论是瞿鸿禨依靠的重要力量。

其二，更重要的是众多湘籍官绅，尤其是位高权重的湘系督抚。自曾国藩率领湘军镇压太平天国后，湘人在东南地区的文、武、商、学各界均有巨大利益。至 19 世纪 80 年代以来，左宗棠、曾国荃、刘坤一连续出任两江总督，形成了"湘人江督格局"。庚辛之际，湘人刘坤一、李兴锐、魏光焘、王之春、聂缉椝皆任南方督抚，尤其在两江地区实力雄厚。瞿鸿禨入军机后，在朝廷和湘系之间努力维持着微妙平衡。麦金农所谓瞿鸿禨是"'湖南派'在朝廷的代言人"的说法①，容许过于夸张，但瞿鸿禨与魏光焘、聂缉椝等湘系督抚千丝万缕的联系是非常显明的。他们内外相维，保持权势，是一个重要派别。当然，湘人内部绝非铁板一块，亲疏远近颇有不同，但对外则常常联合一致，以"吾湘""湘岳英灵""省运"相号召。

然而，辛丑回銮后，在袁世凯"北洋下南洋"的冲击下，湘系在两江地区的势力不断遭受重挫。尽管瞿鸿禨努力调护，但湘人江督格局终至难以为继。1905 年之后，随着魏光焘、夏昹、聂缉椝等湘系督抚相继开缺，朝内的瞿鸿禨也越发孤立无援。汪大燮在丁未政潮后，感慨"瞿（鸿禨）、袁（世凯）交恶非一日矣"。② 可以说，光绪二十八年（1902）刘坤一去世后，围绕江督

---

① 麦金农著，牛秋实、于英红译：《中华帝国晚期的权力与政治：袁世凯在北京与天津（1901—1908）》，第 31 页。

② 《汪大燮致汪康年函》（光绪三十三年十月廿八日），上海图书馆编：《汪康年师友书札》第 1 册，第 950 页。

之争的反复较量，实为双方交恶不可轻忽的远缘。① 尤其是光绪三十年（1904）北洋系统的山东巡抚周馥署理江督前后，瞿鸿禨曾经整合力量，抵制北洋南下，做了种种努力。

第二节　瞿鸿禨整合力量抵制北洋的努力

北洋下南洋的持续推进，很大程度上都是在牺牲东南地区湘系的利益。湘系岂能甘心？其反制措施随之而来。周馥任江督之初，即陷入江淮分省的纠葛之中。聂缉椝在给瞿鸿禨的密信中批评道："若江督即有过人之才，但将洋务、盐务、海防、营务四事认真整顿，已虑精力不胜，更何必揽此二事（指藩司驻地、厘金），为位置私人地步耶。此诚不可解。至于杀岑姓家丁，无实在口供，竟当作游勇办，尤堪诧异，恐将来未必无人说话也。"② 果不其然，光绪三十一年（1905）四月二十六日，湘籍御史黄昌年条列多款，奏参周馥"内政外交不能胜任"，奉旨交湖广总督张之洞查办。③ 这起参案虽无瞿鸿禨授意的证据，但他至少是支持的。④ 瞿鸿禨此时希望张之洞替代周馥，以抵制北洋南下。

很快，报纸纷传张之洞将再任江督。然而，张之洞因北洋持

---

① 骆宝善先生将瞿、袁交恶的原因归结于"官场习气，互不服气的钩心斗角"，虽不能说没有影响，但似乎有些简单表面。《骆宝善评点袁世凯函牍》，岳麓书社 2005 年版，第 185 页。

② 《聂缉椝致瞿鸿禨函》（光绪三十一年三月），中国社会科学院近代史研究所藏：《瞿鸿禨朋僚书牍》，甲 375-1。

③ 中国第一历史档案馆编：《光绪宣统两朝上谕档》第 31 册，第 62 页。

④ 周馥之子周学铭认为，此次参案是因为周馥"曾劾去文武属员尤不法者十数人，内有湘中大族之裔，故湘人衔之，诬构以江宁仪凤门内操场给予德国人，及子弟揽权等事"。周景良著、孟繁之编：《曾祖周馥——从李鸿章幕府到国之干城》，第 243 页。

续南下，"南洋权限已为本初（袁世凯）包举"，不能"俯仰依人"[①]，加以粤汉铁路交涉正紧，实不愿离武昌半步。五月十七日，张之洞急电瞿鸿禨，坚决反对出任江督。他说："近阅报章，鄙人又有调两江之说，曷胜惶骇。……两江局面屡更，权分力绌，而纷纭交涉，倍难于前，断非病躯所能措手。"[②] 同时，张之洞又急电赴京觐见的新任江西按察使、瞿鸿禨的儿女亲家余肇康，请将湘人极力挽留的信息转达瞿鸿禨，并推荐岑春煊出任江督。[③] 此外，张之洞又授意曾国藩后人曾广镕致电王先谦等，以阻止他的调动。[④]

张之洞不愿出任江督，瞿鸿禨转而力推张百熙。早在刘坤一刚去世之时，张之洞就曾举荐过张百熙接任江督。而瞿鸿禨和张百熙同乡兼同年，同官京师多年，关系极为密切。故张百熙是瞿鸿禨和张之洞都赞同的人选。五月下旬，王先谦等致瞿鸿禨和张百熙，恳请挽留张之洞的电报传至京师。张百熙得知周馥难安于

---

① 《余肇康致瞿鸿禨函》（光绪三十一年六月初），中国社会科学院近代史研究所藏：《瞿鸿禨朋僚书牍》，甲 375-1。

② 《致京瞿尚书》（光绪三十一年五月十七日午刻发），赵德馨主编：《张之洞全集》第 11 册，武汉出版社 2008 年版，第 214 页。

③ 张之洞说："两江则断断不能胜任。如内意此席必欲易人，寿州精力弥满，何不以此属之。必以属弟，惟有立时引退，自请归田。务望台端以湘人之意，迅速电达止翁，恳其鼎力维持，勿令离鄂，于路事似不无裨益。止翁意如何？并希电复。"清末"寿州"一般是指孙家鼐，但孙家鼐年近八旬，难称精力弥满，且系皖人，又从未做过督抚，故张之洞推荐孙家鼐继任江督，似不可解。颇疑此处"寿州"原系"嘉州"（岑春煊），盖电报抄录者之笔误。《发新授江西臬台余廉访（肇康）电》（光绪三十一年五月十七日巳刻发），《张之洞档》，虞和平主编：《近代史所藏清代名人稿本抄本》第 2 辑第 37 册，第 245—247 页。

④ 《曾广镕致长沙铁路公司王祭酒（先谦）等电》（光绪三十一年五月十七日午刻发），《张之洞档》，虞和平主编：《近代史所藏清代名人稿本抄本》第 2 辑第 37 册，第 248—250 页。

位，而瞿鸿禨颇有意促其接任，以故兴致大起。余肇康致瞿鸿禨的密信说："倾潜公（张百熙）来，因湘电，亦知公瑾（周馥）恐难安于其位，知公之意良厚，遂不免欲学武惠，一往勾当。"余肇康极力怂恿瞿鸿禨努力运作，盖如此既能接续湘人江督的传统，还可壮大湘系实力。他说："邵阳（魏光焘）而后，已无嗣响之人"，若张百熙出任江督，"岂惟有裨大局，即吾湘之气，亦稍壮矣。"① 可见湘人的江督情结多么浓厚。

光绪三十一年（1905）四月，张百熙从吏部尚书调任户部尚书，而户部满尚书为军机大臣荣庆，张百熙颇不如意，故甚愿外放江督。所以瞿鸿禨当时安慰他说："公随人仰屋持筹，无往而非难境，可想而知。如能乞外，最为上策。"② 然而，此事谈何容易。因为这与北洋下南洋进程正相冲突。此前瞿鸿禨有意让张之洞接替周馥，奕劻已不甚"属意"。③ 若调任没有督抚经验的张百熙，奕劻和袁世凯更不难反对。结果，瞿鸿禨终无能为力。据说张百熙与瞿鸿禨早先有谁任军机大臣，就设法为对方谋取江督的"誓约"，瞿鸿禨无力兑现，张百熙不得志，对瞿颇有怨言。不久，张百熙与袁世凯缔姻，适中瞿鸿禨之忌，瞿氏颇不谓然。"两家宾客，传言过甚，不无微隙"。④ 瞿、张两人"交益疏远，

---

① 《余肇康致瞿鸿禨函》（光绪三十一年五月二十二日前），中国社会科学院近代史研究所藏：《瞿鸿禨朋僚书牍》，甲375-2。按，北宋曹彬（谥武惠）收降南唐李煜后，奏曰"奉敕差往江南勾当公事回"。

② 《瞿鸿禨致张百熙函》（约光绪三十一年夏），徐一士：《一士谭荟》，中华书局2007年版，第139页。

③ 《余肇康致瞿鸿禨函》（光绪三十一年六月初），中国社会科学院近代史研究所藏：《瞿鸿禨朋僚书牍》，甲375-1。

④ 徐凌霄、徐一士：《凌霄一士随笔》中册，第887页。

神离貌合"。①

不仅如此，九月十二日，聂缉椝遭御史姚舒密参劾，经福州将军崇善查办，奉旨开缺。② 聂缉椝罢职后致函瞿鸿禨，既对袁世凯十分不满，又颇为瞿鸿禨勉强周旋而担忧："近日用人新政，外间大都訾议，均谓枢府设在北门（指北洋），而事变之来，亟亟可虑……惟念及我公终日与不合心之人勉强周旋，则为之不快。"③ 到光绪三十一年（1905）秋，随着湘系督抚迅速陨落，王文韶出军机，徐世昌、铁良入军机，南人领袖瞿鸿禨实已颇为孤立，署理两广总督岑春煊成为潜在的盟友。

与此对应，张之洞查办周馥的复奏迟迟未上。尽管他对北洋南下亦颇不满，但并未刻意与周馥为难。张之洞的门生、身在江苏的缪荃孙就认定"南洋受北洋卵翼，断乎不动"。④ 果然，九月二十四日奉旨"周馥办理内政外交，尚无不合，即著毋庸置议"。但因原参折有周馥之子周学海在两江督署招摇的说法，奉旨"江苏候补道周学海回避改省，仍留署中，致滋谣诼，着迅速赴部改掣省分，领照到省，毋任逗遛"。⑤ "致滋谣诼""毋任逗留"云云，颇令人难堪。据说这正是瞿鸿禨添加之笔。周馥晚年自述，仍对此耿耿于怀。⑥ 甚至周馥的曾孙周一良也谓

---

① 刘体智：《异辞录》，第 193 页。

② 中国第一历史档案馆编：《光绪宣统两朝上谕档》第 31 册，第 143 页。

③ 《聂缉椝致瞿鸿禨函》（光绪三十一年九月二十四日），中国社会科学院近代史研究所藏：《瞿鸿禨朋僚书牍》，甲 375-1。

④ 《缪荃孙致金武祥》（光绪三十一年秋），《缪荃孙全集·诗文》第 2 册，第 288 页。

⑤ 中国第一历史档案馆编：《光绪宣统两朝上谕档》第 31 册，第 168—169 页。

⑥ 《民国周玉山先生馥自订年谱》，《新编中国名人年谱集成》第 2 辑，第 113 页。

瞿鸿禨"为人不足道"。① 这很可能源自周家长辈的看法，可见积憾之深。

不过，周馥虽然暂时渡过难关，但据说江宁将军又参劾多款，以致有周馥调补闽浙，端方补授两江的消息。② 当年十一月，周馥奏请开缺，朝旨虽然慰留，但已传闻将由铁良或端方继任江督。③ 只是端方此时正在出洋考察，而且袁世凯也在京劝说奕劻慰留周馥。④ 所以，周馥的南洋大臣之位终获保全，北洋和南洋合作的态势继续加强。

第三节　岑春煊首次运动江督受阻

在北洋下南洋，湘人江督格局难以为继，瞿鸿禨节节败退的背景下，同样是在庚子事变中崛起的实力总督，号称"北袁南岑"的岑春煊，也不时窥测着南洋形胜之地，意图与北洋分庭抗礼，与闻朝政。这是既往未受注意的一个重要史实。不过，岑春煊的意图与北洋下南洋进程实相冲突，所以奕劻、袁世凯绝不答应，双方矛盾不断积累。可以说，岑春煊之所以在丁未年（1907）北上发动政潮，表面上固然是因为岑氏时常批评的那样，奕劻、袁世凯揽权结党，政以贿成，而实际上也是岑春煊连续运动江督

---

① 《周一良读书题记》，海豚出版社 2012 年版，第 184 页。

② 《端午帅补授江督消息》，《申报》，光绪三十一年十月初五日，第 3 版。

③ 《天津张委员（寿龄）来电》（光绪三十一年十一月初二日申刻发），《张之洞档》，虞和平主编：《近代史所藏清代名人稿本抄本》第 2 辑第 104 册，第 342 页。

④ 《复江北提督刘永庆函稿》（光绪三十一年十一月初八日），骆宝善、刘路生主编：《袁世凯全集》第 14 卷，第 24 页。

不成，有以激之。但岑春煊晚年自述，闭口不谈此事。然而，瞿鸿禨之子瞿宣颖却透露出重要信息：

> 春煊当光绪季年，以风力著称，又深得慈禧宠眷，见袁世凯权势日盛，乃蓄意与之为敌。朝野之士，凡不附袁者，皆归春煊，欲倚以为陶桓公。然春煊始终未得两江，不居形胜之地，不足以闻朝政。世凯亦深忌之，谋于奕劻，移春煊督云贵。春煊知一旦赴边，益无所凭借，遂称疾居上海，密谋相抗。适又奉督川之命，乃乘赴任之便，自汉口乘火车入都。①

瞿宣颖的说法，虽然有为乃父联合岑春煊"开脱"的意思在，但不少切实材料显示，光绪三十一年（1905）湘人江督格局难以为继之后，岑春煊确曾努力运动江督，只可惜"始终未得"。

先是，光绪二十九年（1903）广西匪乱四处蔓延，形势极为严峻。署理四川总督岑春煊刚刚平定蜀乱，便又临危受命，调署两广总督，督办剿匪事宜。岑春煊籍隶广西，本应回避两广总督，故此项任命实为权宜之计。志在天下的岑春煊也期待着很快克奏肤功，再进一步，则两江总督颇有可望。光绪三十一年（1905）正月，广西匪乱大体平定，岑春煊奏请回驻广州，奉旨允准。② 此后，早已心猿意马的岑春煊开始不断奏请病假。二月二十八日，岑氏更奏请开缺，奉旨赏假两月。③ 不久前，报纸颇

---

① 《岑春煊遗事》，瞿兑之著，贾运生点校：《杶庐所闻录》，山西古籍出版社 1995 年版，第 157 页。

② 《德宗实录》，光绪三十一年正月二十五日戊戌，《清实录》第 59 册，第 194 页。

③ 《署理两广总督岑春煊奏为因病恳请开去两广总督署缺事》（光绪三十一年二月二十八日），中国第一历史档案馆藏：朱批奏折，档号：04-01-12-0642-106。

有传闻，由于日俄战争形势严峻，朝廷命袁世凯入京专办练兵事宜，而调周馥署理北洋大臣，所遗南洋大臣由岑春煊署理。①

不久，御史黄昌年参劾江督周馥，交张之洞查办，周馥地位动摇。岑春煊的亲密幕僚郑孝胥，随即听说岑氏将"移督两江"。②五月初，据说军机大臣认为周馥署理江督"诸多不宜，非另易贤能不能当此大任"。③ 同时，传闻岑春煊密参周馥不堪胜任江督。④一个多月后，甚至有消息称岑春煊是周馥参案的"原动力"，很可能接替江督一席。⑤ 上节已指出，张之洞此时也向瞿鸿機递话：如内意必欲江督易人，岑春煊"精力弥满，何不以此属之"。⑥

这时，清廷决定派大臣出洋考察政治。六月，岑春煊再次奏请开去两广总督署缺，"抑或赏假一年，派员接署"，以便"出洋就医，兼可考察各国政学"。又明说"东三省正在用人之时，其艰难较两广尤甚"，待"病体稍愈，考查略有所得，拟恳恩以散员发往效力"。⑦ 很快，香港报纸就传言岑春煊赏假三月，在日本就医后，"即赴署两江总督任"，周馥调署闽浙总督，张人骏调署广西巡抚，李经羲调署两广总督，连郑孝胥都感觉"其言似

---

① 《直督与江督之更动消息》，《时报》，光绪三十一年正月十二日，第1张第3页；《岑云帅调署两江之凤说》（广东），《时报》，光绪三十一年正月十六日，第2张第6页。

② 劳祖德整理：《郑孝胥日记》第2册，光绪三十一年四月廿九日，第995页。

③ 《江督更调之传闻》，《申报》，光绪三十一年五月初五日，第3版。

④ 《粤督密保学政并参江督》，《申报》，光绪三十一年五月初五日，第3版。

⑤ 《江督参案之原动力》，《申报》，光绪三十一年六月十二日，第2版。

⑥ 《发新授江西臬台余廉访（肇康）电》（光绪三十一年五月十七日巳刻发），《张之洞档》，虞和平主编：《近代史所藏清代名人稿本抄本》第2辑第37册，第246页。

⑦ 《署理两广总督岑春煊奏为假期届满病仍未痊请开缺出洋就医事》（光绪三十一年六月十五日），中国第一历史档案馆藏：朱批奏折，档号：04-01-16-0287-014。

真"。① 然而，迟迟不见下文，汪康年在广东任职的族弟汪大钧也觉得"殊不可解"，因为"两江闻有更动，且传嘉州（岑春煊）之信极确"。②

七月初六日，岑春煊奏请出洋未获允准，此后又赏假一月。③九月初三日，岑春煊又奏请"迅赐简员暂行署理两广总督"，俾其安心调治。④ 不久，张之洞查办折递上，颇替周馥弥缝，周馥地位得保。在此前后，岑春煊之弟岑春蓂升任巡抚。因广西肃清，岑春煊也赏加太子少保衔，算是对他的安抚。⑤ 所以，九月二十五日，岑春煊仍赏假两月，毋庸派署。到光绪三十一年年末，岑春煊只好奏请"病势轻减，谨力疾销假，并吁请陛见"。⑥江督的争夺暂告一段落。

另一方面，不安于两广总督的岑春煊与粤籍官绅势如水火。光绪三十二年（1906）初，唐绍仪领衔广东京官奏参岑春煊，称其"刚愎自用，不恤人言，屡次乞休，志在去粤，益复倒行逆施"，奉旨交周馥查复。⑦ 周馥复奏颇不给岑春煊留情面，有云：

---

① 劳祖德整理：《郑孝胥日记》第 2 册，光绪三十一年七月廿一日，第 1007 页。

② 《汪大钧致汪康年函》（光绪三十一年九月十二日），上海图书馆编：《汪康年师友书札》第 1 册，第 593 页。

③ 《德宗实录》，光绪三十一年七月初六日丁丑、八月初六日丙午，《清实录》第 59 册，第 261—262、275 页。

④ 《署理两广总督岑春煊奏为假期届满病势深剧请简员暂署总督篆务安心调治事》（光绪三十一年九月初三日），中国第一历史档案馆藏：朱批奏折，档号：04-01-12-0645-046。

⑤ 刘声木著、刘笃龄点校：《苌楚斋随笔续笔三笔四笔五笔》下册，第 594 页。

⑥ 《德宗实录》，光绪三十一年十二月二十一日己未，《清实录》第 59 册，第 335 页。

⑦ 《署理外务部右侍郎唐绍仪等奏为特参署两广总督岑春煊勒捐滋事奏报欺蒙请特派大员查办事》（光绪三十一年十二月二十七日），中国第一历史档案馆藏：录副奏折，档号 03-7392-030。

"应请旨训诫该督臣岑春煊推诚待人，屏除成见，慎毋意气用事，以尽维持保护之责。"① 岑春煊意欲取周馥而代之，双方颇有心结，周馥复奏所言虽然不无根据，但措辞实令岑春煊难堪。次年丁未政潮中，岑春煊不仅明参周馥"贻误两江……败坏粤事"②，而且私下对周馥也切齿痛恨。③ 这均可从此前争夺江督的宿怨中寻觅端倪。

第四节　岑春煊与端方的江督之争

光绪三十一年（1905），当岑春煊谋求江督受阻之时，曾任江苏巡抚、署理两江总督的端方，因出洋考察政治，声望日隆，颇有后来居上之势。当年十一月，端方还在考察征途之中，就获得提拔，升授闽浙总督。其实在此之前，据说江宁将军参劾周馥，已有周馥调补闽浙、端方补授两江的消息。④ 迨端方擢升闽浙总督之后，据内廷传说，俟其考察政治回国后，将调署两江总督。因为两宫颇不以周馥为然。⑤ 看来闽浙总督仅像是端方晋升

---

① 《署理两江总督周馥奏为遵旨查明两广总督岑春煊被参各节事》（光绪三十二年四月二十一日），中国第一历史档案馆藏：朱批奏折，档号04-01-01-1089-007。

② 《两广总督岑春煊奏为敬陈用人纳言等七条国政管见事》（光绪三十三年五月初二日），中国第一历史档案馆藏：录副奏折，档号03-5619-011。

③ 袁世凯致端方密电曰："西林（岑春煊）意颇与甘心于亚夫（周馥）。惟此老年逾七旬，宣力多年，实一忠厚长者，庚子年大有功于直隶，现已开缺，何苦再为太甚。请切托苏盦（郑孝胥），晤面时婉劝西林，勿再下石为感。但不可作为凯托也。凯。宥。"《致两江总督端方电》（光绪三十三年四月二十六日），骆宝善、刘路生主编：《袁世凯全集》第16卷，第187页。

④ 《端午帅补授江督消息》，《申报》，光绪三十一年十月初五日，第3版。

⑤ 《端大臣将授两江总督》，《大公报》，光绪三十一年十二月二十三日，第3版。

两江总督的"跳板"而已。

在此情形下，周馥也以奏请开缺作试探。朝旨虽然慰留周馥，但据说已选择铁良或端方作为继任者。[1] 只是端方此时正在出洋考察，至少须待其回国才可定议。同时，曾力推周馥署理江督的袁世凯也不希望前者离开南京。他在致其姻亲、江北提督刘永庆的信中说："玉帅（周馥）自莅两江，遇事认真整顿，不辞劳怨，冀挽时艰。具此公忠，于今有几。乃以事多拂意，致怀引退之思。凡实心任事者，不免闻而气沮，兄窃重为惜之。当俟晋谒邸座（奕劻）时，便中转达及此。尚希于玉帅前善为慰藉，切毋介介于怀。"[2] 得到袁世凯和奕劻的有力支持，周馥的南洋之位终获保全，北洋和南洋合作的态势继续加强。

不久，岑春煊因粤汉铁路集股事宜与广东绅士大起冲突，颇有传说朝廷准备将周馥和岑春煊对调，但接着又有报道出来辟谣。[3] 转眼间五大臣将要归国，朝野皆知必有一番举动。光绪三十二年（1906）四月十六日，岑春煊再次奏请开缺。一个多月后奉旨，仍只赏假两月，命其毋庸固请开缺。[4] 很快，据"北京可靠消息"，或谓端方回国后，将简授两江总督；或谓周馥和岑春煊将对调。[5] 总之，周馥署理江督必将到头，而端方和岑春煊是

---

① 《天津张委员（寿龄）来电》（光绪三十一年十一月初二日申刻发、初三日己刻到），《张之洞档》第104册，虞和平主编《近代史所藏清代名人稿本抄本》第2辑，第342页。

② 《复江北提督刘永庆函稿》（光绪三十一年十一月初八日），骆宝善、刘路生主编《袁世凯全集》第14卷，河南大学出版社，2013，第24页。

③ 《周、岑互调之风说》，《大公报》，光绪三十二年正月十六日，第1版。《江、粤督对调不确》，《大公报》，光绪三十二年正月十七日，第2版。

④ 《德宗实录》，光绪三十二年闰四月二十日丙戌，《清实录》第59册，第410页。

⑤ 《端午帅将授江督消息》，《时报》，光绪三十二年五月廿二日，第2版。

继任的有力人选。

光绪三十二年（1906）六月，载泽、端方、戴鸿慈等人回国，准备奏请立宪，改革官制。彼时端方入军机的消息甚嚣尘上①，他"恃有内援，故不欲外值"②，而是准备在京大施抱负，两江总督实已不甚满意。而据说由于"两江地方匪耗迭至"，周馥"不谙调度"，故清廷准备将其调往他省，改调岑春煊署理两江，"以便剿办而期肃清"。③ 看来若留端方在京，则岑春煊颇有希望接替周馥出任江督。

清廷于七月十三日宣布预备立宪，从改革官制入手，其中又以成立责任内阁为重中之重。次日，在派出厘定官制大臣的同时，与袁世凯深相结纳、在京力推立宪的端方突然补授两江总督兼南洋大臣。当时，正与袁世凯"同在都城，会定官制，互相标榜，正当有为之际，何肯轻于离京"。④ 故此举颇为蹊跷，实乃"挤"端方出京，以分袁世凯之势。军机大臣鹿传霖的密信显示，这是瞿鸿禨、荣庆、铁良敦促奕劻做出的决定：

> 至立宪先从改官制入手，则袁（世凯）、端（方）之谋，而邸（奕劻）为所愚，袁又为端所怂恿，皆欲揽天下大权。两人合谋，内外一气。其本意端充副总理，佐邸总理［左右两副，其一为城北（徐世昌），袁党也——原注］，则玩邸于鼓掌之上，尽去各枢，因此犯众怒。二目（瞿鸿禨）、双火（荣庆）、大金旁（铁良）相约密谒邸，痛陈利害，邸（奕

---

① 《考政大臣回京后之位置》，《时报》，光绪三十二年六月十二日，第 2 版
② 刘体智：《异辞录》，第 198 页。
③ 《政府将调江督之消息》，《大公报》，光绪三十二年六月十三日，第 3 版。
④ 刘体智：《异辞录》，第 198 页。

助）始悟而急出端于外为南洋。①

可见，尽管端方本来也是江督的候选人，但他此时更希望留京出任副总理大臣，外放江督实有一定突然性。当时袁世凯劝慰端方的密信说："近闻执事有南洋之说，如不得已，在外胜于在内，但必须使内外划清权限，各专责成，方可稍得展布也。"② 不过，端方彼时固然不甚情愿就任江督，但这一突然的人事安排，不仅使岑春煊运动江督的希望顿时破灭，而且排挤岑春煊的痕迹甚浓。这很大程度上刺激了岑春煊放手一搏，发动政潮。

因为就在端方补授两江总督、周馥调补闽浙总督的一周之后，奇诡的是，清廷又调周馥为两广总督，命岑春煊补授云贵总督，令云贵总督丁振铎调任闽浙总督。自恃资格更深、平乱有功的岑春煊不仅未能争得江督，竟不啻为端方、周馥腾缺，颇觉有失"公平"。岑春煊焉能接受，于是请假赴上海调理。虽然朝旨只赏假一月，而岑氏一直逗留，丝毫没有赴任之意，实则既筹谋入京，也在窥视和运动南洋大臣。

光绪三十二年（1906）九月十二日，端方到任南洋。③ 不久，端方竟然"名誉大损，以搜索革党，妄事株连，加以虐待征兵及江北饥民诸事，尤为大失人望"，时人估计他"恐难久于其位"。④

---

① 曾伟希整理：《鹿传霖致樊增祥信函》（光绪三十二年十月廿八日），《文物春秋》2010 年第 4 期，第 74 页。

② 《张国淦文集》，北京燕山出版社 2000 年版，第 67 页。

③ 《两江到任接篆折》（光绪三十二年九月），端方：《端忠敏公奏稿》卷 7。

④ 《王慕陶致汪康年》（光绪三十二年十一月二十九日），上海图书馆编：《汪康年师友书札》第 1 册，第 113—114 页。

于是政界颇有传言，端方将调京内用，而以岑春煊继任江督。①

　　确实，这时江南诸事棘手，端方面临诸多困境。他为此曾请教过出洋考察随员、湘人熊希龄。熊氏随后从外交、教育、用人、实业四方面，为其支着，所言不啻为两江总督的施政"指南"。首先是外交问题。熊希龄说：周馥"前之为舆论所不能容者"，张之洞"今之为政府所不敢动者"，皆以此故。因为政府近来办交涉，"率以不担责任为宗旨"，一方面恐外人诘难，一方面虑报纸攻击。"此次公堂一案，仍推归帅座（端方）办理，其居心与嫁祸无异，而此邦士大夫视线全集此点。盖经前次大闹之后，已留人民脑筋中之一大纪念，比于他种外交易于震动。如外人占优胜之势，则必不满意于悠悠之口，政府亦必以私嫌之故，借口而归咎于我帅（端方），此可料及也。"熊氏认为，如果此案"我能得直，则政府此后自不敢轻视江南，即一时不能了案，重则请海牙公断，轻则亦不过仍推之北京而已。拖之一字，实为秘诀，而于公牍上必须详加驳辩，婉为措辞，庶足以平外人之气，而服士民之心"。其次是学务问题。熊希龄认为"教育宗旨，只期各学堂不背部章，凡有宗旨不平正之学生屏之，黜之于学堂之外，无令一羊害群，断不能以一学生之故，而并疑及全堂，因噎废食，致人心反侧之不安"。再次是用人问题。"江南吏治腐败，甚于各省，然操之过急，则有两种现象。阅历稍深，专以圆滑为宗旨，遇有重件不担责任，其劳怨皆归之于帅座。世家子弟专望其所依赖之人为本管上司（江南道班往往视何人为总督，则其同何省人即加多），一不如意，则捏造谣言，惑报馆。从前南皮

---

① 《端督内用之传闻》，《大公报》，光绪三十二年十一月二十七日，第2版。

（张之洞）两次莅吴，皆为候补道运动北京，不久于任，职是故也。夫任贤则逸，古有明箴。江南案牍纷繁，老帅精神虽健，要不能以持久，宜于各要政选择一人令负责任，功过惟彼是问，彼自无辞可诿。盖事权不一，行政之所最忌，军界尤甚。兹幸幕府延有郑京卿（郑孝胥）为参谋，而舆论之所信用，可谓直谅多闻之友，将来必有裨助于帅座也。又江南士绅于帅感情甚厚，虽有数人为政府之所不悦，然多孚众望，政府亦无如何。似可仿燕、辽两省奏设地方自治局，集诸绅于省垣，合议办法，期以实行，则官绅相得，新政自有效果矣。"此外应大力发展实业，因为"江南交通便利，土壤膏腴"，实为实业易于发展之区。

熊希龄最后说："总之，政府近日对于政界诸人，纯用阴柔手段，而出洋考察之人，尤所深忌。目前不敢显然反对，而其用意则希冀破绽，以攻击之，使上意倦于新政，彼可遂其盘踞中央之愿矣。"意谓端方颇遭军机大臣疑忌，一有破绽，即可能被抓住把柄，导致地位不保。[①]

端方面临困境之日，也正是岑春煊大力运动之时。当时京师内部消息称："岑（春煊）十万谋南洋。"[②] 然而，岑氏运动南洋大臣终未成功。光绪三十三年（1907）正月十九日，岑春煊奉调四川总督，当时岑氏"愤郁不下楼"，甚至郑孝胥与汤寿潜拜访也不见。[③] 看来志在南洋的岑春煊颇不满于此，至迟在三月初二

---

① 以上几段见《陈当前局势上两江总督端方书》（光绪三十三年正月十五日前），周秋光编：《熊希龄集》第 1 册，湖南人民出版社 2008 年版，第 603—605 页。按，编者将此函系于 1909 年，小误。

② 《清末吴禄贞致樊增祥信函》（约光绪三十三年正月末），《文献》2011 年 7 月第 3 期，第 89 页。

③ 劳祖德整理：《郑孝胥日记》第 2 册，第 1080 页。

日，已经决定借赴川督之任而突然入京觐见。①

岑春煊坐镇沪上大肆运动，令两江总督端方如芒在背。他在致湖北按察使梁鼎芬的密电中愤愤不平地说："西林（岑春煊）徘徊海上，久无佳兆，遂不能稍自忍耐。此等伎俩，真不置〔值〕一哂。近中如何运动？想公亦已能犀烛之。鄙人在此，筹办赈抚，改良弊政，不避怨谤，不皇〔遑〕寝食，自愧尚无成效，但愿此君（岑春煊）善自为谋，钟山一席（江督兼南洋大臣），正可举以奉畀也。"② 因此，端方对岑春煊的一举一动非常敏感，对其借赴蜀以入都的密谋了如指掌。端方和袁世凯的南、北洋合作也因此更加密切。三月初四日，岑春煊离沪当天，端方就密电袁世凯说："此行名为入蜀，实则入都，有荐膝之陈。不知是否奉有秘密之慈旨，抑系自行北上。公有所闻否？望密探密示。"③ 同时，端方又写信向郑孝胥打探岑春煊"入都造膝之陈"的谋划。④

岑春煊入都后，端方颇担心被岑面参。所以，他给乃弟端绪的密电中说："岑三（岑春煊）近日与兄意见益深，到京后如何举动，务须设法侦探，逐日电告，不可稍涉轻忽。要要。"⑤ 同时，端方与袁世凯几乎日日密电往来，沟通消息。三月二十一

---

① 劳祖德整理：《郑孝胥日记》第 2 册，第 1085 页。

② 《端方致北京湖北按察使梁鼎芬电》（光绪三十二年十一月二十九日），中国第一历史档案馆藏：端方档，档号：27-01-001-000165-0092。

③ 《致民政部尚书徐世昌电》（光绪三十三年三月初四日），骆宝善、刘路生主编：《袁世凯全集》第 16 册，第 71 页。

④ 劳祖德整理：《郑孝胥日记》第 2 册，光绪三十三年三月初七日，第 1086 页。

⑤ 《端方致端绪电》（光绪三十三年三月十七日），中国第一历史档案馆藏：端方档，档号：27-01-001-000160-0017。

日，袁世凯复电称：面参诸人中"未闻及公"；次日则云："三见时
参外、学、军等部，涉及南、北洋，力保武进（盛宣怀）。"① 说明
端方也在被"涉及"之列。随后，军机章京杨寿枢也说："现在
朝局朝令夕更，两江一席谋者孔多"，颇有易人的可能。②

　　岑春煊入京之初，本有入枢机会，但后来慈眷渐衰，局面一
变。因此，他"始攻本初（袁世凯），旋见本初根深柢固，幡然
变计，而与之联络"，与入京前的宗旨已有不同。因此，外放南
洋也不失为一个选项。陶湘在致盛宣怀的密信中说："南洋（端
方）为西林（岑春煊）所劾，或云南洋一席，终为西林所有。"
但考虑到端方卓然有力，"岂遑多让"，且岑春煊因病留京，避去
云贵、四川之嫌，"倘畀两洋（整理文如此，南洋？）而即去，岂
不为士论所讥"。③ 迨四月十七日，岑春煊补授两广总督后，端方
仍不放心。他听说岑春煊在"极力运动"，求与他"互易"位置，
故致电袁世凯打探。④ 袁复电称："互易运动，自在意中。但无所
闻，想亦办不到。"⑤ 众所周知，岑春煊随后不得不出京，在上海
观望之际，终被开缺。

　　综上，岑春煊为何在丁未年突然入京发动政潮？尽管背后的

---

　　① 《致两江总督端方电》（光绪三十三年三月二十一日、二十二日），骆宝善、刘路
生主编：《袁世凯全集》第 16 册，第 90 页。

　　② 《杨寿枢致盛宣怀函》（光绪三十三年三月二十六日），王尔敏、吴伦霓霞合编：
《盛宣怀实业朋僚函稿》下册，第 1827—1828 页。

　　③ 《陶湘致盛宣怀函》（1907 年 5 月），陈旭麓、顾廷龙、汪熙主编：《辛亥革命前
后》，第 55 页。

　　④ 《端方致袁世凯电》（光绪三十三年四月二十一日），中国第一历史档案馆藏：端
方档，档号：27-01-001-000157-0023。

　　⑤ 《致端方电》（光绪三十三年四月二十一日），骆宝善、刘路生主编：《袁世凯全
集》第 16 册，第 182 页。

动力不易完全探明，但他屡次运动江督不成有以激之，当无疑义。倘若岑春煊早获江督，虽不能说类似的政潮就不会发生，但至少丁未政潮不会这样发生，则可断言。岑春煊之所以始终未能如其所愿，当与北洋下南洋的背景密不可分。而岑春煊与周馥、端方竞争两江的关系，也促使后者在丁未政潮中更加坚定地站在袁世凯一方，打击岑春煊。[①]

第五节　丁未政潮的一个新解释

丁未政潮何以发生？瞿鸿禨、岑春煊与奕劻、袁世凯何以水火不容？自政见而言，袁世凯和岑春煊都是厉行新政、鼓吹立宪的趋新总督，瞿鸿禨虽然相对保守，但也力推各项改革，支持预备立宪，故并非顽固与改革之争。从当时的舆论和后来的研究观点来讲，袒奕劻、袁世凯者，说瞿鸿禨忌刻阴险，联合岑春煊、林绍年，布置台谏，暗通报馆，妄图推翻奕劻，排去袁世凯，逼慈禧归政光绪。袒瞿鸿禨、岑春煊者，谓奕劻、袁世凯结党揽权，政以贿成，毫无底线，引段芝贵、杨翠喜案以为据。所以，历来多用清流和浊流（洋务）的分野，或者清廉派与北洋派的斗争加以解释。

本章试图说明，湘人瞿鸿禨之所以与袁世凯水火，还因为辛丑回銮后，清廷为重树权威，裁抑东南互保的"抗旨"势力，同

---

① 这也解释了为何岑春煊晚年自述隐去许多事情，却对端方在两江配合袁世凯的举动愤恨不已。岑春煊：《乐斋漫笔》，中华书局 2007 版，第 28 页。丁未政潮中，端方为推倒岑春煊而进行的种种秘密运作，详参张建斌：《端方与丁未政潮》，《近代史研究》2021 年第 3 期。

时为增强北洋实力以拱卫京畿，开始扶植袁世凯加强对江南财赋之区的控制；而袁世凯也借此将北洋势力逐步向南洋扩张。这使得南洋地区的湘系势力遭受重挫，湘人江督格局难以为继。随着以江督为首的湘系督抚迅速没落，与之互为联络的瞿鸿禨在中枢也更加势单力薄，地位难保。所以，很大程度上，双方围绕江督的反复较量，最终演变成难以调和的矛盾。在瞿鸿禨之外，岑春煊之所以反对奕劻和袁世凯，突然入京发动政潮，表面上是批评他们引用私人，排挤异己，政以贿成，实则也是岑春煊争夺两江总督屡次受阻有以激之。自恃立有大功、有北袁南岑之称的岑春煊，希冀调任江督，控制形胜之地，影响政局，实现抱负，也在情理之中。然而，如果岑春煊调任江督，就与北洋下南洋的现实相冲突，所以袁世凯极力反对。

政潮之所以在丁未春爆发，也与丙午官制改革后的权力格局相关。但并非如通常观点所言：奕劻和袁世凯在官制改革中是盟友，本来计划以奕劻为总理，袁世凯为副总理，掌握实权，因瞿鸿禨暗中反对而作罢。瞿氏进而设法剥去袁世凯兵权和兼差，故袁对瞿恨之入骨，媒孽报复。前文所引军机大臣鹿传霖的密信清楚地说明，在官制改革中，奕劻绝非对袁世凯言听计从，将袁世凯的盟友端方挤出京师，正是奕劻最终做出的决定。袁世凯在官制改革中之所以失败，固然因为瞿鸿禨"暗阻"，但这是慈禧和奕劻默许支持的，且京内各大势力均反对袁氏改制。对此，都察院都御史陆宝忠总结得颇为到位："此次厘定官制，项城（袁世凯）挟气吞全牛之概以来，嗜进少年及热心速化者，从而翼戴之，政府几不敢异同，意在推翻朝局。幸台谏封章迭上，昔所援引之枢臣亦渐反对，其锋渐挫。深宫（慈禧）亦略烛其隐，邸

（奕劻）与善化（瞿鸿禨）、寿州（孙家鼐）合力维持，始成今日之局。"① 可见袁世凯遭到了自上而下程度不同的反对。

所以，奕劻和袁世凯的关系，绝非后来流行的说法那么简单：亦即奕劻被袁世凯用银子喂饱，一听命于北洋。辛丑回銮后，面对内忧外患的局面，袁世凯不仅手握重兵拱卫京畿，而且内政外交能力出众，慈禧和奕劻当国，自然不得不重用袁世凯。从辛丑回銮到日俄战争时期，清廷和袁世凯实为互利共生的关系。故慈禧和奕劻必然尽量支持袁世凯。因此，袁世凯贿赂奕劻只是一个方面，他们需要相互合作是更重要的方面。② 但是，倘若外部压力减弱，内部形势稳定，袁世凯渐有尾大不掉之势，威胁到清皇室权力，慈禧和奕劻也会毫不犹豫地加以裁制。因此，丙午官制改革中袁世凯失败的命运有相当的必然性。因为此时日俄战争结束，外部压力缓解，正是慈禧和奕劻准备收回袁世凯兵权之时。光绪三十四年（1908），在讨论是否要预定开国会年限时，奕劻单衔密奏，反对袁世凯和张之洞，也是类似道理。③

同时，瞿鸿禨和奕劻的关系也并不像后来传说得那么水火，否则不可能共事多年。瞿鸿禨罢官后，曾言及与奕劻、袁世凯的三角关系。他说："在政府时，与庆亲王本极水乳融洽，几于言听

---

① 《陆宝忠致盛宣怀函》（光绪三十二年十月廿五日），王尔敏、吴伦霓霞合编：《盛宣怀实业朋僚函稿》中册，第 1046—1047 页。盛宣怀的情报也称："当涂（此处指袁世凯）失势，庆（王）、铁（良）主谋，慈圣（慈禧）亦有幸早撤其兵权，迟则难制等语。今日报载有愤郁致病之说，谅非无因。"《吕景端致盛宣怀函》（光绪三十二年冬），香港中文大学文物馆编：《香港中文大学藏盛宣怀档案全编》，第 13131 页。

② 麦金农：《中华帝国晚期的权力与政治》，第 64—65 页。

③ 《庆亲王奕劻为开设议院不可预定年据实直陈折》（光绪三十四年），中国第一历史档案馆编：《光绪朝朱批奏折》第 33 辑，中华书局 1995 年版，第 163 页。

计从。每年年终，庆王赠自画山水一幅，以为年礼。自夫己氏（此处指袁世凯）当国，久存操、莽之心，路人皆知，深为所忌，极力以谗言交乱，终成水火。"[1] 其实，奕劻和瞿鸿禨不仅在承泽园比邻而居，而且在不少议题上意见相近。当日不少清议甚至因此严厉批评瞿鸿禨。[2] 奕劻也会关照瞿鸿禨的亲友，聂缉椝和余肇康均曾"受惠"。但也仅此而已。瞿鸿禨希望维系湘人江督格局，则断做不到。故李兴锐去世后，慈禧和奕劻会果断用周馥南下接任江督。

瞿鸿禨和奕劻的矛盾逐步激化，是在丙午官制改革之后。这时奕劻、瞿鸿禨独留军机，鹿传霖、荣庆、徐世昌、铁良均出枢垣，新加入世续、林绍年二人。此前军机处六人，尚有更多缓冲。而今世续、林绍年各自站队，奕劻、瞿鸿禨难免直接冲突。加以"四退枢谓瞿取巧，深衔之"[3]，故瞿鸿禨一方面地位凸显，另一方面也更加孤危。所以，光绪三十二年十二月就传言"铁良将复入军机"，瞿鸿禨"将不能自固"。[4] 汪大燮也听说奕劻举铁良再入枢垣，他在给汪康年的密信中说："瞿（鸿禨）不能挺然作一政党魁首，终必受挤，能劝其组织一政党否？"[5]

其实，瞿鸿禨此时为了巩固地位，也开始改变先前的韬晦策

---

① 刘声木：《苌楚斋随笔续笔三笔四笔五笔》下册，第 584 页。

② "止公（瞿鸿禨）此次开缺而归，在清流中名誉甚好，……往日清议责备之词，至此当加颂扬，何其幸也。"《张鹤龄致谭延闿函》（光绪三十三年五月二十五日），中国社会科学院近代史研究所藏，谭延闿存札（1），甲 726-4。

③ 《汪大燮致汪康年函》（光绪三十三年正月二十四日），上海图书馆编：《汪康年师友书札》第 1 册，第 922 页。

④ 劳祖德整理：《郑孝胥日记》第 2 册，光绪三十二年十二月十二日，第 1073 页。

⑤ 《汪大燮致汪康年函》（光绪三十三年正月二十四日），上海图书馆编：《汪康年师友书札》第 1 册，第 922 页。

略，正在建立班底，甚至公开揽权。援引林绍年入军机，为曾广铨谋侍郎，调余肇康来京，都是其例。而丙午、丁未年之交，奕劻大病，几至不起，为瞿鸿禨提供了更多机会。奕劻于丙午年腊月二十五日之前患病，直至丁未年（1907）二月初七日方才病愈。① 奕劻的健康问题直接关系着领班军机大臣的继任人选，实为极为重大的政治问题，故为各方所关注。当时京内密信说：奕劻年后虽略有转机，"然病入膏肓，终不久于人世"，七十老翁得此肝病，"多则半年，少则三月。此老去，政府必有更动"。② 汪大燮在致汪康年的密信中也说："庆（王）病闻甚重，设有不讳，此席当属何人？此事极要，弟曷思之？能逆料否？"③ 这一先前不太受注意的重要史实，也可以解释何以政潮会在丁未春爆发。

就在瞿鸿禨利用奕劻患病，扩张权势的时候，庆王府求医于北洋。袁世凯派段芝贵带北洋的西医官屈永秋（桂亭）日日伺候于奕劻之侧，救了奕劻性命，"于是庆、袁交益加密"。④ 其实，面对瞿鸿禨的主动出击，从一反一正两个方面，奕劻和袁世凯也产生更多合作空间。在此前后，陷入低谷的袁世凯"竭意恭维乔

---

① 《那桐日记》下册，新华出版社 2006 年版，第 591 页；《徐世昌日记》第 22 册，光绪三十二年十二月廿五日、光绪三十三年二月初七日，第 10629、10633 页。

② 《清末吴禄贞致樊增祥信函》（约光绪三十三年正月末），《文献》2011 年第 3 期，第 90 页。

③ 《汪大燮致汪康年函》（光绪三十三年二月三十日），上海图书馆编：《汪康年师友书札》第 1 册，第 927 页。

④ 刘体智：《异辞录》，第 200 页。《徐世昌致端方电》（光绪三十三年正月二十一日），中国第一历史档案馆藏，《端方档》，档号：27-01-002-000147-0171。《奕劻致端方电》（光绪三十三年正月二十四日），中国第一历史档案馆藏：《端方档》，档号：27-01-002-000147-0239。

梓（指奕劻、载振父子）",① 尤其注重对瞿鸿禨意见颇深的载振。袁世凯甚至利用各种手段，包括伪造电报，以促使奕劻确信瞿鸿禨勾引岑春煊入京倒己。② 这样，奕劻与瞿鸿禨的关系日渐紧张，终至恶化到不能共事。

丁未年春，瞿鸿禨力主用湘人曾广铨任邮传部侍郎，奕劻坚决反对，竟用朱宝奎。瞿氏很是不满。③ 随后，岑春煊来京，首将朱宝奎面参罢职，瞿鸿禨不免嫌疑，"庆、瞿交情益汲汲"。而此前简放段芝贵署理黑龙江巡抚之时，瞿鸿禨"本大不赞成"，迨湘人赵启霖参奏，瞿鸿禨指使的"嫌疑益重"。④ 如此，奕劻与瞿鸿禨的矛盾表面化，军机处内已难相安，正常工作无法开展。故慈禧太后必须改组枢垣，排去一派实所必至。

那么，为何瞿鸿禨、岑春煊终被抛弃？除了奕劻系皇室亲贵，追随慈禧数十年，根深蒂固之外，瞿鸿禨和岑春煊揽权结党，让慈禧心生疑虑，也是一大原因。⑤ 通常讲奕劻以瞿、岑联合康、梁进谗，导致瞿、岑落败的说法，还可再思。慈禧恐怕未

---

① 《陶湘致盛宣怀函》（1907年8月），陈旭麓、顾廷龙、汪熙主编：《辛亥革命前后》，第48页。

② 《汪大燮致汪康年函》（光绪三十三年十月十六日），上海图书馆编：《汪康年师友书札》第1册，第946—947页。

③ 《陶湘致盛宣怀函》（1907年4月），陈旭麓、顾廷龙、汪熙主编：《辛亥革命前后》，第48页。

④ 《陆宗舆致端方函》（光绪三十三年五月初六日），《端方档》（1），虞和平主编：《近代史所藏清代名人稿本抄本》第1辑第143册，第273页。

⑤ 丁未政潮中，瞿鸿禨与岑春煊的关系界定极有难度。二人的举措是机缘巧合还是暗中结党？结党之说有袁世凯致端方密信为证，但毕竟来自政敌，也不能全信。瞿、岑直接勾连的切实证据尚无发现，但从聂缉椝、余肇康对岑春煊的积极评价，以及岑春煊密折保举林绍年来看，瞿、岑即使不是暗中结党，至少也是松散的联盟。

必相信瞿鸿禨、岑春煊真会支持光绪，排斥自己。① 但揽权结党的瞿鸿禨令慈禧生疑，她历来对军机处内揽权者必痛下杀手。岑春煊四面出击，有违和衷之道，也让慈禧厌恶，并不适合在京任职。而且，如果推翻奕劻和袁世凯，也确实面临北洋由谁来任、交涉如何来办的问题。慈禧实不愿舍弃能干且受外人支持的袁世凯。况且袁世凯的兵权已被削弱，兼差也被解除，对清室的忧患实已大减。而结党嫌疑日重的瞿鸿禨和岑春煊，却明显缺乏外人支持。② 所以，其宁愿舍弃瞿鸿禨一派。这或许是丁未政潮最终结局的"现实原因"，而"归政说""假照片"可能更多是瞿、岑落败的"技术原因"。在瞿鸿禨开缺后，军机处缺少熟手，有密信传出慈禧一度想念瞿氏。③ 袁世凯不放心，奏请病假的同时，借上奏言事而明劾瞿鸿禨、魏光焘和聂缉椝，在这种背景下也可理解。④

但是，这样的结局无疑严重损害了清廷本已不堪的声誉和威望。此外，从南北关系的走向来看，表面上北洋下南洋持续加强，但实际上也造成南北的深刻隔阂。与出身江浙的"太湖圈南人"相比，来自湖南、福建、广西的瞿鸿禨、林绍年、岑春煊等

---

① 自从袁世凯致端方密札公开后，从给密札写跋语的林步随，到利用密札分析丁未政潮的徐一士、刘厚生，都持所谓的"归政说"。所以麦金农（《中华帝国晚期的权力与政治》，第85页）说这是庆、袁获胜而瞿、岑失败原因的经典解释。

② 关于英国方面的态度，参见麦金农：《中华帝国晚期的权力与政治》，第87页。美国驻华公使柔克义完全站在袁世凯一边。参见崔志海：《美国与晚清中国》，社会科学文献出版社2022年版，第290—294页。

③ 《余肇康日记》第1册，光绪三十三年六月二十日，湖南人民出版社2009年影印本，第13页。

④ 《密奏请赶紧实行预备立宪谨陈管见十条》（光绪三十三年六月十九日），骆宝善、刘路生主编：《袁世凯全集》第16卷，第340页。

可谓"边缘南人"。此前当权的"太湖圈南人"已纷纷被逐，现
在"边缘南人"也相应失势。故清朝政权的代表性越来越有限，
统治基础被进一步削弱。随后，载沣、鹿传霖、袁世凯和张之洞
入军机，形成一个满人、北人联合领导体制。在南北关系已明显
恶化的背景下，最高决策圈竟无南人代表。[①] 而张之洞的入京和
岑春煊的去职，使得南方再无善于用兵、声威素著的实力总督，
也影响了清朝对南方的有效控制。这些隐患在辛亥革命时彻底
暴露。

---

① 尽管张之洞在南方任总督二十余年，和南人多有联系，在南方甚有影响，但毕竟
是北方直隶人。1909 年 10 月 6 日张之洞去世后，广东人戴鸿慈在军机大臣上学习行走，
仅三个多月即卒，江苏人吴郁生继入军机处学习行走，半年后亦退出，二人均少发挥余
地。自 1910 年 8 月至清朝灭亡，军机大臣及内阁总理、协理，均无南人身影。

结　论

江督易主与晚清政治

正文六章论述既竟，我们可以在此基础上，从"东南的权势转移""南北"和"同治"三个密切关联的维度，来透视和剖析晚清政治演变的线索和晚清政治的特色及出路。

一、　东南的三次权势转移

自唐宋以降，伴随中国经济重心南移，东南便成为财赋、人文重地。明初朱元璋推翻元朝，定都南京，政治、经济中心都在东南。迨明成祖朱棣迁都北京后，政治、军事中心复归北方。但南京作为明朝两京之一，仍具有极为关键的特殊地位。① 清朝入关之初，以南京为中心的东南，也成为争夺的焦点和胜负的关键所在。②

① 郑天挺：《明清的"两京"》，《清史探微》，北京大学出版社 1999 年版，第 130—131 页；《明清两代的陪都》，《及时学人谈丛》，中华书局 2002 年版，第 20—21 页。两文的内容和文字略有不同。

② 陈寅恪：《柳如是别传》下册，上海古籍出版社 2020 年版，第 1015 页。《清初的剃发与易衣冠——兼论民族关系史研究内容》，南开大学历史学院编：《冯尔康文集·清史专题研究》，第 108 页。

后来，清朝设立两江总督，驻扎江宁（南京），兼辖江苏、安徽、江西三省财赋、人文之区，掌理军政、淮盐、漕运、河工诸大政；这些要务既关系朝廷命脉，也与民生息息相关。故江督不仅是东南半壁第一要缺，甚至有"理东南得人，则天下治"的说法。① 这就对江督的"忠诚"和"能力"提出了特别要求。因此，江督易主历来都是政坛大事，受到格外关注。

晚清嘉道以降，中国面临三千年未有之变局，对内对外都出现新的重大情况。鸦片战争之后五口通商，两江总督管辖的东南地区（以上海为中心）得风气之先，成为新器物、新制度和新观念的窗口。同时，中外交涉日益紧要。咸同之际，江督又兼南洋通商大臣，成为东南办理洋务交涉的首领。就国内而言，两江总督曾国藩率领湘、淮军镇压太平天国，驻兵江南后，江督的选任又和"内轻外重""藩镇"等问题纠结在一起。故晚清的江督权限更大，面临的问题更复杂，选任也就更为重大敏感。可以说，晚清的江督易主不仅是人事更迭，实际反映的是东南的权势转移。② 简言之，嘉道以降发生过三次以"江督易主"为表征的权势转移。

---

① 《宫保陶云汀先生六十寿序》，胡渐逵校点：《胡达源集》，第 206 页。

② 本书侧重在江督人事和江南驻兵的层面。巡抚及司道方面虽有涉及，但尚欠专门考察。大体言之，晚清江苏巡抚极少湘系人物（黎培敬、聂缉椝），而北人（包括满人）却不少，这当有平衡江督的用意。中法战争之后，江苏司道中湘系人物明显增多（易佩绅、陈湜、聂缉椝、汤寿铭、刘麒祥、李光久、曾丙熙、杜俞、袁树勋、杨鸿度等），而上海道和江南制造局也多由湘人控制，直到二十年后周馥出任江督之时才发生明显改变（比如任命北洋淮系的张士珩接管江南制造局）。这些与江督易主相呼应，亦能部分反映东南的权势转移。魏允恭：《江南制造局记》，沈云龙主编：《近代中国史料丛刊》（404），台北：文海出版社 1969 年版，第 816—821 页。梁元生：《上海道台研究：转变社会中之联系人物，1843—1890》，陈同译，上海古籍出版社 2003 年版，第 19—30、155—160 页。

（一）道咸之际，从八旗到湘楚的转移

清朝督抚作为封疆大吏，是连接京师朝廷（内）和地方府县（外）的纽带，既是一项重要的政治制度，也是清朝统治的基石。督抚人事结构中的旗、汉比例及其嬗变，反映着满汉关系、央地关系、广土众民的有效治理等清朝统治的核心问题，历来颇受重视。大体言之，清代总督的人事构成，有一个从汉军八旗到满洲八旗，再到汉人的总体嬗变趋势。两江总督与此大致吻合，但也有一些自身特点。从短期观察，每一次江督遴选都直接体现着皇帝和中枢的意愿；从较长时期的江督人事结构透视，则颇能窥出清朝内外时局的变化。

清朝自入关后，对江南财赋、人文重地"离不开、信不过"。[①]故从康熙初年开始，两江总督就几乎为满洲八旗所垄断，汉人出任江督的情况固然极少，汉军八旗出任江督亦很有限。从顺治元年（1644）到嘉庆四年（1799）乾隆去世的 150 多年中，汉人出任江督的总时长不足 10 年。嘉庆掌权后，这一情况才明显改变。迨至道咸之际，陶澍、陈銮、李星沅、陆建瀛等湘楚汉人相继出任江督，其主持的漕粮海运、票盐改革等事业获得成功，标志着东南地区在文官经世的层面，出现从八旗到湘楚的权势转移。随后咸同之际，两江总督曾国藩带领湘军平定东南后，从文、武、商、学多个维度推进了这一权势转移。这不仅带来满汉关系的深刻变化，而且将长久以来或明或暗的南北问题凸显了出来，揭开

---

① 邹逸麟：《谈"江南"的政治含义》，王家范主编：《明清江南史研究三十年（1978—2008）》，第 181 页。

了清朝历史上朝廷与东南关系的新篇章。

嘉道以降，从满汉关系、中外关系、财经状况和学术风气等方面看，都是清朝一大变局，也是中国近代史的开端。咸同之际，清朝漫长的对内和对外战争，更是引发了深刻剧变。以江督易主为表征的从八旗到湘楚的权势转移，也是这一变局的鲜明体现。

（二）同光时期，"湘人江督格局"的形成和维系

咸丰十年（1860）湘军首领曾国藩出任两江总督，随后节制东南四省，奠定了湘、淮军最终成功的基础，不仅是晚清政局的重要转折，也可视为江督易主的关键节点。此后经过二十年的试探、斗争与妥协，至1880年代形成了一个"江督非湘人不可"的政治局面，可称之为"湘人江督格局"。该格局是晚清史上的重要现象，类似于不成文的政治体制，产生了深远影响。其形成、维系和终结的历程，既反映了咸同以降清朝政治版图和派系权力的演变，也牵动着朝廷、北洋和南洋的关系，还体现内政外交的互动，故历来颇受注目。

研究表明，湘人江督格局虽奠基于湘军之崛起，但最终形成实有复杂多变的内外因素，并不像既有认识那样，似乎湘军平定东南后，就自然形成"坐断东南"的局面。大体可以光绪六年（1880）为界，分前后两个阶段。前一阶段实为江督纷更的年代，湘人江督格局并未形成。同治三年（1864）湘军攻破南京后，清廷在稳定东南半壁和防止曾国藩系统尾大不掉之间微妙平衡，结果曾国藩被频繁调动，不能稳坐江督。这不仅影响了曾国藩的健康状况，而且延缓了东南的洋务新政。由此也能部分解释，为何

东南洋务起步较早，条件亦优，但后来却落后于北洋。

同治十一年（1872）曾国藩去世后，李鸿章为首的淮系和左宗棠、彭玉麟为首的湘系都希望影响江督的任用。而沈桂芬等清廷高层大体保持两个用人倾向：一是进士出身而非军功起家，二是非湘非淮；希望既能听命朝廷，又可兼顾湘、淮。马新贻、何璟、李宗羲、沈葆桢、吴元炳都可作如是观。[①] 所以，此期江督的选任，不仅涉及朝廷、湘系、淮系各方的权力之争，也反映着晚清内治与洋务、科举与军功的不同政治路线和治国理念的分歧。

直到光绪六年（1880）之后的二十多年，实任江督皆系湘人，湘人江督格局方才真正形成。这是中俄危机及中法战争形势、左宗棠和曾国荃的刻意经营、东南湘系军政实力增强、慈禧和醇亲王奕𫍯平衡湘淮南北等多重因素的结果。因此，光绪六年前后两个阶段的微妙差别值得注意。

这也表明，以往为人关注的晚清湘、淮分治南、北洋的"原则"，要到19世纪80年代后才由于局势变化而逐渐明显。在光绪六年以前，朝廷颇忌讳湘人领袖坐拥江督。所以曾国藩难以久任，频繁调动；迨曾氏去世后，沈桂芬等"当国者"也尽量不用湘人出任江督。即使因为海防形势严峻，必须借助湘系将帅，也倾向选用刘坤一这种在湘系比较弱势，且在供给朝廷上表现甚佳的湘帅。但1880年代情势大变。中俄伊犁交涉、中日琉球问题、

---

① 既往多认为，马新贻、何璟、李宗羲、沈葆桢虽非湘人，但都是"久与湘军共事者"，甚至将诸人划入湘、淮集团之中。同时，由于以上诸位皆是李鸿章的进士同年，故既往多强调李鸿章在江督任用上的巨大影响力。本书则强调，马、何、李、沈这些进士出身、非湘非淮的大员，虽与湘、淮两系都有关联，但与湘系、淮系将帅毕竟大为不同。同时，马、何、李、沈也都是军机大臣沈桂芬的进士同年，并且皆为沈桂芬所赏识，希望突出清廷高层当时的政治理念及运作。以上两层的论证，详参本书第二章。

中法越南危机相继发生，海防形势严峻，中外关系紧张，遂使南洋地区越来越需要军功出身、谙练洋务者坐镇。此时李鸿章的北洋淮系已成为清朝最重要的支柱，朝廷不仅不那么担心湘系会像曾国藩时代那样，在东南立功之地盘踞坐大，而且醇亲王奕谭等清廷高层为了稳固统治，还开始有意追求南、北平衡和湘、淮分治，以防止北洋独大居奇。光绪七年（1881）和十年（1884），醇亲王先后说服慈禧太后，实授左宗棠和曾国荃为江督，就是这一背景下的产物。

左宗棠和曾国荃相继出任江督，产生了重要影响。他们利用越南危机和中法战争的局势，大量增募湘军，引用湘系文武，不仅实现了江南驻军由"淮主湘辅"到"湘主淮辅"的转变，彻底改变了湘淮势力在东南地区的消长，而且形成了新的南北平衡。加以湘军和长江流域蠢蠢欲动的哥老会千丝万缕的联系，终令朝廷颇有顾虑。于是江督必选湘帅，以稳定东南大局。这无疑是形成湘人江督格局的重要原因。光绪十六年（1890）曾国荃去世后，刘坤一接任江督，正是这一形势的反映，也使得湘人江督格局更加巩固。

进言之，左宗棠和曾国荃的竭力经营，也可视为湘系在东南的"二次创业"。同时，这也能部分解释恭亲王奕䜣、沈桂芬为何历来在中外交涉时力主持重，不愿轻动兵戈。殆因局势一旦紧张甚或中外开战，湘系、淮系等便会利用"危机"扩张势力；军费开支因之急剧增长，令财政不堪重负。[①] 此前，李鸿章已利用

---

① 恭亲王奕䜣称为"以虚声扰动天下"。参见杨国强：《19世纪后期中国兵工业的起始及其内在困境》，《衰世与西法：晚清中国的旧邦新命和社会脱榫》，第103—105页。

天津教案和日本侵台事件，避免裁撤淮军，并将淮军由临时勇营"转型"为东南沿海的"国防军"。[1] 中法战争前后，湘系在江南的经营，亦可作如是观。

于是，湘、淮两系分据南、北洋，共同支撑着清朝统治。其中直隶总督兼北洋大臣李鸿章领导的淮系主导洋务运动，掌国防、办外交，势力尤大，但突然来临的甲午战败，让北洋淮系迅速衰落，遂使湘系在清朝政坛的地位更为凸显。这时湘系大员占据东南、西北多地督抚、藩臬高位，时人即有"近来朝政用贤，多取楚材"的观察。[2] 在此背景下，刘坤一获得慈禧太后及恭亲王、荣禄等权贵支持，在与张之洞的竞争中胜出，得以回任两江总督。戊戌前后，刘坤一的表现颇受怀疑，数次请辞。尤其是光绪己亥年（1899）刚毅南下前后，刘氏遭到多方面的严厉攻击，一度岌岌可危。但他既有湘系文武和东南绅商支持，又有荣禄等高层盟友调护，加以中外局势紧张及舆论渲染，造成两江"非刘不可"之势。以故，尽管刘坤一明确抵制废立之谋，令端郡王载漪、大学士徐桐、军机大臣刚毅等权贵很是不满，但慈禧太后仍然决定他回任江督。湘人江督格局得以维系。

从同治三年（1864）以后曾国藩不得久任江督，曾国藩去世后江督选用非湘非淮、进士出身者，以及1880年代以后，朝廷选择左宗棠、曾国荃、刘坤一等湘系大员出任江督的情况看，晚清督抚虽然权力明显增大，但朝廷仍握有调遣督抚的大权。不过，

---

① 参见樊百川：《淮军史》，第308—318页；王瑞成：《危机与危机利用：日本侵台事件与李鸿章和淮军的转型》，《近代史研究》2016年第2期。

② 《唐树森致瞿鸿禨》（光绪二十一年九月十四日），黄曙辉编：《瞿鸿禨亲友书札》第1册，第241页。

朝廷的大权也颇有限度，至少受制于两大条件：一是中外局势，二是东南稳定。晚清的这种复杂状况，称其为"督抚专政"固然不无可议，但否认"内轻外重"亦不甚妥帖，或许可以用"有重心的同治"格局来解释。（详下）

（三）庚子之后，湘人江督格局的终结与"北洋下南洋"的形成

庚子危局之中，李鸿章再任直隶总督兼北洋大臣，承担议和重任；刘坤一则在南洋主持东南互保，权势达致顶峰。这可视为湘（南洋）、淮（北洋）二系共持大局的回光返照。不久，年迈的李鸿章和刘坤一就在光绪二十七（1901）和二十八年相继离世。南、北洋于是迎来崭新的时代。已在练兵、交涉、洋务、吏治等方面展现出超人能力的袁世凯，几乎毫无争议地接掌了李鸿章身后的北洋权力，实现平稳过渡。然而，面对新的政治形势，南洋财赋之区则在军事政治强人刘坤一去世后，陷入了群雄逐鹿的境地。湘人江督格局在此背景下宣告终结，东南湘军随之衰落。

究其原因，除湘系自身老化外，实与辛丑回銮后清廷的集权政策和袁世凯"北洋下南洋"的谋划密不可分。简言之，面对京津及东三省外人迫在眉睫的威胁，清廷不得不扶植手握重兵、精明强干、善于外交的袁世凯，以增强北洋的军备和实力。同时，为了尽快重树权威，加强对南洋财赋之区的控制，故对东南互保的湘系势力颇有裁抑。深受慈禧太后和荣禄、奕劻信任，善于揽权的袁世凯也借此强势南下，影响南洋地区的人事，控制南洋的财赋和军备，将北洋势力和北洋模式向南洋扩张。张之洞、魏光

焘、李兴锐和周馥相继担任江督，均可在这一脉络中得到解释。光绪三十年（1904），有北洋和淮系浓厚背景的山东巡抚周馥，受到慈禧太后、奕劻和袁世凯支持，出人意外地南下署理江督。随后两年，周馥大力裁撤湘军、将南洋海军交由北洋统一指挥、汲取南洋资源支持北洋练兵、利用北洋模式和北洋官员推进南洋新政的一系列举措，不仅终结了湘人江督格局，而且加速了"北洋下南洋"的形成。

此后直至辛亥鼎革，袁世凯的两位亲家端方（满人）、张人骏（直隶人）先后入主两江，意味着自曾国藩以来，近半个世纪实任江督均为南人的历史终结，开启了北人（可包括满人）江督的历史。辛亥革命后，湘人黄兴以"南京留守"的身份坐镇东南，某种程度上也可视为湘人江督格局及湘人势力的一个短暂回归。但1913年二次革命中北军南下，占据南京及长江中下游。此后十余年，北洋直系冯国璋、李纯、齐燮元、孙传芳相继担任江苏督军（或督办），主政东南，也可视为"北洋下南洋"及"北人江督"的延续。这一历史进程反映了清季民初权力格局和南北关系的演变，具有深远的影响。

二、 晚清的"南北"问题

在"湘人江督格局"和"北洋下南洋"的脉络之上，可以进一步讨论晚清的"南北"问题。这里的"南北"不仅指籍贯上的南人与北人和地理上的南方与北方，也涉及经济、文化、观念上的差异，本书更着重在晚清的南北洋新体制和南北洋重心的创制、平衡和转换。

（一）晚清的南北问题何以格外重要？

我们知道，清朝因号召反满、共和的辛亥革命而覆亡，但革命中"南北"的表现明显不同。[①] 甚至一度有划江而治、南北分裂的危险。即使后来南北议和，清帝逊位，五族共和，满汉问题已不存在，但南北问题却更加复杂，成为困扰民国政局的核心难题。

显然，南北问题比满汉问题更为持久而深刻。清末时人就说："南北之分，为众祸之源，满汉、新旧诸说，皆由此起。"[②] 这是很深邃的见解。因为满汉关系只是清朝的问题，南北问题则有其历史地理、语言风俗、政治经济等既深且久的渊源。[③] 再者，清朝之所以能够"南征"取得天下，实有包括辽东汉人在内的北方汉人的许多功劳。[④] 加以风俗本近，融合已久，故满人和北人天然亲近。某种程度上，"南北"实可包容"满汉"。清朝入关后，既标榜满汉一家，更注意南北混一，对东南财赋人文之区可谓费尽心思。在当局武力与怀柔、恩威并施之下，南北问题很长时间处于或明或暗之间。然而到了晚清，在中外多重因素的作用下，南北问题凸显了出来。这至少可从"南北分野"和"南北重心"两个层面理解。

---

①　金冲及、胡绳武：《辛亥革命史稿》第 3 册，上海辞书出版社 2011 年版，第 1150、1169—1170 页。张朋园：《立宪派与辛亥革命》，吉林出版集团有限责任公司 2007 年版，第 169 页。

②　《论南北之成见所起》，《时报》，光绪三十年八月初五日，第 1 张第 2 页。

③　《南人与北人》，李华等主编：《吴晗文集》第 1 卷，北京出版社 1988 年版，第 327—331 页。铢庵（瞿兑之）：《剪韭谈》，"南北"条，上海《杂志》第 15 卷第 3 期（1945），第 11—12 页。村田雄二郎：《冈仓天心的中国南北异同论》，《华东师范大学学报》2015 年第 4 期。

④　魏斐德：《洪业：清朝开国史》，陈苏镇、薄小莹等译，第 266—281 页。

（二）晚清南北分野为何日益明显？

首先，近代"南风北来"，太平天国、维新运动和辛亥革命皆由南人发起，故晚清可说是"南方针对北方提出自己主张的历史"，也可视为"中国历史上第一次从南方开始复兴之路的时代"。① 这不能不使南北关系发生变化。

其次，晚清的丝、茶等对外贸易和轮船、电报等洋务事业的展开，对东南产生的红利要远大于华北。② 所以，南北双方由于所处的地位不同，加以南人得风气之先，与外人接触更多，故南北对外国人和新事物的观感常有不同。大体而言，北旧而南新，以致南方和北方在对外和战问题上也常表现出很大分歧。③ 此外，晚清时期京城多次受到威胁，甚至两次被外敌侵占。每当局势紧张，京津地区的南人自然未雨绸缪，护送亲友纷纷南归。这虽是人之常情，但也难免给北人（满人）造成南人关键时候靠不住的印象。

再次，经济地位的差别，和战主张的分歧，新旧观念的不同，又与太平天国之后南北实力的此消彼长交织在一起，在地域意识和舆论渲染下不断发酵，终至清末形成巨大的南北分野。④

---

① 铃木中正：《清末攘外运动的起源》，李少军译，徐秀玲校，武汉大学历史系鸦片战争研究组编：《外国学者论鸦片战争与林则徐》（上），福建人民出版社 1989 年版，第 198 页。菊池秀明：《末代王朝与近代中国》，马晓娟译，广西师范大学出版社 2014 年版，第 14 页。

② 冯志阳：《庚子救援研究》，第 320—331 页。

③ 比如第二次鸦片战争和庚子事变中，均是京津地区与外敌大战，而东南则与洋人和平，颇有前后两次"东南互保"的意味。费正清：《剑桥中国晚清史》上卷，第 276 页。

④ 比如，1860 年代僧格林沁就反对偏重南勇（湘军）。1870 年代末，李鸿藻、张之洞、张佩纶等北方清流起来，曾国荃就抱怨南人势孤。1892 年湖南巡抚张煦（甘肃人）就说南人必叛。李鸿藻之子李符曾则说南人诡谲。义和团运动起，叶昌炽就批评满人北人，许多南方人觉得清廷不足与谋。1905 年铁良说长江以南的军队，中央掌握不了。1907 年安徽巡抚满人恩铭被刺后，袁世凯就劝江督端方多用北人。

最后，侵华列强势力范围的划分和互相竞争（比如英、俄南北较量；德国侵占胶州湾，将势力横插进山东），也加剧了清末的南北分野。如果把列强的势力范围和巨大影响考虑进来，则晚清南北问题背后也都有外人长长的影子。①

（三）晚清是南北重心不断创制和转换、不断平衡但最终失衡的历史

众所周知，自魏晋隋唐以来，南征多成功，北伐少见效，故政治、军事重心常在北方。但自唐宋以降，经济、文化重心已居东南。如何使政治、军事和经济、文化的因素比较均衡的南北互补，相得益彰，是极具考验的难题。元代定都北京，不及百年，就被崛起于东南的明朝推翻，标志着中国历史上"北伐"的首次成功；一时间，政治、经济中心皆在东南，揭开了南北关系的新篇章。但三十年后明成祖朱棣从北平起兵"靖难"，亦可视为又一次"南征"的完成；随后迁都北京，政治、经济中心再度分离。清朝入关后，经过几十年的"南征"，再次统一华夏。与元、明相类，清朝财赋、人文重心仍在东南，但就政治、军事而言，长期内重外轻，相应也就北重南轻。

但到了晚清，"北重南轻"局面发生重大变化。陈寅恪曾论道：咸丰季年，"太平天国及其同盟军纵横于江淮区域。英法联军攻陷北京，文宗（咸丰）走避热河，实与元末庚申帝（顺帝）之情事相类。然以国内外错综复杂之因素，清室遂得苟延其将断

---

① 《邵循正历史论文集》，北京大学出版社 1985 年版，第 147—149 页。甲午战争以来，美国在华的影响越来越大。新近的研究，参见崔志海：《美国与晚清中国》（1894—1911）一书。

之国祚者五十年"。① 所谓国内外错综复杂之因素，殆为湘、淮军之崛起及近代中外关系的新格局。②

从"南北"角度观察这一变局，则太平天国虽未能北伐成功，推翻清朝，但江南、江北大营的崩溃，以及英法联军入侵和捻军起义，也耗尽了清朝的经制武力——八旗和绿营。在此背景下，起家南方的湘、淮军镇压了太平天国运动及捻军起义，并驻兵东南，一时间东南不仅是经济财赋重心，也实为政治军事重心。③ 这时，清朝不仅暴露出内轻外重和督抚权重的问题，而且在清朝历史上首次出现明显的"北轻南重"局面。

同治七年（1868）镇压捻军之后，朝廷为扭转这一局面，想方设法加强对南洋财赋之区的掌控。一方面，裁撤大量湘军的曾国藩依然不能久任江督；李鸿章的淮军一开始也要"悉行裁撤"，"从此休息，谅不至再有勾当（江南）公事"。④ 另一方面，文祥、沈桂芬等清廷高层重用进士出身而非军功起家的非湘非淮大员（如马新贻），替朝廷接掌东南大权。

然而，同治九年（1870）的天津教案和刺马案暴露出的中外紧张形势和江南隐伏的骚乱，打断了这一进程。清廷不得不优先

①　陈寅恪：《寒柳堂集》，第 217 页。

②　《帝国主义与中国政治》，《胡绳全书》第 5 卷，人民出版社 1998 年版，第 187—191 页。

③　本来，僧格林沁、胜保的八旗部队先镇压太平天国的北伐军，再击退英国人大沽口的登陆，亦颇具实力，但在咸丰十年（1860）终被英法联军击垮。尽管僧格林沁对湘军（南勇）很有意见，但北方也不得不借调湘军力量，刘长佑出任直督就是显例。同治四年（1865）僧格林沁被捻军消灭后，清朝威望降至低点，北方极度空虚。

④　"勾当公事"系用北宋曹彬平定江南（南唐李煜）的典故。梁颖整理：《朱学勤致应宝时》（同治七年八月十六日），《历史文献》第 14 辑，第 73 页。樊百川：《淮军史》，第 301 页。

加强畿辅实力，故手握重兵且擅长外交的李鸿章得到重用，由直隶总督兼任北洋大臣就始于李鸿章。于是，直隶总督和两江总督分兼北洋大臣和南洋大臣，形成晚清的南、北洋体制。迨至 1880 年代，经过十多年由李鸿章主导的洋务运动和畿辅国防建设，政治军事上的"北重南轻"固然回归，但北洋淮系势力也已膨胀。

这时，慈禧太后和醇亲王奕譞等清廷高层为了稳固统治，在重用李鸿章北洋淮系的同时，也开始有意追求南（湘）、北（淮）平衡，以防止北洋独大居奇。1880 年代，朝旨令左宗棠、曾国荃、刘坤一相继出任江督，就有这方面的考虑。但朝廷湘、淮分治，主要是为了保持"双峰插云之势"，以避免偏重居奇之弊，而并非乐见湘、淮水火，通常还是希望他们良性竞争，"二难竞爽"，共持大局。中法战争后，南洋湘系与北洋淮系的关系大体就是如此。他们南北提衡，共同维护着清朝统治。

如果没有剧烈的外力冲击，这种相对稳定的平衡状态应能持续更久。但突然来临的甲午战争改变了一切。战后北洋淮系崩溃，南洋湘系和北洋淮系十数年南北提衡的局面终被打破。面对"北重于南，北危于南"的局面，重建北洋重心的迫切任务摆在了清朝面前。

北洋淮系失势后，李鸿章凭借经验和外交能力，仍受到慈禧太后和恭亲王的信任，但李氏希冀回任北洋，却屡次未果。慈禧太后和恭亲王这时希望由满人荣禄主导北洋重心的重建，武卫军的建立就是最主要成果。但这一时期北洋的军事、外交和内政大权三分，与李鸿章时代和随后的袁世凯时代均大不相同，故北洋重心实际并未重建起来。加以恭亲王去世后，戊戌政变、己亥建储的政治危机接连发生，不仅帝后、南北、新旧矛盾日深，主政的满洲权贵荣禄与刚毅（背靠端郡王载漪）也争斗不已，朝局水火。在此背景下，面对外人的侵逼和义和团的挑战，慈禧太后领导的清廷高层应对完全失败，酿成了庚子事变的悲剧。

甲午战后北方已经不稳，南方更不能乱，故慈禧太后和恭亲王、荣禄支持刘坤一回任南洋，带领湘系维持东南大局。这为清朝保留了一个政局重心，戊戌政变至庚子事变中体现至为明显。庚子事变中，八国联军侵占京津，两宫西狩，朝廷权威一落千丈；除了袁世凯的新建陆军外，荣禄的武卫军损失殆尽，北方再度空虚至极。而刘坤一在湘系势力和盛宣怀等东南官绅的支持下，与湖广总督张之洞发起东南互保。此时江苏巡抚聂缉椝、江西巡抚李兴锐、安徽巡抚王之春皆是湘人，湘系权势在东南达致顶峰。继 1860 年代曾国藩平定东南之后，晚清再次出现明显的"南重北轻"局面。这令慈禧太后及清廷高层五味杂陈。

辛丑回銮前后，清廷为了加强北洋实力，拱卫京畿，有意扶植新任北洋大臣袁世凯裁抑庚子事变中"抗旨"的东南势力，加强对江南财赋之区的控制。随后在南洋大臣周馥、端方的配合下，形成了北洋下南洋的态势，政治军事上的"北重南轻"再度回归。当时号称南洋、北洋的所谓南北联合，实际打破了南北派系的相对平衡，导致南洋从属于北洋的局面。这使得南洋当局实力明显削弱，失去权力重心的地位，既无力平衡北洋，也难以应对日益兴起的革命、会党、立宪势力。迨至"北为乱臣，南为贼子"[1] 的革命爆发，这一隐患就彻底暴露了。

---

[1]　劳祖德整理：《郑孝胥日记》第 3 册，1912 年 2 月 17 日，第 1396 页。

三、 晚清"有重心的同治"

晚清时期，以江督为表征的东南权势转移，不仅反映着南北关系的演变，也和清朝的央地关系、内外政治秩序的变化紧密相联。以往罗尔纲等多数学者从中央集权的解体，兵权、财权等下移出发，提出晚清内轻外重，甚至督抚专政的观点，并将其视为清朝最后垮台的远缘。[①] 与之对应，刘广京等少数学者则提出修正，一方面承认督抚比以前权重，但不认为达到内轻外重，尤其是督抚专政、自治的程度。[②] 一般而言，认同内轻外重者，聚焦于权力的下移和督抚的扩权，反对内轻外重者，则强调朝廷对督抚的控制。前者常将湘淮军功集团并举；后者又喜谈朝廷善于驾驭湘淮，形成南北分治。

平情而论，内外轻重争议不断，双方各有证据，但也各有反例。刘广京质疑督抚可以专政、有自治或分离倾向，是有道理的。但督抚权重或者内轻外重，还是不易否认。[③] 刘广京的理据之一是，清廷通过频繁调换，使得督抚难以久任，以防内轻外重。

这里似应区分普通督抚和军功、洋务起家的督抚重臣。显然，普通督抚和直督（北洋大臣）、江督（南洋大臣）不可平等视之；同是直督、江督，但李鸿章、左宗棠、曾国荃、刘坤一、

①　《罗尔纲全集·湘军兵志》第 14 册，第 176—196 页。

②　刘广京：《晚清督抚权力问题商榷》，收入《经世思想与新兴企业》，第 247—293 页。

③　参见杨国强：《军功官僚的崛起和轻重之势的消长》，收入《义理与事功之间的徘徨：曾国藩、李鸿章及其时代》，生活·读书·新知三联书店 2008 年版，第 76—160 页。

袁世凯又与其他人很不一样。饶有意味的是，李、左、曾、刘、袁诸位都久任直督或江督，并未被频繁调换。① 刘广京将其归于"例外""特殊"之列。然而，这些例外、特殊的总督，久任于南洋、北洋要地，掌握军权、财权、人事及外交权，显然正指向了督抚权重。所以，刘广京所谓的例外和特殊情况在当时其实更为重要，一般督抚频繁调动的情况，反而相对不那么重要。这也提醒我们，基于督抚数量和人次的统计分析，需要慎重。

再者，刘广京的另一重要理据是，晚清朝廷始终掌握着任命、调遣督抚的大权，故没有督抚专政，更无藩镇割据。但据本书的论述，任命、调遣督抚的大权固然掌握在晚清朝廷手中，但也不宜夸大，因其受到种种限制。换言之，大权虽未旁落，但既不能像乾隆时代那么"任性"，也不能像嘉道时代成年皇帝的乾纲独揽。因为晚清时期内外形势大变，遴选两江总督之时，需要考虑更多的新因素，比如中外关系、湘淮南北平衡、洋务交涉、文武兼资等。其结果就逐渐形成了类似"湘人江督格局"这样的不成文体制。因此，内轻外重大体还应承认。

但这种内轻外重，确如刘广京所论，没有到督抚专政、自治，更没有到离心、割据的程度。相反，在一个中央集权已经在各方面都不现实的时代，关键地方比如南洋、北洋的"外重"，也是对抗外力侵袭，维持地方秩序，推进洋务建设所必不可少的。因此，这里"外重"之"重"也可理解为政局"重心"所在，亦即是一种积极的建设性力量。譬如本书讨论的"湘人江督格局"，并不意味着清廷的大权旁落。因为这是由朝廷权衡之后

---

① 左宗棠任江督虽仅三年，但极为强势，且左氏曾久任陕甘总督，权势甚大。

的任命，并非如藩镇继承一般，朝廷只好承认。但与此同时，这也是在中外形势、满汉南北关系发生剧变的情况下，清朝内部出现多个权力重心的结果。这种不成文体制的形成，迎合了东南稳定和派系平衡的需要，有力支撑了清朝的内外统治，故总体上符合当时清朝的利益。

进言之，过去内外轻重的思路，更着眼于朝廷和地方的内外斗争，似乎权力要么由内转移到外，要么从外收归于内，颇有此消彼长之势。实则近代以来，中央和地方的政府都在创制权力，其职能都在不断扩张。故有的权力来源于朝廷在战时的分权、放权（兵权、财权、人事权），有的则是战时及洋务运动（近代化）过程中创制出来的（在内如总理衙门；在外如南北洋大臣、海军、厘金、局所），并不是单纯的权力下移的结果。①

同时，晚清内外既有斗争，也有更多合作与妥协，且这些合作与妥协常常为了因应对外对内的实际需要而生，遂在有意无意间扩大了统治基础，加固了"满汉地主阶级的联合统治"。确实，在一个疆臣权重的时代，朝廷的许多事情需要和督抚商量着办，甚至于疆臣调教朝廷。② 但督抚也是在朝廷的任命、授权下参与大政的决策和落实。这既反映了下对上、外对内的制约，也体现为一种"同治"的态势。此外，晚清的所谓内外，"外"中又有明显的地区之分，尤其是南北之别，故不宜一概而论。同

---

① 对权力下移说的修正，参见王瑞成：《"权力外移"与晚清权力结构的演变（1855—1875）》，《近代史研究》2012 年第 2 期。但外移和下移的关系，还可更为清晰地分疏。

② 杨国强：《军功官僚的崛起和轻重之势的消长》，收入《义理与事功之间的徊徨：曾国藩、李鸿章及其时代》，第 157 页。

时，辛酉政变之后，朝廷之"内"也发生"裂变"，亦即从成年皇帝乾纲独揽，一变而为小皇帝即位、太后垂帘、亲王辅政的"同治"局面。

基于以上理由，内外轻重的思路尽管给我们带来许多启发，但如"见之于行事"，从历时性观察晚清中外关系和清朝内外的动态变化，则内外轻重的思路还是不免有静态化、简单化之嫌。

因此，我希望尝试用"有重心的同治"来诠释晚清政治的特色及出路。所谓"有重心的同治"，是一个结构性的模型。"重心"的创立、平衡和转换，以及朝廷与各个重心在此背景和制约下的政治、经济、外交运作，就是"同治"。"同治"之中自然既有合作妥协，又有精英斗争，是一个动态的过程。①

那么，"有重心的同治"的根据和解释力何在呢？从实际层面而论，"重心"和"同治"都是从太平天国运动及洋务运动中发展而来的。这期间有一个从分权到同治的过程。李鸿章、左宗棠、曾国荃、刘坤一、张之洞、袁世凯久任总督，形成政局重心，并深度参与国家大政和地区治理，都是对"有重心的同治"很好的说明。②

进言之，所谓"有重心的同治"，不仅在于以上的实际层面，

① 邵循正（《邵循正历史论文集》）、石泉（《甲午战争前后之晚清政局》）、章开沅（《翁张交谊与晚清政局》）等前辈学者都很注意研究晚清统治阶级的内部斗争。此处"精英斗争"则借用理查德·拉克曼（Richard Lachmann）《国家与权力》（郦菁、张昕译，上海人民出版社 2010 年版）中的概念。

② 李鸿章、左宗棠、刘坤一常说自己与国家休戚相关，他们关键时候也都敢说话，甚至于像东南互保那样与朝廷立异。若站在清朝专制的角度，这是跋扈不臣的表现。但这也未尝不是当时"同治"的体现。

也有正式而直接的名义，可谓有名有实。辛酉政变后，太后和恭亲王将皇帝年号由"祺祥"改为"同治"就是明证。中兴是国史上的重要观念，故以往同治中兴的研究中"中兴"谈得多，"同治"则讲得少。① 那么，"同治"何所取意？有谓是取"同归于治"之意；② 也有谓是取"同于顺治"之意。③ 但"同襄郅治"似乎是更原始的出处。辛酉政变后的诏书有云："各宗室当以载垣等为戒，恪遵家法，同襄郅治。"又云："着诸臣与恭亲王精白一心，同襄郅治。"④ 这即是在呼吁王公、大臣协助恭王"同襄郅治"。

更重要的是，同治有"一个年号，各自表述"（高波语）的暧昧性和丰富性，能让不同的力量都找到或想象到自己的位置。正所谓"人是诠释性的动物，当一个新的概念出现之后，人们会用它来作为思考自己处境及命运的工具"。⑤ 同治的概念或许即有这种奇妙的力量。"在慈安与慈禧两位太后看来，这是两宫同治；在恭亲王及其亲信看来，这是君相同治；在内外臣工看来，这是君臣同治；而在面对英法等西方列强时，又可以说是中外同治。

---

① 杨联陞：《国史探微》，新星出版社 2005 年版，第 16—18 页。芮玛丽：《同治中兴：中国保守主义的最后抵抗（1862—1874）》，房德邻等译，中国社会科学出版社 2002 年版。孙明：《"中叶"与"中兴"之际——19 世纪中国的一个政治逻辑》，《北京大学学报》2023 年第 4 期。最近，高波在《晚清京师政治中"同治"话语的形成与变异》（《清史研究》2018 年第 4 期）一文中，对"同治"话语作了精彩的诠释。

② 威妥玛称这是文祥告诉他的。芮玛丽：《同治中兴》，第 21 页。

③ 李慈铭和杨联陞持这一看法，高波：《晚清京师政治中"同治"话语的形成与变异》，《清史研究》2018 年第 4 期，第 89 页。

④ 故宫博物院明清档案部编：《清代档案史料丛编》第 1 辑，中华书局 1978 年版，第 118、122 页。

⑤ 王汎森：《中国近代思想与学术的系谱》，上海三联书店 2018 年版，自序第 3 页。

故同治之局，实为各政治势力相互妥协与平衡的产物。"① 因此，"同治"确是晚清政治的底色和基调，而中兴则是目标和表现。

再者，"同治"的提出恐怕也并非一时兴起，而是有清朝的"家法"。我们知道，满人人数极为有限，故从一开始就善于寻找同盟，利用多种方式实现同治和平衡。② 正是由于"同治"名、实兼具，又是满人统治的"家法"，故晚清几十年间，"同治"类似于大宪章，得到内外各方的大体遵守。慈禧、恭王、醇王等"屡经大难，颇知治术"，主要即是既"专用汉人新兴势力"，又懂得"驾驭此辈汉人，以使中枢得以长保威势地位"。③ 南北洋的湘淮势力在形成政局重心的同时，也与朝廷保持休戚与共的关系。用张謇在东南互保时的话说，就是"无西北则东南无名，无东南则西北无实"。慈禧在朝内即使"斗倒"恭王，仍要拉住其他亲王，延续太后与亲王的同治局面。

进言之，"有重心的同治"之要义在于，既有重心，又讲平衡。除了中外关系，国内的湘淮南北满汉平衡最为关键。然而，经过几十年的历史，"有重心的同治"在清末被内外新因素所打破，晚清及近代中国的历史进程由此大不一样。

这些新因素主要有三：首先是外敌入侵，但也与清朝高层的应对不无关系。甲午年（1894），清朝在几无准备的情况下，突

---

① 高波：《晚清京师政治中"同治"话语的形成与变异》，《清史研究》2018 年第 4 期，第 89 页。

② 裴德生编：《剑桥中国清代前中期史：1644—1800 年》上卷，戴寅等译，中国社会科学出版社 2020 年版，第 8、327—328、345 页。费正清所谓的条约体系下的"共治"，也有类似之意。

③ 石泉：《甲午战争前后之晚清政局》，第 30—31 页。

然卷入了与邻国的近代战争。而光绪皇帝及帝师、清流的盲目主战，客观上落入了日本部分高层蓄谋开战的圈套。战争的惨败，摧毁了北洋淮系这一政局重心，中外湘淮南北满汉的平衡被打破，引发了影响深远的连锁反应。故近代战争不仅以国运为赌注，而且造成可怕的生灵涂炭，需要慎之又慎，家门口的战争更是如此。种种迹象表明，甲午年春，已经亲政五年的光绪帝权力明显增大，故如无甲午战争，"同治"局面会走向何处，也值得深思。

其次来自清末的中央集权。既往谈及晚清的内轻外重，暗含一种贬义或消极评价。其实，在中外形势、满汉南北关系发生剧变，中央集权已不现实的情况下，重新调整内外、央地关系，形成"有重心的同治"，本身也有其合理之处。晚清中国疆域辽阔，各地很不一样，既需要自上而下的统一部署，而合理放权、分权，调动积极性，注意差异性和代表性，扩大统治基础，也很重要。① 清朝在同治初年放权曾国藩及其湘军，最终挽救了清朝。后来慈禧对左宗棠、刘坤一、张之洞说，"东南半壁，惟汝是任"，并不是一句空话。放权东南督抚，形成政局重心，也确实在庚子事变中再次"挽救"了清朝。平心而论，晚清国力有限，却面临来自东南海上和东北日俄的凌厉侵逼，实处千年未有之变局。如何既能保持政局相对稳定，南北统一，同时整合满汉新旧，走出历史新局，是极具考验的难题。从咸同之际开始，清朝从战时的"放权""分权"，到战后的"同治"，既创制政局

---

① 王笛：《清末新政与辛亥革命的关系再思考》，《华中师范大学学报》2021 年第5 期。

重心，亦讲究制衡。这是甲午战前二三十年清朝统治的体制基石。但清末最后十年，在人才及其他条件都不具备的情况下，急剧的中央集权打破了内外、南北、满汉、官绅平衡，造成了严重后果。①

最后，第三个因素即是本书着重论述的"北洋下南洋"进程。既往多从内外、央地角度观察清末的政治格局。譬如太平天国之后清朝中央集权体制基本解体，而清末新政开始后又厉行中央集权，削弱督抚权力，甚至造成"内外皆轻"的局面。② 但这一结果是如何达成的？仅从中央集权角度还不能恰当地解释为何不是中央而主要形成了北洋权重。换言之，"外轻"之中又分南北，南洋确实"轻"了，无力效忠清朝，但北洋并不算"轻"，却不愿效忠清朝。从北洋下南洋角度有助于理解，清末的所谓中央集权明显加强了北洋而削弱了南洋。时人也常将中央集权看作强北弱南的幌子，因为中央集权里面隐含着一条"北洋下南洋"的线索。

那么，中央集权和北洋下南洋是什么关系？尽管北洋畿辅和中央天然"亲近"，但北洋下南洋与中央集权既有交集，又各有侧重。中央集权建立在北洋南下的基础之上，通过北洋南下达成。慈禧、荣禄、奕劻希望集权中央，但辛丑回銮之后，虚弱的朝廷无力单独执行中央集权，故需要借助能干的袁世凯的北洋实力。袁世凯则借此推行他的北洋南下。所以，中央集权与北洋下南洋是相互交织的历史进程，但随着时局发展，清廷和北洋的分

① 朱英：《清末新政与清朝统治的灭亡》，《近代史研究》1995 年第 2 期。

② 李细珠：《地方督抚与清末新政——晚清权力格局再研究》，第 363—443 页。

歧也越来越多，尤其是到了丙午年（1906）"北洋下南洋"已经形成，而袁世凯权倾朝野之时。

本来，镇压太平天国之后，清朝最担心曾国藩系统既掌军权，又握财权，在东南坐大，形成"藩镇"。故清廷尽力去控制南洋财赋之区，但并不那么担心北洋成为"藩镇"或"军阀"，因为北洋缺少资源，离开"南洋根本"的支持，即无能为。① 以故，咸同以降，出现两次"南重北轻"局面后，清朝也都着力于重建北洋实力。而南洋、北洋既提携又制衡，形成"有重心的同治"，共持大局，最符合已经难以中央集权的晚清朝廷的利益。但清末随着北洋下南洋迅速而深入的推进，南洋失去了重心地位，表面的南北联合，实际导致了北洋控制南洋，南洋从属于北洋的局面。这就并非清朝所愿。面对这一情势，丙午年（1906）九月，张之洞、岑春煊都有密电称"南、北洋联合，非国之福"。② 因此，也正是在这时兴起的官制改革中，慈禧太后和奕劻断然采取了削弱袁世凯北洋实力的举措。但他们并不愿意抛弃既有实力又有能力的袁世凯，故在丁未政潮后将袁氏内调，赋予军机大臣兼外务部尚书的高位，以襄助内政外交，为中央集权服务。

迨至光绪三十四年（1908）十月下旬两宫先后薨逝，继任的亲贵载沣等人联手罢黜了袁世凯。③ 然而，摄政王载沣无力掌控

① 樊百川：《清季的洋务新政》第1卷，第370页。

② 《为张之洞岑春煊奏南北洋联合及张之洞官制改革主张事致直隶总督袁世凯电报》（光绪三十二年九月二十二日），中国第一历史档案馆藏：端方档，档号：27-01-001-000165-0012。

③ 此事影响甚大，新近的研究，参见崔志海：《摄政王载沣驱袁事件再研究》，《近代史研究》2011年第6期；《美国与晚清中国（1894—1911）》，第370—380页。李永胜：《摄政王载沣罢免袁世凯事件新论》，《历史研究》2013年第2期。

局势，造成亲贵争权，君权分裂的局面。伴随着张之洞等老臣或死或罢，尤其是缺少了袁世凯的力量，宣统朝的中央集权难以执行下去，激起了强烈反应。而此前轰轰烈烈的北洋下南洋早已形成气候，并未因袁世凯下野而被逆转，故一旦局势紧张，"非袁不可"的呼吁竟然南北同声。

进言之，满洲权贵和袁世凯在辛丑回銮后，裁抑南洋湘系势力、控制东南财赋之区的时候，颇有合作。迨至辛亥革命在南方爆发，袁世凯复出，也可视为满洲亲贵和袁世凯继辛丑回銮之后的又一次合作。只不过时过境迁，清室式微，袁世凯也计划利用南方革命的压力去除亲贵势力，从而获得大权，然后再以民国中央名义继续北洋南下，同时也以民国中央名义进一步中央集权。因此，民国成立后，袁世凯继续加强中央集权，继续"北洋下南洋"，可以看作是清末十年历史的延续。

最后，晚清面临千年未有之变局，内忧外患，着实不易应对。大体言之，统治当局在"有重心的同治"局面下行事，既在创制重心，又在寻求平衡。其中有两个关键，一是中外平衡和列强的相互制衡，二是内部关系，尤其是南北的提携和平衡。晚清数十年，京城两度失陷，而仍能维持王朝，实有赖于东南效忠于朝廷。但效忠也是建立在"同治"的基调之上。一旦因外人入侵和清朝高层自己破坏了"有重心的同治"局面，则情况即不一样。再者，清末随着工商、教育、媒体、立宪等新事业而崛起的东南精英如张謇、赵凤昌、汤寿潜等，较之以前的科举精英，掌握着更多的权势。这些东南精英既有其特殊利益，也追求一些现代价值。他们在清末既可与刘坤一的湘系携手，清末民初也可与袁世凯的北洋勾连，但此后也可与南洋当局、革命党合作，成为袁世凯统治的制衡力量。① 这也可视为晚清"同治"的延续。总之，就晚清历史而论，统一国家不在南北互斥互压，而在南北既形成良性互补，也可以有力制衡，通过洋务新政，走出历史新局。这就是"有重心的同治"的精义所在。

---

① 《张汤交谊与辛亥革命》《东南精英与辛亥前后的政局》，《章开沅文集》第 3 卷，第 331—356、363—381 页。

附　录

清代两江总督年表

朝代	时间	姓名	籍贯	任职前	去职后	备注
顺治 （1664—1661）	1647—54	马国柱	汉军	宣大总督	病免	
	1654—56	马鸣佩	汉军	宣大总督	病免	
	1656—68	郎廷佐	汉军	江西巡抚	病免	
康熙 （1662—1722）	1668—73	麻勒吉	满	刑左	降二级调	
	1673—81	阿席熙	满	陕西巡抚	降，旋死	
	1682—84	于成龙	山西	直隶巡抚	死	
	1684—87	王新命	汉军	江宁巡抚	闽浙总督	
	1687—88	董讷	山东平原	左都	降五级调	
	1688—94	傅拉塔	满	刑右	死	
	1694—98	范承勋	汉军	左都	忧免	
	1698—99	张鹏翮	四川遂宁	刑尚	河道总督	翰林改刑部，1699 年康熙南巡，五月初二日，随扈入京，随后赴陕查案，1700 年始回京，三月癸卯调河督
	1699—00	陶岱	满	吏右	仓侍	1701 年十一月，谕斥向署江督，声名甚劣
	1700—06	阿山	满	礼侍、翰林掌院	刑尚	
	1706—09	邵穆布	满	礼左	免	
	1709—12	噶礼	满	户左	解，寻革	
	1712—12	郎廷极	汉军	安徽巡抚	漕运总督	
	1712—17	赫寿	满	漕运	理尚	
	1717—22	长鼐	满	阁学	死	

（续表）

朝代	时间	姓名	籍贯	任职前	去职后	备注
雍正 （1723—1735）	1722—26	查弼纳	满	兵右	召京	
	1726—30	范时绎	汉军	马兰镇总兵	解，旋革	马兰镇总兵例兼内务府大臣。1728年迁户尚，留任
	1730—30	史贻直	江苏溧阳	吏左署福建总督	左都	署理，仅三月
	1730—31	高其倬	汉军	福建总督	署云广总督	
	1731—32	尹继善	满	江苏巡抚	召京	
	1732—33	魏廷珍	直隶景州	漕运总督署	回漕运	署理数月
	1733—33	高其倬	汉军	云广总督	总督衔管苏抚	
	1733—37	赵宏恩	汉军	湖南巡抚署	召见授工尚	1734年五月授，1735年八月兼署河督，十二月卸署
乾隆 （1736—1795）	1737—37	庆复	满	刑尚	云南总督	隆科多之弟
	1737—39	那苏图	满	刑尚	忧免	
	1739—40	郝玉麟	汉军	吏尚	解，降调	
	1740—41	杨超曾	湖南武陵	兵尚署	回任兵尚	翰林
	1741—42	那苏图	满	湖广总督	闽浙总督	
	1742—43	德沛	宗室	闽浙总督	召京授吏右	
	1743—48	尹继善	满	前川陕总督	两广总督	1742年九月忧免
	1748—48	策楞	满	两广总督	赴陕	
	1748—51	黄廷桂	汉军	甘肃巡抚	与尹继善陕甘互改	1751年正月南巡，五月还
	1751—53	尹继善	满	陕甘总督	署陕甘总督	1753年正月署陕甘，九月改河督

（续表）

朝代	时间	姓名	籍贯	任职前	去职后	备注
	1753—54	鄂容安	满	江西巡抚	召京	
	1754—65	尹继善	满	南河河督	1765 年三月入阁办事	1754 年河督兼署，1756 年授江督，1757 年正月卸兼管河督，1764 年迁文华阁大学士留任
	1765—79	高晋	满	南河河督，仍统理南河事务	1779 年正月死	高斌之侄，汉人包衣入旗 1771 年五月迁文华阁大学士留任
	1779—86	萨载	满	南河河督	死	1779 年正月任。1780 年正月往，五月还。1784 年正月往，四月还。
	1786—87	李世杰	贵州	川督	改川督	未到任前苏抚闵鄂元署理
	1787—90	书麟	满	安徽巡抚	革，旋授山西巡抚	高晋之子，熟悉河工
	1790—91	孙士毅	浙江仁和	川督	吏尚、协办	与和珅善，清史稿孙传
	1791—94	书麟	满	山西巡抚	革	
	1794—97	苏凌阿	满	刑尚署	迁大学士	1794 年云督富纲调，未到任，1795 年湖督福宁调，亦未到任

（续表）

朝代	时间	姓名	籍贯	任职前	去职后	备注
嘉庆 （1796—1820）	1797—99	李奉翰	汉军	东河总督	死	
	1799—03	费淳	浙江钱塘	江苏巡抚	改兵尚	进士，军机章京
	1803—05	陈大文	河南杞县，原籍浙江会稽	前直督授	改左都	进士，朱珪所保
	1805—09	铁保	满	山东巡抚	革	进士
	1809	阿林保	满	闽督改	死	笔帖式
	1809—11	松筠	蒙	陕督改	改广督	笔帖式，军机章京
	1811	勒保	满	刑尚授	召京	不胜任
	1811—16	百龄	汉军，姓张	左都授	病假，旋死	翰林，1816年十月病假，松筠署，十一月去世
	1816—24	孙玉庭	山东济宁	湖广总督改	迁体仁阁大学士	翰林，1821年授协办大学士，1824年迁体仁阁大学士。旋因河工、漕运获罪，1825年以五品休致。
道光 （1821—1850）	1824—25	魏元煜	直隶昌黎	漕运总督授	改漕督	翰林河工获罪
	1825—27	琦善	满	山东巡抚迁	解，降阁学	办理河工失误
	1827—30	蒋攸铦	汉军	体仁阁大学士先署，旋授	病假，旋召京以侍郎候补	翰林
	1830—39	陶澍	湖南益阳	江苏巡抚	三月初九日病免，旋死	

（续表）

朝代	时间	姓名	籍贯	任职前	去职后	备注
	1839	陈銮（署）	湖北	江苏巡抚	三月初九日署理，十二月初一日死	1839 年林则徐，未赴任，改广督，广督邓廷桢改，亦未到任
	1840—41	伊里布	满	云贵总督	召京	1840 年七月钦差赴浙，1841 年闰三月召京
	1840—41	裕谦	蒙	江苏巡抚	死	1841 年正月钦差赴浙，九月死
	1841—42	牛鉴	甘肃	河南巡抚	革职	
	1842—44	耆英	宗室	广州将军	改广督	
	1844—47	璧昌	蒙	福州将军	召京	
	1847—49	李星沅	湖南	云贵总督	病免	翰林，曾任江苏巡抚
	1849—53	陆建瀛	湖北	江苏巡抚	死	翰林
咸丰（1851—1861）	1853—57	怡良	满	福州将军	病免	
	1857—60	何桂清	云南	前浙江巡抚	革职逮问	翰林
	1860—65	曾国藩	湖南	兵侍	钦差剿捻	翰林
同治（1862—1874）	1865—66	李鸿章（署）	安徽	江苏巡抚	钦差剿捻	翰林
	1867—68	曾国藩	湖南	钦差剿捻	直隶总督	翰林
	1868—70	马新贻	山东	闽浙总督	被刺身亡	进士
	1870—72	曾国藩	湖南	直隶总督	死	翰林
	1872—72	何璟（署）	广东	江苏巡抚	丁忧	翰林
	1872—73	张树声（署）	安徽	江苏巡抚	丁忧	
	1873—74	李宗羲	四川	前山西巡抚	病免	进士，曾任江宁布政使
	1874—75	刘坤一（署）	湖南	江西巡抚	两广总督	

（续表）

朝代	时间	姓名	籍贯	任职前	去职后	备注
光绪（1875—1908）	1875—79	沈葆桢	福建	船政大臣	死	其间，苏抚吴元炳曾短暂署理过
	1879—80	吴元炳（署）	河南	江苏巡抚	江苏巡抚	
	1880—81	刘坤一	湖南	两广总督	开缺	
	1881—84	左宗棠	湖南	大学士、军机处大臣	大学士、军机处大臣	
	1884—90	曾国荃	湖南	两广总督	死	
	1890—91	沈秉成（署）	浙江	安徽巡抚	安徽巡抚	
	1891—94	刘坤一	湖南	前两江总督	钦差大臣	
	1894—96	张之洞（署）	直隶	湖广总督	湖广总督	
	1896—1900	刘坤一	湖南	钦差大臣	陛见	
	1900	鹿传霖（署）	直隶	江苏巡抚	江苏巡抚	
	1900—02	刘坤一	湖南	两江总督	死	
	1902—03	张之洞（署）	直隶	湖广总督	湖广总督	
	1903—04	魏光焘	湖南	云贵总督	闽浙总督	
	1904	李兴锐	湖南	闽浙总督	死	
	1904—06	周馥（署）	安徽	山东巡抚	两广总督	
	1906—09	端方	旗	闽浙总督	直隶总督	
宣统（1909—1911）	1909—11	张人骏	直隶	两广总督		鼎革之际张勋护理

说明：

1. 根据钱实甫《清代职官年表》和魏秀梅《清季职官年表》，以及上谕档、实录、奏折、传记等资料考证整理而成。

2. 列入正表的，都是实际到任者，包括实授和署理。署理的说明资格够了，可能转正。还有暂署的，说明资格够，但没希望转正。护理的是资格不够，没可能转正。故暂署和护理在备注说明。任职时间是正式接任到离任之时。实授后未到任者，在备注说明。

3. 署理包括两种：其一是先署理，再转正的（比如 1884 年的曾国荃）。这种署理类似于试用期，因为没有实任江督。另一种署理是有实任江督，但没有到任（比如 1890 年刘坤一没到任之前，安徽巡抚沈秉成署理），或者实任江督有特殊任务而离任（比如甲午年江督刘坤一北上，张之洞署理；庚子春刘坤一进京陛见，江苏巡抚鹿传霖署理）。

征 引 文 献

一、档案、官书

《陆建瀛等奏请严正基升署淮扬道事》（道光三十年二月二十九日），录副奏折，
档号：03-2789-035。

《陆建瀛奏为委令严正基署理臬司篆务事》（咸丰元年二月二十五日），录副奏
折，档号：03-4083-074。

《李鹤年奏为直陈沈葆桢难胜南洋重任事》（光绪元年七月二十七日），录副奏
折，档号：03-5099-162。

《徐桐奏为时事需才孔亟披沥直陈忠奸事》（光绪六年六月初五日），录副奏折，
档号：03-9378-024。

《余联沅等奏为北洋大臣时艰任重请于京外大臣中慎简晓畅军事大员畀以斯任
责令选将练兵事》（光绪二十一年五月初十日），录副奏片，档号：03-
6031-175。

《阎志廉奏请饬下刘坤一王文韶等将拟裁湘军酌留分屯津沽芦榆一带淮军各营大
加裁减事》（光绪二十一年五月初十日），录副奏折，档号：03-5722-044。

《徐桐奏为拔本塞源认真整顿兵饷事宜敬陈管见事》（光绪二十一年五月二十六
日），录副奏折，档号：03-5757-027。

《徐桐奏误国大臣李鸿章已荷优容请旨特令回籍事》（光绪二十一年七月二十七
日），录副奏折，档号：03-5328-055。

《奏为奏调北上江苏候补道丁葆元因病请就近在津调理暂缓请咨回省事》（光绪
　　二十一年十月十三日），朱批奏折，档号：04-01-12-0570-092。

《李念兹奏为特参两江总督刘坤一庸碌无能不可再肩两江巨任请旨事》（光绪二
　　十一年十二月初一日），录副奏折，档号：03-5333-010。

《黄均隆奏为特参江宁藩司瑞璋贪鄙不职请旨查办事》（光绪二十二年六月二十
　　三日），中国第一历史档案馆藏：录副奏折，档号：03-5342-119。

《徐桐奏为直陈慎选贤能分别黜陟管见事》（光绪二十四年十一月初五日），录
　　副奏折，档号：03-5617-033。

《毓贤奏为特参两江总督刘坤一庸懦昏聩据实纠参事》（光绪二十五年三月二十
　　一日），录副奏折，档号：03-5373-108。

《毓贤奏请饬下两江督臣清查中饱私囊厘金局员并各省疆臣仿照李秉衡整顿海
　　关化私为公事》（光绪二十五年三月二十一日），朱批奏片，档号：04-01-
　　12-0589-118。

《奕劻等奏为遵议庆宽条陈整顿学校等六端事》（光绪二十五年十月二十二日），
　　录副奏折，档号：03-9535-065。

《掌陕西道监察御史吴鸿甲奏为淮徐驻兵宜筹善策敬陈管见事》（光绪二十五年
　　十月二十一日），录副奏折，档号：03-5998-102。

《浙江道监察御史徐士佳奏为请旨将年老多病疆臣刘坤一开缺养病另简事》，录
　　副奏折，档号：03-5382-112。

《端王载漪等奏为江南制造局枪支粗劣请饬下两江总督查办不力局员事》（光绪
　　二十五年十二月初九日），录副奏折，档号：03-7128-013。

《署理两广总督岑春煊奏为因病恳请开去两广总督署缺事》（光绪三十一年二月
　　二十八日），朱批奏折，档号：04-01-12-0642-106。

《署理两广总督岑春煊奏为假期届满病仍未痊请开缺出洋就医事》（光绪三十一
　　年六月十五日），朱批奏折，档号：04-01-16-0287-014。

《署理两广总督岑春煊奏为假期届满病势深剧请简员暂署总督篆务安心调治事》
　　（光绪三十一年九月初三日），朱批奏折，档号：04-01-12-0645-046。

《署理外务部右侍郎唐绍仪等奏为特参署两广总督岑春煊勒捐滋事奏报欺蒙请
　　特派大员查办事》（光绪三十一年十二月二十七日），录副奏折，档号：
　　03-7392-030。

《署理两江总督周馥奏为遵旨查明两广总督岑春煊被参各节事》（光绪三十二年
　　四月二十一日），朱批奏折，档号：04-01-01-1089-007。

《两广总督岑春煊奏为敬陈用人纳言等七条国政管见事》（光绪三十三年五月初
　　二日），录副奏折，档号：03-5619-011。

《魏光焘致苏州端午帅》（光绪三十年七月初一日），端方档，档号：27-01-002-
　　000245-0041。

《端方致北京湖北按察使梁鼎芬电》（光绪三十二年十一月二十九日），端方档，
　　档号：27-01-001-000165-0092。

《徐世昌致端方电》（光绪三十三年正月二十一日），端方档，档号：27-01-002
　　-000147-0171。

《奕劻致端方电》（光绪三十三年正月二十四日），端方档，档号：27-01-002-
　　000147-0239。

《端方致端绪电》（光绪三十三年三月十七日），端方档，档号：27-01-001-
　　000160-0017。

《端方致袁世凯电》（光绪三十三年四月二十一日），端方档，档号：27-01-001-
　　000157-0023。

《为张之洞岑春煊奏南北洋联合及张之洞官制改革主张事致直隶总督袁世凯电报》
　　（光绪三十二年九月二十二日），端方档，档号：27-01-001-000165-0012。

以上均藏中国第一历史档案馆。

《两江总督黄廷桂等奏恳俞允南巡江省事》（乾隆十四年九月初一日），军机处
　　档折件，档号：004860。

《李星沅、陆建瀛奏为准留甘肃差遣赏给顶带人员前江苏候补知府黄冕呈请加
　　倍捐复知县援例具奏》（道光二十七年八月十六日），军机处档折件，档

号：078714。

《呈请捐复知县之六品顶带黄冕履历清单》（道光二十七年八月十六日），军机
处档折件，档号：078715。

《御史曹楙坚奏报已革江苏候补知府黄冕因定海失事案内问拟遣戍奉旨释回却
逗留在江苏情形片》（道光二十七年十二月初十日），军机处档折件，档
号：080181。

《掌云南道监察御史丁振铎奏为两江责任綦重目前夷务方殷请旨另简威望素著
之督臣以靖疆圻而御外侮由》（光绪十年正月十八日），军机处档折件，
档号：124799。

《掌广西道监察御史张人骏奏为两江总督请简威望大臣补署由》（光绪十年正月
二十日），军机处档折件，档号：124844。

《掌山东道监察御史高枬奏为安徽抚臣王之春素无行检出使俄国归途过新嘉坡
微服冶游被人狙击已属有损国体等由》（光绪二十七年九月初六日），军
机处档折件，档号：144379。

《调补山东巡抚漕运总督张人骏奏为查覆王之春参款由》（光绪二十七年十月初
十日），军机处档折件，档号：145055。

《京畿道监察御史汪凤池奏两江总督魏光焘疏懈公务政令纷歧请旨儆戒由》（光
绪三十年五月初七日），军机处档折件，档号：160452。

《两江总督魏光焘奏为敬陈感悚下忱由》（光绪三十年六月十七日），军机处档
折件，档号：161998。

《侍郎铁良奏为赴江南等省考查事宜遴调随员由》（光绪三十年七月初四日），
军机处档折件，档号：161758。

《掌江西道监察御史周树模奏参废弛军政诸务之两江总督魏光焘由》（光绪三十
年七月十八日），军机处档折件，档号：162093。

《钱宝青列传》，清国史馆传稿，编号：701000151。

以上均藏台北故宫博物院图书文献馆。

《李符曾存札》，甲 63。

《鹿传霖任川督时函札》，甲 170。

《瞿鸿禨朋僚书牍》，甲 375、甲 375-1、甲 375-2。

《王秉恩等函稿》，甲 315。

《许同莘日记》，甲 622-11。

《谭延闿存札》，甲 726-4。

以上均藏中国社会科学院近代史研究所。

故宫博物院明清档案部编：《清代档案史料丛编》第 1 辑，中华书局，1978。

中国第一历史档案馆编：《乾隆朝上谕档》，档案出版社，1991。

中国第一历史档案馆编：《咸丰同治两朝上谕档》，广西师范大学出版社，1998。

中国第一历史档案馆编：《光绪宣统两朝上谕档》，广西师范大学出版社，1997。

中国第一历史档案馆编：《光绪朝朱批奏折》，中华书局，1995。

中国第一历史档案馆编：《清代军机处电报档汇编》，中国人民大学出版社，
　　2005。

中国第一历史档案馆编，李国荣主编：《清代军机处随手登记档》，国家图书馆
　　出版社影印本，2013。

中国第一历史档案馆编，吕坚主编：《清政府镇压太平天国档案史料》第 22
　　册，社会科学文献出版社，1996。

《邸抄》，北京图书馆出版社影印本，2004。

《高宗实录》《仁宗实录》《文宗实录》《德宗实录》《宣统政纪》，收入《清实
　　录》，中华书局影印本，1986、1987。

赵尔巽等：《清史稿》，中华书局，1977。

胡滨译，丁名楠、余绳武校：《英国蓝皮书有关义和团运动资料选译》，中华书
　　局，1980。

李书源整理：《筹办夷务始末》（同治朝），中华书局，2008。

秦国经主编：《清代官员履历档案全编》，华东师范大学出版社，1997。

王锺翰点校:《清史列传》,中华书局,1987。

邵循正等编:《中国近代史资料丛刊·中法战争》,上海人民出版社,1957。

邵循正等编:《中国近代史资料丛刊·中日战争》第 4 册,新知识出版社,1956。

戚其章主编:《中国近代史资料丛刊续编·中日战争》,中华书局,1996。

《北洋军阀史料·徐世昌卷》(1),天津市历史博物馆馆藏,天津古籍出版社,1996。

《中国近代兵器工业档案史料》第 1 册,兵器工业出版社,1993。

二、日记、书信、年谱、笔记、诗文集

岑春煊:《乐斋漫笔》,中华书局,2007。

《陈炽集》,赵树贵、曾丽雅编,中华书局,1997。

陈夔龙:《梦焦亭杂记》,中华书局,2007。

《陈兰彬集》,王杰、宾睦新编,广东人民出版社,2018。

陈庆年:《戊戌己亥见闻录》,明光整理,《近代史资料》第 81 号。

陈衍:《石遗室诗话》,上海书店出版社,2002。

邓之诚:《骨董琐记全编》,栾保群校点,人民出版社,2012。

《冬暄草堂师友牋存》,仁和陈氏(陈豪)藏,沈云龙主编:《近代中国史料丛刊》(283),台北:文海出版社,1968。

丁宝桢:《丁文诚公家信》,泽霆释,垂健注,山东画报出版社,2012。

端方:《端忠敏公奏稿》,1918 年铅印本。

《端方档》,虞和平主编:《近代史所藏清代名人稿本抄本》第 1 辑,大象出版社,2011。

《枫下清芬:笃斋藏两罍轩往来尺牍》,李雋、吴刚编:国家图书馆出版社影印本,2019。

高树:《金銮琐记》,中华书局,2007。

《高心夔日记》,张剑整理,凤凰出版社,2019。

《顾肇新家书》,马忠文、崔健整理,《近代史资料》第 138 号。

《郭嵩焘全集》,岳麓书社,2012。

《郭嵩焘日记》，湖南人民出版社，1981—1983。

郭则沄：《十朝诗乘》，《民国诗话丛编》第 4 册，林建福等校点，上海书店出
　　版社，2002。

郭则沄：《洞灵小志·续志·补志》，栾保群点校，东方出版社，2010。

《洪亮吉集》，刘德权点校，中华书局，2001。

《湖南图书馆藏近现代名人手札》，湖南图书馆编，岳麓书社影印本，2010。

《何兆瀛日记》，周德明、黄显功主编：《上海图书馆藏稿钞本日记丛刊》第 19
　　册，国家图书馆出版社、上海科学技术文献出版社影印本，2017。

《胡达源集》，胡渐逵校点，岳麓书社，2009。

《胡林翼集》，胡渐逵、胡遂、邓立勋校点，岳麓书社，2008。

《胡林翼未刊往来函稿》，杜春和、耿来金编，岳麓书社 1989。

黄濬：《花随人圣庵摭忆》，李吉奎整理，中华书局，2013。

《黄遵宪全集》，汪叔子、张求会编，中华书局，2005。

李慈铭：《越缦堂日记》，广陵书社影印本，2004。

《李辅燿日记》，徐立望、胡志富主编，浙江大学出版社，2014 年影印本。

李鸿裔：《苏邻日记》，《上海图书馆未刊古籍稿本》第 18 册，复旦大学出版
　　社，2008。

《李鸿藻年谱》，李宗侗、刘凤翰编，中华书局，2014。

《李鸿章日谱》，窦宗一编著，沈云龙主编：《近代中国史料丛刊续编》（700），
　　台北：文海出版社，1980。

《李鸿章全集》，顾廷龙、戴逸主编，安徽教育出版社，2008。

《李鸿章张佩纶往来信札》，姜鸣整理，上海人民出版社，2018。

《李鸿章致刘秉璋》（光绪十六年正月十八日），刘声木编录、刘园生点注：《李
　　文忠公尺牍》，《历史文献》第 21 辑，上海古籍出版社，2019。

《光绪初年李鸿章致周恒祺书札 42 通》，刘兴亮整理：《历史档案》2023 年第
　　1 期。

《李盛铎档》，虞和平主编：《近代史所藏清代名人稿本抄本》第 1 辑第 137—

138、140 册，大象出版社，2011。

《李星沅日记》，袁英光、童浩整理，中华书局，1987。

《李星沅日记》，王建朗、马忠文主编：《近代史研究所藏稿钞本日记丛刊》，国家图书馆出版社，2020。

《梁敦彦档·五》，虞和平主编：《近代史所藏清代名人稿本抄本》第 1 辑第 135 册，大象出版社，2011。

《廖寿恒日记》，张剑、郑园整理：《晚清军机大臣日记五种》下册，中华书局，2019。

《刘坤一遗集》，中国科学院历史研究所第三所工具书组校点，中华书局，1959。

《刘坤一集》，陈代湘校点，岳麓书社，2018。

刘声木：《苌楚斋随笔续笔三笔四笔五笔》，刘笃龄点校，中华书局，1998。

刘体智：《异辞录》，刘笃龄点校，中华书局，1988。

龙公：《江左十年目睹记》，文化艺术出版社，1984。

《陆宝忠日记》，李子然、李细珠整理，中华书局，2022。

《鹿传霖致樊增祥信函》（光绪三十二年十月廿八日），曾伟希整理，《文物春秋》2010 年第 4 期，第 74 页。

罗正钧：《左宗棠年谱》，朱悦、朱子南校点，岳麓书社，1983。

《缪荃孙全集·诗文》，张廷银、朱玉麒主编，凤凰出版社，2014。

梅英杰：《胡林翼年谱》，《湘军人物年谱（一）》，李润英标点，岳麓书社，1987。

《名家书简百通》，彭长卿编，学林出版社，1994。

《名家书札墨迹》第 7 册，俞冰主编，线装书局，2007。

《那桐日记》，新华出版社，2006。

《捻军史料丛刊》第 3 集，江世荣编，商务印书馆，1958。

潘祖荫：《潘文勤公（伯寅）奏疏》，沈云龙主编：《近代中国史料丛刊》（354），台北：文海出版社，1969。

《彭玉麟集》，梁绍辉等校点，岳麓书社，2008。

《彭玉麟致朱学勤》，沈丽全整理，《历史文献》第 8 辑，上海古籍出版社，
　　2004。祁景颐：《青鹤笔记九种·蒭谷亭随笔》，中华书局，2007。

祁龙威：《张謇日记笺注选存》，广陵书社，2007。

祁青贵：《赵树吉集校注》，巴蜀书社，2019。

《清醇亲王奕譞信函选》（光绪十一年七月二十八日未正），方裕谨编选，《历史
　　档案》1982 年第 4 期。

《清季名人手札·袁忠节公遗墨》，吴相湘主编：《中国史学丛书》（37），台湾
　　学生书局影印本，1966。

《清末民初政情内幕：〈泰晤士报〉驻北京记者袁世凯政治顾问乔·厄·莫理循
　　书信集》，骆惠敏编，刘桂梁等译，知识出版社，1986。

《清末吴禄贞致樊增祥信函》（约光绪三十三年正月末），《文献》2011 年 7 月
　　第 3 期，第 89 页。

瞿鸿禨：《恩遇纪闻》，沈云龙主编《近代中国史料丛刊》（520），台北：文海
　　出版社，1970。

《瞿鸿禨集》，谌东飚校点，湖南人民出版社，2010。

《瞿鸿禨亲友书札》，黄曙辉编，复旦大学出版社，2021。

瞿兑之：《杶庐所闻录》，山西古籍出版社，1995。

瞿兑之：《人物风俗制度丛谈》，张继红点校，山西古籍出版社，1997。

瞿兑之：《观我生室笔丛·总督沿革》，广州《新民月刊》1936 年第 2 卷第
　　3 期。

瞿兑之：《剪韭谈》，上海《杂志》1945 年第 15 卷第 3 期。

《荣禄存札》，杜春和、耿来金、张秀清编，齐鲁书社，1986。

《荣禄档》，虞和平主编：《近代史所藏清代名人稿本抄本》第 1 辑，大象出版
　　社，2011。

《荣庆日记》，谢兴尧整理，西北大学出版社，1986。

《沈葆桢信札考注》，林庆元、王道成考注，巴蜀书社，2014。

盛宣怀：《愚斋存稿》，上海人民出版社影印本，2018。

《盛宣怀实业朋僚函稿》，王尔敏、吴伦霓霞合编，台北："中研院"近代史研究
　　所，1997。

《盛宣怀年谱长编》，夏东元编著，上海交通大学出版社，2004。

《香港中文大学藏盛宣怀档案全编》，姚进庄主编，上海人民出版社影印本，
　　2021。

《陶澍全集》，陈蒲清主编，岳麓书社，2017。

《宋恕集》，胡珠生编，中华书局，1993。

宋育仁：《前感旧诗》，《国学月刊》1924 年第 16 期。

《孙衣言集》，刘雪平点校，浙江古籍出版社，2017。

《孙衣言致朱学勤》，邹晓燕整理，《历史文献》第 18 辑，上海古籍出版社，
　　2014。

《太平天国史料丛编简辑》，太平天国历史博物馆编，中华书局，1961。

汤殿三：《国朝遗事纪闻》，天津民兴报馆，1910。

《晚清宫廷生活见闻》，文史资料出版社，1982。

《汪康年师友书札》，上海图书馆编，上海古籍出版社，1986—1987。

《汪诒年致夏曾佑》（光绪三十年九月），《夏曾佑私人信件稿》，北京大学图书
　　馆古籍部，典藏号：SB/818. 18/1082。

王伯恭：《蜷庐随笔》，郭建平点校，山西古籍出版社，1999。

《王发桂所存书札》，北京大学图书馆古籍部藏。

《王闿运日记》，吴容甫点校，中华书局编辑部修订，中华书局，2022。

《王文韶日记》，袁英光、胡逢祥整理，中华书局，1989。

魏允恭《江南制造局记》，沈云龙主编：《近代中国史料丛刊》（404），台北：文
　　海出版社，1969。

《文廷式集》，汪叔子编，中华书局，2018。

《翁心存日记》，张剑整理，中华书局，2011。

《翁同龢日记》，翁万戈编、翁以钧校订，中西书局，2012。

《翁同爵家书系年考》，李红英辑考，凤凰出版社，2015。

沃丘仲子：《近现代名人小传》，北京图书馆出版社，2003。

《吴长庆致刘秉璋》，刘园生点注，《历史文献》第 22 辑，上海古籍出版社，2021。

吴永口述、刘治襄笔述，李益波整理：《庚子西狩丛谈》，中华书局，2009。

《夏曾佑集》，杨琥编，上海古籍出版社，2011。

《香书轩秘藏名人书翰》，赵一生、王翼奇主编，浙江古籍出版社，2005。

《辛亥革命前后：盛宣怀档案资料选辑之一》，陈旭麓、顾廷龙、汪熙主编，上
　　海人民出版社，1979。

《熊希龄集》，周秋光编，湖南人民出版社，2008。

徐凌霄、徐一士：《凌霄一士随笔》，徐泽昱编辑，刘悦斌、韩策校订，中华书
　　局，2018。

徐一士：《一士谭荟》，中华书局，2007。

徐一士：《丁未政潮的重要史料》，《国闻周报》第 14 卷第 5—6 期。

《徐世昌日记》，吴思鸥、孙宝铭整理，北京人民出版社，2013。

徐士銮（沅青）：《敬乡笔述》，张守谦点校，天津古籍出版社，1986。

《薛福成选集》，丁凤麟、王欣之编，上海人民出版社，1987。

《阎敬铭档》，虞和平主编：《近代史所藏清代名人稿本抄本》第 1 辑第 17—18
　　册，大象出版社影印本，2011。

杨锺羲：《雪桥诗话全编》，雷恩海、姜朝晖校点，人民文学出版社，2011。

《姚锡光江鄂日记》，王凡、汪叔子整理，中华书局，2010。

《艺风堂友朋书札》，钱伯城、郭群一整理，顾廷龙校阅，上海人民出版社，
　　2018。

尹耕云：《心白日斋集》，沈云龙主编：《近代中国史料丛刊》（411），台北：文
　　海出版社，1969。

《余肇康日记》，湖南人民出版社，2009。

袁保恒：《文诚公集》，载《清代诗文集汇编》第 701 册，上海古籍出版社，
　　2010。

《袁昶日记》，孙之梅整理，凤凰出版社，2018。

《袁世凯全集》，骆宝善、刘路生主编，河南大学出版社，2013。

《恽毓鼎澄斋日记》，史晓风整理，浙江古籍出版社，2004。

《张百熙致瞿鸿禨》，邹晓燕整理：《历史文献》第 20 辑，上海古籍出版社，2017。

张伯驹编著：《春游琐谈》，中州古籍出版社，1984。

《张国淦文集》，北京燕山出版社，2000。

《张謇全集·柳西草堂日记》，李明勋、尤世玮主编，上海辞书出版社，2012。

张佩纶：《涧于集·书牍》，涧于草堂刻本，1926。

张佩纶：《涧于集》，石向骞等点校，燕山大学出版社，2021。

《张佩纶家藏信札》，上海图书馆编，上海人民出版社影印本，2016。

《张佩纶日记》，谢海林整理，凤凰出版社，2015。

《张文虎日记》，陈大康整理，上海书店出版社，2009。

《张文襄公年谱》，许同莘编，《北京图书馆藏珍本年谱丛刊》第 173—174 册，
　　北京图书馆出版社，1999。

《张检致张之洞家书》，北京大学历史学系资料室藏抄件。

《张之洞档》，虞和平主编：《近代史所藏清代名人稿本抄本》第 2 辑，大象出
　　版社，2014。

《张之洞全集》，苑书义等主编，河北人民出版社，1998。

《张之洞全集》，赵德馨主编，武汉出版社，2008。

《张曾敭档·二》，虞和平主编：《近代史所藏清代名人稿本抄本》第 1 辑第 90
　　册，大象出版社，2011。

昭梿：《啸亭杂录》，何英芳点校，中华书局，1980。

《赵凤昌藏札》，国家图书馆出版社，2009。

《赵烈文日记》，樊昕整理，中华书局，2020。

《赵烈文师友翰札》，黄曙辉编，复旦大学出版社，2023。

《曾国藩全集》，岳麓书社，2012。

《曾国荃全集》，梁小进整理，岳麓书社，2006。

《郑孝胥日记》，劳祖德整理，中华书局，1993。

周馥：《秋浦周尚书（玉山）全集·奏稿》，沈云龙主编《近代中国史料丛刊》（82），台北：文海出版社，1966。

《民国周玉山先生馥自订年谱》，王云五主编：《新编中国名人年谱集成》第2辑，台北：台湾商务印书馆，1978。

周馥：《周悫慎公自著年谱》，孟繁之校点，收入周景良：《曾祖周馥——从李鸿章幕府到国之干城》附录，三晋出版社，2015。

《周一良读书题记》，海豚出版社，2012。

《朱学勤致曾国藩》，太平天国历史博物馆编：《太平天国史料丛编简辑》第6册，中华书局，1963。

《朱学勤致应宝时》，夏颖整理，《历史文献》第12辑，上海古籍出版社，2008。

《朱学勤致应宝时》，梁颖整理，《历史文献》第14辑，上海古籍出版社，2010。

《朱迪然日记》，桑兵主编：《续编清代稿钞本》第54册，广东人民出版社，2008。

《左宗棠全集》，刘泱泱等校点，岳麓书社，2009。

三、报纸

《时事要闻》，《大公报》光绪二十八年十一月二十二日，第2版。

《查参调署要闻》，《大公报》光绪三十年七月二十七日，第1版。

《奏留能员》，《大公报》光绪三十一年四月十一日，第5版。

《到省即委要差》，《大公报》光绪三十一年四月十一日，第5版。

《督抚开缺原因》，《大公报》光绪三十一年正月二十五日，第2版。

《端大臣将授两江总督》，《大公报》光绪三十一年十二月二十三日，第3版。

《周、岑互调之风说》，《大公报》光绪三十二年正月十六日，第1版。

《江、粤督对调不确》，《大公报》光绪三十二年正月十七日，第2版。

《政府将调江督之消息》，《大公报》光绪三十二年六月十三日，第3版。

《端督内用之传闻》，《大公报》光绪三十二年十一月二十七日，第2版。

《论周玉山之任两江》，《大陆报》（上海）第2年第9号，光绪三十年九月。

《江督刘制军噩音详述》，《申报》光绪二十八年九月初九日，第1版。

《保留江督》，《申报》光绪二十八年十二月十二日，第1—2版。

《书两江总督调任事》，《申报》光绪三十年八月十一日，第 1 版。

《论山东巡抚周玉山中丞调署两江总督事》，《申报》光绪三十年九月二十七日，
第 1 版。

《魏午帅运动宗旨》（京师），《申报》光绪三十一年二月十五日，第 3 版。

《江督更调之传闻》，《申报》光绪三十一年五月初五日，第 3 版。

《粤督密保学政并参江督》，《申报》光绪三十一年五月初五日，第 3 版。

《江督参案之原动力》，《申报》光绪三十一年六月十二日，第 2 版。

《端午帅补授江督消息》，《申报》光绪三十一年十月初五日，第 3 版。

《粤督调两江之说》，《时报》光绪三十年五月初一日，第 1 张第 3 页上。

《奏劾续闻》，《时报》光绪三十年五月十九日，第 1 张第 3 页。

《裁并局所》，《时报》光绪三十年六月二十三日，第 2 张第 6 页。

《魏午帅去任之缘由》，《时报》光绪三十年九月初六日，第 2 张第 6 页。

《江督宁藩更调之原因》（京师），《时报》光绪三十年八月初七日，第 1 张第
3 页。

《纪江、闽两督互调之舆论》，《时报》光绪三十年七月二十六日，第 1 张第
2 页。

《纪江宁士民之品评新督》《时报》光绪三十年八月十七日，第 1 张第 2 页。

《议简强干大臣总督两江》（京师），《时报》光绪三十年八月二十五日，第 1 张
第 3 页。

《论南北成见所起》，《时报》光绪三十年八月初五日，第 1 张第 2 页。

《论以东抚调署江督之得失》，《时报》光绪三十年十月十九日，第 1 张第 2 页。

《禀请整顿海军（中国现存海军之实数)》，《时报》光绪三十年六月二十日，第
1 张第 3 页。

《江督将去之举动》（南京），《时报》光绪三十年八月初二日，第 2 张第 6 页。

《督练公所近闻》，《时报》光绪三十年十二月二十日，第 2 张第 6 页。

《奏请擢用旧臣》，《时报》光绪三十一年二月十四日，第 2 张第 6 页。

《奏保魏制军》（京师），《时报》，光绪三十一年二月二十一日，第 2 张第 6 页。

《周玉帅极力联络北洋》（南京），《时报》光绪三十一年五月十五日，第 2 张第 6 页。

《魏督夏抚开缺之原因》《时报》光绪三十一年正月三十日，第 1 张第 3 页。

《魏督夏抚开缺之第二原因》（京师），《时报》光绪三十一年二月初二日，第 2 张第 6 页。

《夏中丞危而复安》（京师），《时报》光绪三十年九月初五日，第 2 张第 6 页。

《论魏夏两督抚开缺事》，《时报》光绪三十一年二月初七日，第 1 张第 2 页。

《论魏夏两督抚开缺事》（续），《时报》光绪三十一年二月初十日，第 1 张第 2 页。

《各省督抚一览表》，《时报》光绪三十一年正月二十五日，第 1 张第 2 页。

《奏请擢用旧臣》，《时报》光绪三十一年二月十四日，第 2 张第 6 页。

《奏保魏制军》（京师），《时报》光绪三十一年二月二十一日，第 2 张第 6 页。

《直督与江督之更动消息》，《时报》光绪三十一年正月十二日，第 1 张第 3 页。

《岑云帅调署两江之风说》（广东），《时报》光绪三十一年正月十六日，第 2 张第 6 页。

《端午帅将授江督消息》，《时报》光绪三十二年五月廿二日，第 2 版。

《考政大臣回京后之位置》，《时报》光绪三十二年六月十二日，第 2 版

《论周馥调任两江为南北争权而起》，《警钟日报》光绪三十年九月二十五日，第 1 版。

《论李督卒后之影响》，《警钟日报》光绪三十年九月二十四日，第 1 版。

《鄂督调署两江上谕恭注》，《新闻报》光绪二十八年九月初八日，第 1—2 版；

《论两江督任》，《新闻报》，光绪三十年九月二十四日，第 1 版。

《论江督刘岘帅逝世事》，《中西教会报》第 8 卷第 88 期，1902 年 11 月，第 9—10 页。

"Death of the Greatest Viceroy in China", *The North-China Herald and Supreme & Consular Gazette*, 1902-10-08.

四、论著、论文

安东强、姜帆：《丁未皖案与清末政局》，《历史研究》2017 年第 4 期。

鲍威尔：《中国军事力量的兴起（1895—1912）》，陈泽宪、陈霞飞译，中国社
    会科学出版社，1979。

宝成关：《奕䜣慈禧政争记》，吉林文史出版社，1990。

波拉切克：《清朝内争与鸦片战争》，李雯译，中国人民大学出版社，2020。

蔡少卿：《中国近代会党史研究》，中国人民大学出版社增订版，2009。

陈寅恪：《寒柳堂集》，生活·读书·新知三联书店，2001。

陈寅恪：《柳如是别传》下册，上海古籍出版社，2020。

程明洲：《张文襄公传稿》，燕京大学 1946 年硕士论文（邓之诚指导）。

崔岷：《咸同之际"督办团练大臣"与地方官员的"事权"之争》，《历史研
    究》2018 年第 2 期。

崔运武：《中国早期现代化中的地方督抚——刘坤一个案研究》，云南大学出版
    社，2011。

崔志海：《美国与晚清中国》，社会科学文献出版社，2022。

崔志海：《摄政王载沣驱袁事件再研究》，《近代史研究》2011 年第 6 期。

村田雄二郎：《冈仓天心的中国南北异同论》，《华东师范大学学报》2015 年第
    4 期。

戴海斌：《晚清人物丛考》（初编、二编），生活·读书·新知三联书店，2018。

邓野：《巴黎和会与北京政府的内外博弈：1919 年中国的外交争执与政派利
    益》，社会科学文献出版社，2014。

邓之诚：《中华二千年史》，中华书局，2019。

董丛林：《晚清直隶总督人事变迁论略》，《明清论丛》第 11 辑。

董丛林：《晚清三集团大员与北南洋的"两职一体"——从制度与实际两个层
    面体现的权力格局审视》，《南国学术》2018 年第 1 期。

渡边修：《顺治年间（1644—1660）的汉军（辽人）及其任用》，石桥秀雄编：
    《清代中国的若干问题》，杨宁一、陈涛译，张永江审校，山东画报出版
    社，2011。

樊百川：《淮军史》，四川人民出版社，1994。

樊百川：《清季的洋务新政》，上海书店出版社，2003。

费维恺：《中国早期工业化：盛宣怀（1844—1916）和官督商办企业》，虞和平译，中国社会科学出版社，1990。

费正清编：《剑桥中国晚清史》（上卷），张书生等译，中国社会科学出版社，1985。

《冯尔康文集·清史专题研究》，南开大学历史学院编，天津人民出版社，2019。

冯志阳：《庚子救援研究》，北京师范大学出版社，2018。

高波：《晚清京师政治中"同治"话语的形成与变异》，《清史研究》2018 年第 4 期。

高翔：《尹继善述论》，《清史研究》1995 年第 1 期。

高阳：《同光大老》，河南文艺出版社，2020。

Guy R. Kent（盖博坚），*Qing Governors and Their Provinces*，Seattle：University of Washington Press，2010.

龚小峰：《两江总督的定制及职掌探述》，《史林》2007 年第 6 期。

龚小峰：《清代两江总督群体结构考察——以任职背景和行政经历为视角》，《江苏社会科学》2009 年第 2 期。

宫玉振：《铁良南下与清末中央集权》，《江海学刊》1994 年第 1 期。

顾建娣：《同治四年两江总督易人风波》，《江苏社会科学》2013 年第 4 期。

郭卫东：《论丁未政潮》，《近代史研究》1989 年第 5 期。

郭卫东：《丁未政潮中康梁派活动考略》，《历史档案》1990 年第 1 期。

郭卫东：《"己亥建储"若干问题考析》，《北京大学学报》1990 年第 5 期。

郭卫东：《戊戌政变后废帝与反废帝的斗争》，《史学月刊》1990 年第 6 期。

韩策：《科举改制与最后的进士》，社会科学文献出版社，2017。

韩策：《科举改制与诏开进士馆的缘起》，《近代史研究》2015 年第 1 期。

韩策：《清季江督之争与丁未政潮的一个新解释》，《近代史研究》2021 年第 4 期。

韩策：《清季"湘人江督格局"的终结与"北洋下南洋"的形成》，《史学月刊》2021 年第 8 期。

韩策：《满人封疆大吏崧蕃与庚子西巡前后的陕甘政情》，《北京大学学报》2021 年第 1 期。

韩策：《〈李星沅日记〉和〈张集馨年谱〉是怎样传钞流转的——瞿兑之传承近世文献的重要一页》，《华南师范大学学报》2022 年第 6 期。

韩策：《疆吏与军机如何互动：胡林翼的京城联络及其意义》，《近代史研究》2023 年第 4 期。

韩策：《内争助成"内患"：咸丰初政与太平天国的兴起》，《社会科学研究》2023 年第 5 期。

Han Seunghyun（韩承贤），"Changing Roles of Local Elites from The 1720s to the 1830," in Willard J. Peterson, ed., *The Cambridge History of China*, vol. 9, *The Ch'ing Dynasty to 1800*, part 2. Cambridge：Cambridge University Press, 2016.

何汉威：《从清末刚毅、铁良南巡看中央和地方的财政关系》，《"中研院"历史语言研究所集刊》第 68 本第 1 分（1997 年 3 月）。

何汉威：《读〈李星沅日记〉——兼论李星沅其人》，《严耕望先生纪念论文集》，台北：稻乡出版社，1998。

何烈：《厘金制度新探》，"中国学术著作奖助委员会"，1972。

侯宜杰：《袁世凯传》，百花文艺出版社，2003。

胡绳：《帝国主义与中国政治》，人民出版社，1998。

黄飞：《从清廷政争看光绪五六年中日琉球交涉》，《学术月刊》2020 年第 8 期。

黄嘉谟：《清季的广西边防》，载林强、黄振南主编《明清时期广西边防建设研究》，广西科学技术出版社，2019。

吉辰：《昂贵的和平：中日马关议和研究》，生活·读书·新知三联书店，2014。

吉辰：《清代的花衣期制度：以万寿节为中心》，《史学月刊》2016 年第 5 期。

吉辰：《鹿传霖未刊家书中所见戊戌前后时局》，《文献》2017 年第 6 期。

吉辰：《甲午战争期间浙江京官上书恭亲王考》，《西部史学》第 5 辑（2020 年 12 月）。

吉泽诚一郎：《天津的近代：清末都市的政治文化与社会统合》，万鲁建译，社会科学文献出版社，2022。

贾小叶：《刘坤一与戊戌己亥政局》，《史学月刊》2017 年第 6 期。

姜鸣：《龙旗飘扬的舰队：中国近代海军兴衰史》，生活·读书·新知三联书店，2002。

姜鸣：《秋风宝剑孤臣泪：晚清的政局和人物续编》，生活·读书·新知三联书店，2015。

姜鸣：《左宗棠入军机的台前幕后》，《近代史研究》2013 年第 4 期。

姜鸣：《李鸿章"夺情"复出与"清流"的幕后筹划》，《华东师范大学学报》2012 年第 3 期。

金冲及、胡绳武：《辛亥革命史稿》第 3 册，上海辞书出版社，2011。

菊池秀明：《末代王朝与近代中国》，马晓娟译，广西师范大学出版社，2014 年。

Kessler Lawrence D., "Ethnic Composition of Provincial Leadership during the Ch'ing Dynasty," *Journal of Asian Studies*, Vol. 28, No. 3 (May 1, 1969).

孔飞力：《叫魂：1768 年中国妖术大恐慌》，陈兼、刘昶译，上海三联书店，1999。

孔祥吉：《晚清史探微》，巴蜀书社 2001。

孔祥吉、村田雄二郎：《罕为人知的中日结盟及其他——晚清中日关系史新探》，巴蜀书社，2004。

孔祥吉：《惊雷十年梦未醒：档案中的晚清史事与人物》，广东人民出版社，2017。

拉克曼：《国家与权力》，郦菁、张昕译，上海人民出版社，2010。

李恩涵：《同治、光绪年间湘、淮军间的冲突与合作》，《"中研院"近代史研究所集刊》第 9 期 (1980)

李国祁：《同治中兴时期刘坤一在江西巡抚任内的表现》；《台湾师范大学历史学报》第 1 期 (1973)。

李国祁：《由刘坤一初任总督的表现看晚清的政治风尚》，《台湾师范大学历史学报》第 3 期（1975）。

李君：《1931 年前郑孝胥》，中华书局，2018。

李少军：《陶澍在两江地区取得政绩的原因》，何觊志主编：《论陶澍》，岳麓书
　　　社，1992。

李细珠：《地方督抚与清末新政：晚清权力格局再研究》，社会科学文献出版社，
　　　2012。

李细珠：《张之洞与清末新政研究》，上海书店出版社，2003。

李细珠：《陆宝忠日记与晚清史研究补论》，《安徽史学》2022 年第 5 期。

李永胜：《摄政王载沣罢免袁世凯事件新论》，《历史研究》2013 年第 2 期。

李宗侗：《李宗侗文史论集》，中华书局，2011。

梁元生：《上海道台研究：转变社会中之联系人物，1843—1890》，陈同译，上
　　　海古籍出版社，2003。

林文仁：《南北之争与晚清政局（1861—1884）：以军机处汉大臣为核心的探
　　　讨》，中国社会科学出版社，2005。

林文仁：《派系分合与晚清政治：以"帝后党争"为中心的探讨》，中国社会科
　　　学出版社，2005。

铃木中正：《清末攘外运动的起源》，李少军译，收入武汉大学历史系鸦片战争研
　　　究组编：《外国学者论鸦片战争与林则徐》（上），福建人民出版社，1989。

刘凤翰：《武卫军》，台北："中研院"近代史研究所专刊，1978。

刘凤云：《清康熙朝汉军旗人督抚简论》，《满学研究》第 7 辑，民族出版社，2002。

刘凤云：《两江总督与江南河务——兼论 18 世纪行政官僚向技术官僚的转变》，
　　　《清史研究》2010 年第 4 期。

刘广京：《晚清督抚权力问题商榷》，载《经世思想与新兴企业》，台北：联经
　　　出版有限公司，1990。

刘厚生：《张謇传记》，上海书店，1985 年影印本。

刘学照：《上海庚子时论中的东南意识》，《史林》2001 年第 1 期。

刘增合：《八省土膏统捐与清末财政集权》，《历史研究》2004 年第 6 期。

刘铮云：《档案中的历史：清代政治与社会》，北京师范大学出版社，2017。

《骆宝善评点袁世凯函牍》，岳麓书社，2005。

陆德富：《同治年李鸿藻丁忧诸事补证：一通李鸿藻未刊书札考释》），《中国国家博物馆馆刊》2016 年第 5 期。

陆胤：《政教存续与文教转型：近代学术史上的张之洞学人圈》，北京大学出版社，2015。

《罗尔纲全集·湘军兵志》第 14 册，社会科学文献出版社，2011。

罗威廉：《言利：包世臣与 19 世纪的改革》，许存健译，倪玉平审校，社会科学文献出版社，2019。

罗威廉：《乾嘉变革在清史上的重要性》，师江然译，《清史研究》2012 年第 3 期。

罗志田：《近代湖南区域文化与戊戌新旧之争》，《近代史研究》1998 年第 5 期。

罗志田：《能动与受动：道咸新学表现的转折与"冲击/反应"模式》，《近代史研究》2022 年第 1 期。

马士：《中华帝国对外关系史》，张汇文、姚曾廙、杨志信、马伯煌、伍丹戈合译，上海世纪出版集团、上海书店出版社，2006。

马忠文：《荣禄与晚清政局》，社会科学文献出版社，2022。

马忠文：《戊戌政变后至庚子事变前袁世凯的政治境遇》，《广东社会科学》2017 年第 5 期。

麦金农：《中华帝国晚期的权力与政治：袁世凯在北京与天津（1901—1908）》，牛秋实、于英红译，天津人民出版社，2013。

孟森：《清史讲义》，中华书局，2016。

茅海建：《戊戌变法史事考》，生活·读书·新知三联书店，2005。

茅海建：《戊戌变法史事考二集》，生活·读书·新知三联书店，2011。

茅海建：《从甲午到戊戌：康有为〈我史〉鉴注》，生活·读书·新知三联书店，2009。

茅海建：《戊戌变法的另面："张之洞档案"阅读笔记》，上海古籍出版社，2014。

倪玉平：《清代漕粮海运与社会变迁》，上海书店出版社，2005。

庞百腾：《李鸿章与沈葆桢：近代化的政治》，刘广京、朱昌峻编：《李鸿章评
　　　传：中国近代化的起始》，陈绛译校，上海古籍出版社，1995。

裴德生编：《剑桥中国清代前中期史：1644—1800 年》上卷，戴寅等译，中国
　　　社会科学出版社，2020。

彭贺超：《铁良南下与清末军事改革》，《中国国家博物馆馆刊》2016 年第 4 期。

戚其章：《甲午战争国际关系史》，人民出版社，1994。

戚其章：《甲午战争史》，上海人民出版社，2014。

秦翰才：《左宗棠全传》，中华书局，2016。

邱涛：《咸同之际清廷与湘淮集团的江浙控制力之争》，《清史研究》2020 年第
　　　4 期。

芮玛丽：《同治中兴：中国保守主义的最后抵抗》，房德邻等译，中国社会科学
　　　出版社，2002。

桑兵：《庚子勤王与晚清政局》，北京大学出版社，2015。

尚小明：《学人游幕与清代学术》，社会科学文献出版社，1999。

尚小明：《庚子粤督李鸿章"不奉诏"考辨——兼论东南互保之奠局》，《社会
　　　科学研究》2022 年第 2 期。

《邵循正历史论文集》，北京大学出版社，1985。

石泉：《甲午战争前后之晚清政局》，生活·读书·新知三联书店，1997。

孙明：《"中叶"与"中兴"之际——19 世纪中国的一个政治逻辑》，《北京大学
　　　学报》2023 年第 4 期。

唐论：《计中计：丁未"假照片事件"探析》，《清史研究》2022 年第 5 期。

王笛：《清末新政与辛亥革命的关系再思考》，《华中师范大学学报》2021 年第
　　　5 期。

王尔敏：《淮军志》，广西师范大学出版社，2008。

王尔敏：《南北洋大臣之建置及其权力之扩张》，《大陆杂志》第 20 卷第 5 期
　　　（1960 年 3 月）。

王尔敏：《刚毅南巡与轮电两局报效案》，《近代史研究》1997 年第 4 期。

王汎森：《中国近代思想与学术的系谱》，上海三联书店，2018。

王汎森：《权力的毛细管作用：清代的思想、学术与心态》（修订版），北京大学出版社，2015。

王刚：《荣禄年谱长编》，上海交通大学出版社，2022。

王庆成编著：《稀见清世史料并考释》，武汉出版社，1998。

王瑞成：《危机与危机利用：日本侵台事件与李鸿章和淮军的转型》，《近代史研究》2016 年第 2 期。

王瑞成：《"权力外移"与晚清权力结构的演变（1855—1875）》，《近代史研究》2012 年第 2 期。

王树槐：《中国现代化的区域研究：江苏省，1860—1916》，"中研院"近代史研究所专刊，1984。

王悦：《铁良南下的棱镜：对清末政局的多面透视》，《史林》2016 年第 4 期。

魏斐德：《洪业：清朝开国史》，陈苏镇、薄小莹等译，新星出版社，2017。

魏秀梅：《清季职官录·附人物录》，中华书局，2013。

魏秀梅：《陶澍在江南》，"中研院"近代史研究所，1985。

翁飞：《曾李交替与湘消淮长》，《军事历史研究》2001 年第 3 期，第 59 页。

吴伯娅：《尹继善与袁枚》，《清史论丛》1996 年。

《吴晗文集》第 1 卷，李华等主编，北京出版社，1988。

夏东元：《盛宣怀与袁世凯》，《历史研究》1987 年第 6 期。

夏维中等编著：《南京通史》（清代卷），南京出版社，2014。

萧一山：《清代通史》，商务印书馆，2019。

谢世诚：《晚清"江淮省"立废始末》，《史林》2003 年第 3 期。

徐中约：《中国进入国际大家庭：1858—1880 年间的外交》，屈文生译，商务印书馆，2018。

许明德：《梅尔清（Tobie Meyer-Fong）教授演讲"乾嘉变革的再思考"纪要》，《明清研究通讯》第 75 期（2019 年 10 月）。

杨国强：《义理与事功之间的徊徨：曾国藩、李鸿章及其时代》，生活·读书·新知三联书店，2008。

杨国强：《晚清的士人与世相》，生活·读书·新知三联书店，2017。

杨国强：《衰世与西法：晚清中国的旧邦新命和社会脱榫》，广西师范大学出版社，2020。

杨国强：《脉延的人文：历史中的问题和意义》，北京师范大学出版社，2017。

杨联陞：《国史探微》，新星出版社，2005。

杨念群：《何处是"江南"：清朝正统观的确立与士林精神世界的变异》，生活·读书·新知三联书店，2010。

易惠莉：《光绪六七年的晚清中国政坛：以刘坤一与李鸿章之争为中心的考察》，《近代中国》第18辑，上海社会科学院出版社，2008。

喻松青、张小林主编：《清代全史》第6卷，方志出版社，2007。

《章开沅文集》第2、3卷，华中师范大学出版社，2015。

张海荣：《思变与应变：甲午战后清政府的实政改革（1895—1899）》，社会科学文献出版社，2020。

张剑：《〈佩韦室日记〉中的肃顺及晚清社会》，《北京大学学报》2019年第2期。

张建斌：《端方与丁未政潮》，《近代史研究》2021年第3期。

张勉治：《马背上的朝廷：巡幸与清朝统治的建构（1680—1785）》，董建中译，江苏人民出版社，2019。

张朋园：《中国现代化的区域研究：湖南省，1860—1916》，"中研院"近代史研究所专刊，1983。

张朋园：《立宪派与辛亥革命》，吉林出版集团有限责任公司。

张求会：《陈寅恪家史》，东方出版社，2019。

张瑞龙：《天理教事件与清中叶的政治、学术与社会》，中华书局，2014。

郑天挺：《清史探微》，北京大学出版社，1999。

郑天挺：《及时学人谈丛》，中华书局，2002。

中村义：《清末政治与官僚资本——以盛宣怀的活动为中心》，邹念之译，《国外中国近代史研究》第 6 辑，中国社会科学出版社，1984。

周健：《维正之供：清代田赋与国家财政（1730—1911）》，北京师范大学出版社，2020。

朱东安：《曾国藩传》，四川人民出版社，1985。

朱东安：《曾国藩集团与晚清政局》，辽宁人民出版社，2017。

朱浒：《洋务与赈务：盛宣怀的晚清四十年》，中国人民大学出版社，2021。

朱英：《清末新政与清朝统治的灭亡》，《近代史研究》1995 年第 2 期。

Chu Raymond W., Saywell William G., *Career Patterns in the Ch'ing Dynasty： the Office of Governor-general*, Ann Arbor：Center for Chinese Studies, The University of Michigan, 1984.

庄练：《中国近代史上的关键人物》，中华书局，1988。

邹逸麟：《谈"江南"的政治含义》，王家范主编：《明清江南史研究三十年（1978—2008)》，上海古籍出版社，2010。